레이아웃에 사용할 수 있는
수초 500종 도감

알아두고 싶은 기본적인 종류부터 뉴페이스까지 망라!
레이아우터라면 꼭 휴대해야 할 책

타카기 쿠니유키 지음

아쿠아미디어

CONTENTS

표지사진 / Toshiharu Ishiwata
표지디자인 / Studio B4

수초 레이아웃을 즐기는 방법 …… 4

수초육성에 필요한 용품 …… 6

레이아웃의 주역이 된다!
인기 수초 올스타즈 …… 8

레이아웃에 사용할 수 있는 수초도감
도감을 보는 방법 …… 11

전경초
- 전경에 적합한 수초 레이아웃 예 …… 12
- 전경을 아름답게 꾸며주는 수초 카탈로그 …… 14

중~후경초
- 중~후경에 적합한 수초 레이아웃 예 …… 20
- 중~후경을 아름답게 꾸며주는 수초 카탈로그 …… 22

> **Water Plants Column ①**
> 새로운 수초를 도입하자
> ~자신만의 레이아웃을 목표로~ …… 64

후경초
- 후경에 적합한 수초 레이아웃 예 …… 66
- 후경을 아름답게 꾸며주는 수초 카탈로그 …… 68

> **Water Plants Column ②**
> 물가의 수초들
> ~필드에서 찾아내는 레이아웃의 힌트~ …… 96

활착하는 수초
- 활착에 적합한 수초 레이아웃 예 …… 98
- 활착하는 수초 카탈로그 …… 100

그 외의 수초
- 그 외의 수초 카탈로그 …… 114

색인 …… 120

용어해설 …… 123

참고문헌·후기 …… 124

머리말

~ 평화로우면서 강인한 생명의 세계 ~

수초수조를 보면 따뜻함을 느끼게 된다. 이것은 필자가 수초가게를 하고 있어서 자신도 모르게 호의적인 눈으로 보고 있기 때문일지도 모르지만 독자 여러분은 어떤가? 수초가 없는 수조보다 수초가 있는 수조 쪽이 더 따뜻하게 느껴지지 않는가? 어째서일까? 수조 안을 들여다보면 수초들은 빛을 받아 이산화탄소를 빨아들이며 생생한 모습으로 산소를 토해내고 있다. 그곳에는 평화가 있고 또한 강인한 생명의 세계이기도 하다. 단순히 치유 받는다는 것보다 격려를 받는 느낌 쪽에 더 가깝다. 그것은 자신의 손으로 수초를 키워보면 잘 알 수 있다. 특히 많은 수초를 키우는 레이아웃 수조에서는 보다 더 강하게 느껴질 것이다. 그 격려에 응답하고, 수초와 사람이 서로 교감을 해야 더 좋은 레이아웃이 탄생한다.

이 책에서는 레이아웃에 적합한 종류를 중심으로, 인기종부터 현재까지의 최신품종, 진귀한 품종을 포함하여 가능한 한 폭넓은 종류를 소개하려고 노력했다. 본 적이 없는 종류도 포함되어 있을지 모르지만 일반적인 레이아웃에서 사용되는 경우가 적은 그런 종류에 새롭게 도전해보기를 바라는 마음을 담아서 게재했다.

무궁무진한 수초 세계에서 새로운 만남을 경험하고, 더 좋은 레이아웃을 만들 수 있게 된다면 필자도 기쁠 것이다.

Kuniyuki Takagi

수초 레이아웃을 즐기는 방법

이 책에서 소개하는 수초는 500종류다.
어떤 수초를 사용하여 레이아웃을 하는가, 그리고 어떻게 즐기는가는 여러분에게 달렸다.
대표적인 스타일을 알아보고 레이아웃의 힌트로 활용해보자

유경수초 중심의 레이아웃

다양한 형태, 다양한 색을 지닌 유경수초를 사용하는 방식은 인기 있는 레이아웃. 화려한 열대어와의 상성도 좋고 누가 봐도 아름답다고 느끼는 매력을 가지고 있다. 유경수초는 생장이 빠르기 때문에 레이아웃 완성이 빠를 뿐 아니라 시시각각 변하는 수경을 즐길 수 있다.

레이아웃 제작 / Takahiro Maruyama   촬영 / Toshiharu Ishiwata

로제트형 중심의 레이아웃

대회를 위한 레이아웃에서 사용빈도가 낮은 수초 중에도 매력적인 종류는 많이 있다. 그들을 활용한 레이아웃 스타일 중 하나다. 로제트형 수초는 천천히 긴 시간을 들여 생장하기 때문에 달마다 존재감이 달라진다

레이아웃 제작 / Kuniyuki Takagi (Ichigaya Fish Center)
촬영 / Toshiharu Ishiwata

인테리어로 즐긴다

수초로 아름답게 레이아웃된 수조는 그 자체만으로 예술성이 높은 존재다. 최근에는 인테리어 요소로서도 주목도가 높아지고 있다. 수조 사이즈를 바꿔서 방에 잘 어울리는 수초 레이아웃을 만들어 보자 (카나가와현 Hasegawa씨의 집)

레이아웃 제작 / Aquarink 촬영 / Naoyuki Hashimoto)

오픈 스타일로 즐긴다

우리가 실외 자연에서 수초를 관찰할 때는 물 위쪽에서 보는 경우가 보통이다. 그 상태를 수조에 재현하여 즐기는 방식이 오픈 스타일이다. 부엽과 수상엽, 때로는 꽃을 관찰할 수도 있어 수초가 지닌 다양성을 느낄 수 있는 것이 묘미다

레이아웃 제작 / Ryo Kanda(Remix) 촬영 / Toshiharu Ishiwata

글래스 아쿠아리움으로 즐긴다

일본 텔레비전 방송 등에서 소개되어 최근에 다양한 장소에서 볼 기회가 늘어난 것이 글래스 아쿠아리움이다. 흔히 있는 유리 용기 등으로도 손쉽게 시작할 수 있어 처음 수초를 접하는 사람에게 인기다. 본격적으로 정성들여 만들면 사진처럼 훌륭한 작품을 만들 수도 있다

레이아웃 제작 / Masashi Yoshiwata(AQUARIUM SHOP Breath)
촬영 / Toshiharu Ishiwata

수초 육성에 필요한 용품

최적의 용품을 갖추면 수초를 키우는 것이 생각보다 간단하다.
여기에서는 수조와 저상재 등의 기본적인 것부터
핀셋과 접착제 등, 있으면 편리한 용품을 소개해보도록 하겠다.

수조

아름다운 레이아웃을 즐기기 위해서는 수조 선택에도 공을 들이면 좋다. 프레임이 없는 수조나 컬러 글래스를 채용한 타입 등, 수초가 더 아름답게 보이는 수조가 판매되고 있다.

Cube Garden (ADA)
수경을 아름답게, 맑게 보이도록 하는 것에 집중한 고품질 투명 유리를 채용.

하이 크리스탈 (KOTOBUKI)
새롭게 도입된 고토부키만의 제작공정으로 디아망급의 투명도를 실현. 수조 뚜껑, 거치대, 우레탄매트가 포함되어 있다.

필터

필터는 수질정화 외에도 적당한 수류를 만들어 수초가 좋아하는 환경을 유지하는 것에 도움이 된다. CO_2 첨가효율과 여과능력 등을 고려하면 외부식 필터가 사용하기 편하므로 추천한다.

조명

광합성을 통해 생장하는 수초에게 있어 빛의 공급은 필요불가결. 최근에는 수초에 적합한 LED 라이트가 보급되어 육성에도 도움이 되고 있다. 수조 사이즈에 맞는 것을 고르도록 하자.

AQ-X 시리즈 (LEDSTAR)
강력한 LED출력과 미려한 외관까지 갖춘 풀스펙트럼 LED 조명
최대 140W의 강력한 출력과 일출, 일몰, 타이머 기능을 탑재했으며 전용 앱(APP)으로 컨트롤이 가능하다.

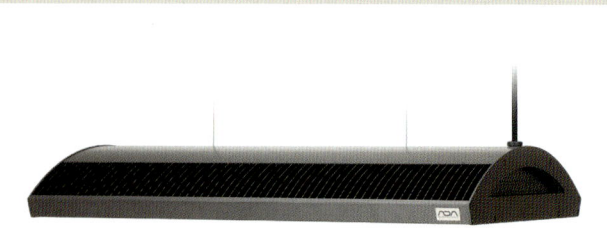

Super Jet Filter ES-1200 (ADA)
고기능성과 디자인성에 심혈을 기울인, 수초 레이아웃에 적합한 스펙을 자랑하는 외부식 필터.

D-AEX-340 (유피코리아)
대만 UP-Aqua의 새로운 외부여과기로 정숙한 작동과 자동 사이펀 기능으로 업그레이드 되었다. 오토매틱 펌핑스위치로 에어를 쉽게 제거할 수 있다.

Solar RGB (ADA)
수초의 건강한 생장은 물론, 선명하고 아름다운 발색에도 신경을 쓴 뉴타입 LED 조명.

저상재

수초의 대부분은 저상에 뿌리를 내려야 건강하게 생장할 수 있기 때문에 저상재는 무척 중요한 아이템이다. 대부분의 종류에 적합한 소일이라 불리는 흙을 가공한 저상재가 만능이라 사용하기 쉽다.

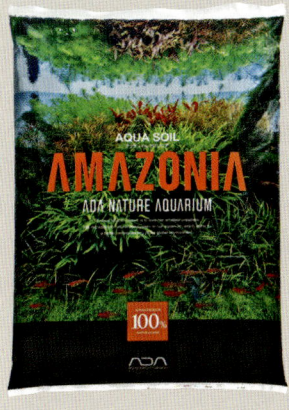

아쿠아소일 아마조니아 (ADA)
수초 뿌리의 생장을 촉진시키는 유기산과 영양성분을 풍부하게 함유하고 있다. 약산성 수질을 좋아하는 수초에 최적.

커스텀 소일 (NISSO)
수초와 새우에게 있어 소일은 원활한 생육을 할 수 있게 도움을 주고, 그에 따른 최적의 수질을 제공.

넵튜니안 네이처스 소일 (어반네이처)
비옥한 토양의 흙을 자체생산 시설에서 정제, 멸균 처리 후 미량원소를 독자적인 비율로 배합 가공.

프로 세틀 시리즈 (HT내츄럴)
생물들이 살아가는 자연과 같은 상태를 유지하기 위해 100% 현지 내츄럴 제품을 위생적으로 세척후 포장한 제품.

CO 2 첨가기구

수초가 생장하기 위해 실시하는 광합성에는 CO₂(이산화탄소)가 필요하다. 수초를 많이 육성하는 레이아웃 수조에서는 전용 용품을 사용해 CO₂를 강제적으로 첨가하여 광합성을 촉진시키는 것이 효과적이다.

컨디셔너

빛과 CO₂ 첨가뿐만 아니라 필수영양소와 필수미량원소도 수초 육성에는 중요한 요소. 잘 첨가하면 더 건강하고 아름답게 육성시킬 수 있다.

CO₂ 어드밴스 시스템 포레스트(ADA)
CO₂ 봄베와 레귤레이터, 내압튜브 등, CO₂ 첨가에 필요한 기구가 갖춰져 있어 곧바로 첨가를 시작할 수 있는 키트.

네이처리움 이지 케어 (트라이톤)
테라리움, 팔루다리움, 비바리움, 원예용 등 광범위한 영양비료. 최고품질의 영양소를 킬레이트화 하여 빠르게 흡수.

스타트 업 (PRODIBIO)
수족관을 시작하는 가장 좋은 방법. 생물학적 여과를 식속하게 적용하는 박테리아제

수경 리키드 (ADA)
수초 육성에서 빼놓을 수 없는 각종영양소를 밸런스 좋게 함유

그린 브라이티 니트로 (ADA)
질소성분 첨가로 인해 수초 잎의 색이 더 진해지고 생장이 촉진된다.

편리한 용품

수초 레이아웃을 만들 때 있으면 편리한 용품을 픽업. 기본적인 가위와 핀셋 외에 최근에는 활착에 편리한 접착제 등도 인기.

프로 시저스 웨이브(ADA)
독특하게 구부러진 형태가 기능적인, 트리밍하기에 적합한 만능 타입 가위.

이끼 클로스 와이퍼 (수이사쿠)
특재 헤드가 유리면에 밀착되어 이끼와 오물을 닦아낸다. 이끼는 클로스에 흡수되어 수조안에 뿌려지는 것을 방지.

도제이터 (데넬)
삼투작용을 이용하여 자연에서와 같이 지속적이고 일관성있게 수초에게 영양을 공급해주는 장치. 데넬사의 호환가능한 액체비료를 사용해야 한다.

프로 핀셋(ADA)
탄성의 강도와 선단의 정밀도, 길이에도 심혈을 기울인 프로사양 수초전용 핀셋.

유목 홀더(Delphis)
유목을 수조 벽면에 부착할 수 있는 흡반 타입의 고정기구. 더 복잡하고 입체적인 레이아웃을 만들 수 있다.

퀵드레인 사이펀 (수이사쿠)
소형 어항 청소에 최적화된 사이펀으로 아쿠아테라리움 청소에 추천.

레이아웃의 주역이 된다!
인기 수초 올스타즈

여기에서는 최근에 주목을 받고 있는 인기 수초를 뽑아봤다. 유럽산, 아시아산, 개중에는 일본산 수초도 있지만 공통점은 "키우기 쉽다", "레이아웃에 사용하기 쉽다"는 점이며, 개성적이면서도 전 세계 누가 봐도 아름답다고 생각할 수 있는 보편적인 매력을 가지고 있다. 당신이라면 어떤 수초로 레이아웃을 하겠는가?

게재 수초 12 종류 : 001 ~ 012 / 500 종

전경용

전 세계를 뒤덮은 금세기 최대 히트 전경초!

미크란테뭄 sp.
Micranthemum sp.

밭뚝외풀과 / 별명 : 뉴라지펄글라스
분포 : 아르헨티나
광량 : ☐ CO_2양 : ● 저상 : ▲ ▲

침수엽은 광난형부터 원형이며 길이 5~6mm, 폭 3~5mm, 밝은 녹색. 분지를 반복하면서 기어가듯이 생장한다. 강한 빛, CO_2를 첨가하면 육성은 쉽다. 까다로운 점은 없지만 환수를 게을리 하면 상태가 나빠진다. 2010년에 아르헨티나로부터 일본에 들어왔고 그 후, 녹색 융단을 만들기 쉽다는 점으로 인해 눈 깜박할 사이에 전 세계로 확산되었다. 전경은 물론이고 작은 틈을 매우기에도 좋다.

전경용

기어가게 해도 좋고 뻗어나가게 해도 좋은 전경초

호주 노치도메
Hydrocotyle cf. *tripartita*

두릅나무과
별명 : 하이드로코틸레 트리파티타
분포 : 불명
광량 : ☐☐ CO_2양 : ●● 저상 : ▲

호주산이라고 알려져 있지만 자세한 것은 불명. 일본을 통해 널리 알려지게 되었기 때문에 해외에서는 *Hydrocotyle* sp. 'Japan'이라고 불리는 경우도 있다. 잎이 깊게 베어져 들어간 것이 특징. 육성은 쉽지만 전경을 빽빽하게 채우려면 고광량과 그에 알맞은 CO_2 첨가가 필요. 왕성하게 생장하기 때문에 부지런히 트리밍을 하지 않으면 웃자라게 된다. 빛을 일부러 약하게 해서 키우는 것도 한 방법이다.

전경용

**아시아산 전경초의 새로운 인기종.
너무 빠르지 않은 생장이 좋다!**

스키스마토글로티스 프리에토이

Schismatoglottis prietoi

천남성과
분포 : 필리핀
광량 : 🟨　CO₂양 : 🔵　저상 : 🔺🔺

잎은 난형부터, 좁거나 넓은 장방형 난형, 또는 약간 좁은 타원형이며 길이 3~4(~7.5)cm, 폭 1~2cm, 잎의 둘레는 강하게 물결친다. 전체 높이는 2~8cm, 수조 안에서는 4~5cm 정도. 육성, 증식 둘 다 쉽고 전경초로 사용하는 것도 가능하다. 또한 본종의 등장으로 의해 아시아산으로 채운 레이아웃을 만들기 쉬워졌다. 현지에서는 큰 수중군락을 만들고 살고 있으니 수조 안에서 재현해 봐도 재미있을 것이다.

중~후경용

베트남에서 탄생한 붉은 로탈라, 레이아웃에서 타오른다!

로탈라 로툰디폴리아 '하라'

Rotala rotundifolia 'H'Ra'

부처꽃과　/　별명 : *Rotala* 'Gia Lai'(로탈라 '잘라이')
분포 : 베트남
광량 : 🟨　CO₂양 : 🔵　저상 : 🔺🔺

베트남 잘라이성 하라 마을이 산지이며 진한 오렌지색~적색의 바리에이션을 가지고 있다. 잎이 가늘고 나누기도 쉬우며 위에서 아래로 뻗어가게 할 수도 있는, 인기수초의 요소를 겸비한 종류다. 또한 쉽게 발색하게 할 수 있다는 것도 세계적인 히트의 원인이다. 새빨간 악센트를 넣고 싶은 부분에 배치할 수 있다는 점이 기쁘다. 대형부터 소형까지 폭넓은 수조 사이즈에서 요긴하게 쓰인다.

중~후경용

당신은 보았는가!? 스파이키 군생의 아름다움을

로탈라 로툰디폴리아 '스파이키'

Rotala rotundifolia 'spikey'

부처꽃과
분포 : 인도
광량 : 🟨🟨　CO₂양 : 🔵🔵　저상 : 🔺🔺

적색 빛을 띤 줄기와 선명한 그린과의 대비가 매력적이다. 그야말로 아라과이아 로탈라를 로툰디로 만든다면 딱 이럴 것 같은 느낌이며 녹색 잎과 적색 줄기의 아름다운 조합과 함께 로툰디폴리아답게 키우기 쉬운 장점을 가지고 있다. 분지를 왕성하게 반복하며 가는 잎을 울창하게 만들어가서 레이아웃에 적합한 종류다. 본종이 번성해 있는 모습은 누구나 좋아할만한, 세계 표준에 가까운 아름다움을 가지고 있다.

중~후경용

**더욱 더 붉게!
강렬한 적색과 사이즈감이 그야말로 요즘 취향**

루드위지아 '슈퍼 레드'

Ludwigia 'Super Red'

바늘꽃과　/　개량품종
광량 : 🟨🟨　CO₂양 : 🔵🔵　저상 : 🔺🔺

처음에는 타이에서 발표된 개량품종이었다. 팔루스트리스와 레펜스처럼 조건에 좌우되지 않고 적색이 잘 나온다. 게다가 조건이 좋으면 보라색에 가까운 진한 적색을 띠게 된다. 그래서 최근에 급속도로 전 세계에 보급되고 있다. 약간 작은 사이즈도 인기의 이유. 사용하기가 편리해서 대형수조의 치밀한 레이아웃은 물론이고 소형수조에서도 활약하며 그런 점은 적색계열 수초 중에서도 특히 뛰어나다.

후경에서 안정감 발군! 크립토계 뉴페이스

| 후경용 |

크립토코리네 시바다사니이
Cryptocoryne sivadasanii

천남성과
분포 : 인도
광량 : ▢　CO_2양 : ●　저상 : ▲▲

쿠보타에와 비슷한 가는 잎을 100cm 이상 뻗는다. 자연계에서는 휴면기를 가지는 계절성 식물임에도 불구하고 같은 계절성인 레트로스피랄리스 등과 달리 일 년 내내 수조재배가 가능하다. 경도가 높은 수질을 좋아해서 육성도 쉽다. 2016부터는 인도와 유럽의 농장에서도 입하되기 시작했으니 아무쪼록 레이아웃의 후경을 장식해보기 바란다.

섬세&강건, 멀티 편의성으로 고평가!

| 후경용 |

포고스테몬 콰드리폴리우스
Pogostemon quadrifolius

꿀풀과 / 별명 : 포고스테몬 '옥토퍼스'
분포 : 방글라데시, 인도, 미얀마, 라오스
광량 : ▢　CO_2양 : ●　저상 : ▲▲

잎의 길이는 6~10cm, 폭 0.5~0.8cm. 밝은 녹색을 띠고 있고 잎 뒷면은 연한 보라색을 띠는 경우도 있어 물의 흐름에 의해 흔들리면 아름답다. 포고스테몬 중에서는 단연 최고로 튼튼하고 키우기 쉽다. 생장도 너무 빠를 정도라서 후경에 테이프 모양 수초 대신에 심을 수도 있으며 잘라서 되심어도 바로 자란다. 환경변화로 인해 다소 위축되어도 바로 부활하는 씩씩함이 장점이라 초보자도 취급하기 쉽다.

이것이 곡정초!? 의외성과 사용 편의성이 ◎

| 후경용 |

에리오카우론 '소셜 페더 더스터'
Eriocaulon 'Social Feather Duster'

곡정초과 / 분포 : 인도
광량 : ▢　CO_2양 : ●　저상 : ▲▲

소셜은 총생이라는 의미도 있으며 이름 그대로 근원에서 그루가 나뉘는 것이 가능해서 증식도 쉽다. 페더 더스터는 깃털로 만든 먼지떨이라는 의미이며 보이는 그대로. 해외에서는 단순히 페더 더스터라고 부르고 있다. 실 모양의 침수엽이 40cm 이상 자라는 독특한 모습. 육성조건이 느슨하고 특별히 까다로운 점이 없어서 키우기 쉬운 후경종이다. 가로로 죽 배치하여 심어도 되지만 먼지떨이 느낌을 남기는 것도 추천한다.

| 활착 |

활착 레이아웃에 빠지게 되는 초소형 아누비아스

아누비아스 나나 '판골리노'
Anubias barteri var. *nana* 'Pangolino'

천남성과
개량품종
광량 : ▢　CO_2양 : ●　저상 : ▲▲

아누비아스 나나의 소형품종이며 비늘로 덮여 있는 진귀한 동물 천산갑이 이름의 유래다. 잎은 피침형에 끝 부분이 날카롭고 진한 잎의 색도 어우러져 샤프한 인상이 느껴진다. 길이는 1~1.5cm. 기본적인 육성방법은 노멀과 같지만 생장은 느리고 밝은 빛, CO_2 첨가가 효과적이다. 시간은 걸리지만 군생미가 뛰어나다. 가지유목에 활착시키면 더 리얼한 "나무"를 재현하는 것도 가능하다.

| 활착 |

활착하는 유경초! 수초계의 보더리스 스타

하이그로필라 핀나티피다
Hygrophila pinnatifida

쥐꼬리망초과 / 별명 : 하이그로필라 피나티피다, 하이그로필라 피네트피다 / 분포 : 인도
광량 : ▢　CO_2양 : ●　저상 : ▲▲

흐름이 빠른 강에 자생하고 유목이나 돌에 고착하는 능력을 가진 특이한 종류. 침수엽은 긴 타원형이고 중간부터 갈라져 있거나 깊숙하게 갈라져 있다. 끝 부분은 둥글어서 부드러운 분위기. 길이 5~15cm, 폭 1cm 정도. 올리브그린부터 다갈색. CO_2를 첨가하고 칼륨을 정기적으로 주면 건강하게 자란다. 빛이 강하면 소형화되는 경향이 있다. 활착시키지 않고 직접 지면에 심어도 육성은 가능하다.

| 활착 |

가장 사용하기 쉽고 레이아웃에 적합한 미크로소리움

미크로소리움 '트라이던트'
Microsorum pteropus 'Trident'

고란초과
분포 : 불명
광량 : ▢　CO_2양 : ●　저상 : ▲▲

측열편이 2개 이상 자라는 종류. 중앙열편과 측열편의 잎폭과 길이의 차이가 적어서 1장의 잎에서 여러 장의 가는 잎이 자라난 것처럼 보인다. 그래서 밀생한 상태를 만들기 쉬워서 최근에 가장 인기가 높은 바리에이션 중 하나가 되었다. 가는 잎을 가진 유경초와의 친화성도 높아 폭넓게 레이아웃에서 활용되고 있다. 밝고 물이 잘 흐르는 장소를 좋아하고 튼튼해서 키우기 쉽다.

레이아웃에 사용할 수 있는
수초도감

이 책에서는 전 세계 물가에 자생하고 있는 수초들 중에서 레이아웃에 사용할 수 있는 매력적인 종류와 개량된 아름다운 품종을 500종류 엄선했다! 종류의 특징을 파악하여 당신만의 레이아웃 제작에 참고해보기 바란다.

❶

❷ 헤란티움 테네룸

❸ *Helanthium tenellum*

❹ 택사과 / ❺ 별명 : 에키노도루스 테네루스

❻ 분포 : 북미, 중미, 남미

광량 : 🟨 CO_2양 : 🔵 저상 : 🔺🔺 ← 아이콘

❼ 침수엽의 길이는 5~10cm, 폭 1.5mm, 녹색부터 올리브그린, 적색 빛을 띠는 경우도 많다. 2008년에 에키노도루스속에서 나와 헤란티움속으로 이행했고 종소명은 테네룸이 되었지만 예전 명칭으로 판매되는 경우가 많다. 육성 환경을 까다롭게 따지지 않아서 키우기 쉽고 튼튼한 종이며 러너 증식을 알기 쉬워서 전경초 입문종으로 최적이다. 야마토새우가 먹어버릴 수 있으니 주의

도감 보는 방법

❶ **수초 사진** / 주로 그 종류가 수중에 있는 상태(침수엽)를 알기 쉬운 사진을 게재.

❷ **통칭명** / 주로 사용되고 있는 명칭. 학명을 한글로 표기하는 경우가 많다.

❸ **학명** / 세계 공통의 학술적 명칭. 속명+종명의 라틴어로 표기된다.

❹ **과명** / 분류학상 그 종류가 위치해 있는 속보다 위의 스테이지가 과(Family). 그 종류가 어떤 식물의 동종인지를 알기 위해 중요.

❺ **별명** / 일반적인 통칭명 이외에 잘 알려진 명칭.

❻ **분포** / 자연에서 그 종이 자생하고 있는 나라나 지역. 개량품종인 경우에는 분포를 표시하지 않는다.

❼ **해설** / 그 종류의 특징과 재배, 레이아웃할 때의 요령 등.

아이콘 보는 방법

 … 재배가 쉬운 입문종. 이제부터 수초육성을 시작해보려는 초보자에게 추천

광량 / 수조 육성시에 사용하는 LED 라이트의 강도를 아이콘으로 표시
🟨…보통 (1500~2500lm) 🟨🟨…강하다 (2500~4500lm)

주1 : 광량은 60cm 표준수조에서 LED 조명을 사용한 경우의 대략적인 기준이며 lm(루멘)은 전광속의 단위, 빛의 양을 나타냅니다.
주2 : 수초에 필요한 밝기에는 육성, 관상, 양면의 효과가 요구되기 때문에 색온도, 연색성, 파장역, 조사각도 등의 다른 요건도 가미됩니다. 상기 숫자는 대략적인 기준의 하나라고 생각하기 바랍니다.

CO_2양 / 수초 육성시 CO_2(이산화탄소)를 수중에 첨가할 때의 대략적인 양
🔵…보통(1초에 1방울) 🔵🔵…많다(1초에 2~3방울)

주3 : CO_2 첨가량은 60cm 표준수조를 사용하고 1초 동안 CO_2 카운터 등에서 나오는 기포의 숫자를 대략적인 기준으로 삼고 있습니다

저상 / 바닥재(바닥모래)의 종류
🔺…소일계열 바닥재 🔺…흑사계열 바닥재

※수초에 대한 해설은 일본 현지의 수초 유통 상황을 기준으로 했으므로 한국과 다른 부분이 있으니 참고 바랍니다.

전경에 적합한 수초 레이아웃 예

빽빽이 자란 녹색 융단은 누구나 동경하는 모습이다.
전경초를 능숙하게 사용하면 아름다울 뿐만 아니라 수조 안을 크고 넓게 보이게 할 수 있다.
그러기 위해서는 보다 더 잎이 작은 종류, 자잘한 종류, 낮게 자라는 종류를 심는 것이 효과적이다.

레이아웃 제작 / Yasuhiro Ichihashi(Remix)
촬영 / Naoyuki Hashimoto

전경초를 효과적으로 사용한 레이아웃

전경초 중에서도 특히 작고 낮게 자라는 쿠바펄을 전면에 배치.
안쪽에 있는 2개의 소형종과 대비되면서 이 섬세한 레이아웃이 성립되었다.

DATA

수조사이즈／60×30×36(H)cm
여과／Eheim Ecco Comfort 2234
조명／Solar RGB(130W LED/ADA) 1일 12시간 점등
저상／아쿠아소일 아마조니아(ADA), 플래티넘 소일
CO_2 ／1초에 2방울
첨가제／그린 브라이티(뉴트럴K, 아이언, 미네랄)(ADA) 각종을 2일에 1회 3cc씩
환수／일주일에 2회 1/2
수온／24~25℃
생물／RRE 알비노 홍백 구피, 오토싱클루스, 새뱅이
수초／펄글라스, 워터론, 쿠바펄

훌륭하게 번성하여 녹색 융단을 만든 쿠바펄. 조명과 비료를 잘 조정하면 멋진 전경이 된다.

레이아웃 제작 / Noriyuki Shito(An aquarium) 촬영 / Toshiharu Ishiwata

전경초로 만드는 선명한 녹색 융단 2

아름다운 삼각구도 안에서 생생하게 자라나는 글롯소스티그마의 녹색 융단은 실제 사이즈보다 더 수조가 넓게 느껴지게 한다. 레이아웃의 명수가 만든, 따라하고 싶어지는 작품이다.

DATA

수조사이즈／90×45×45(H)cm
여과／Super Jet Filter ES-1200(ADA)
조명／32W 형광등×6 1일 10시간 점등
저상／아쿠아소일 아마조니아, 파워샌드 스페셜M(ADA)
CO_2／1초에 3~4방울
첨가제／마스터 그로우를 1주일에 1회 5cc
환수／2주에 1회 1/2

수질／pH6.5, 25℃
생물／카디널 테트라, 레드라인 토피도 바브, 시아미즈 플라잉폭스, 오토싱클루스, 야마토새우
수초／로탈라 '난세안', 오란다 플랜트, 무늬 로탈라 마크란드라, 타파조스 드워프 님파, 글롯소스티그마, 헤어글라스, 바코파 오스트랄리스

레이아웃 제작 / Masakazu Sato(Tropiland) 촬영 / Toshiharu Ishiwata

전경에서 리시아가 빛나는 입체적인 레이아웃 3

전경을 장식하는 수초 중에 잊어서는 안 되는 것이 리시아의 존재다. 광합성으로 인해 생긴 산소 기포를 몸에 붙인 아름다운 모습은 많은 사람들의 마음을 매료시킨다. 조직배양된 수초를 수중접착제로 돌이나 유목에 붙이면 손쉽게 즐길 수 있다.

DATA

수조사이즈／90×45×45(H)cm
여과／Eheim 2328
조명／Solar I (ADA) 1일 8시간 점등
저상／수초가 무척 잘 자라는 흙
CO_2／2초에 1방울
첨가제／브라이티K, 그린 브라이티 STEP II (ADA)를 매일, 수초 영양액 1~2주에 1~2번, 워터 플랜트 비료를 3개월에 1번

환수／3주에 1회 1/3
수질／pH7.4, 26℃
생물／카디널 테트라, 구피, 새뱅이
수초／리시아, 펄글라스, 브릭사 쇼트리프, 그린 로탈라, 에키노도루스 호레마니 그린, 윌로 모스, 에키노도루스 앙구스티폴리우스, 니들리프 루드위지아, 시페루스

전경을 아름답게 꾸며주는 수초 카탈로그

전경초에게는, 높게 자라지 않아야 한다는 것은 물론이고 잘 번식해야 한다는 조건도 요구된다. 러너를 잘 뻗는 종류, 옆으로 기어가듯이 자라면서 분지를 반복하는 종류는 전면을 빽빽이 뒤덮어서 아름다운 녹색 융단을 만들 수 있다.

게재 수초 32 종류 : 013 ~ 044 / 500 종

글로소스티그마
Glossostigma elatinoides

파리풀과 / 별명 : 글롯소스 티그마
분포 : 오스트레일리아 , 뉴질랜드

광량 : ■■　CO_2 양 : ●●　저상 : ▲▲

전경용 수초의 대표적인 존재. 줄기가 분지를 반복하며 지면을 포복하면서 바닥을 빈틈없이 뒤덮는다. 강한 빛과 CO_2 첨가는 필수이며 영양이 풍부한 소일도 효과적이다. 추위와 건조에 강한 성질을 가지고 있어 세계 각지에서 귀화 보고가 들려오고 있으며 일본 내에서도 주목을 받고 있다. 생태계에 미치는 피해를 방지하기 위해서도 절대로 실외에 버려서는 안 된다.

산타렘 드워프 님파

Nymphaea sp. 'Santarem Dwarf'

수련과 / 별명 : 산타렘 체인 로터스
분포 : 브라질
광량 : ▨▨ CO_2양 : ●● 저상 : ▲

브라질산 소형 원종 수련이며 히드로칼리스아속의 일종이라 생각된다. 수조에서 부엽을 볼 수 있는 경우는 거의 없고 수중생활에 적응하기 쉽다. 별명을 봐도 알 수 있듯이 러너를 잇달아 뻗어서 새 줄기를 만들어간다. 침수엽이 아름답게 군생하는 모습은 자연에서는 드문 일이 아니지만 수조 안에 재현할 수 있는 종류는 흔하지 않아서 귀중한 존재다. 중경뿐만 아니라 전경에도 이용이 가능하다.

크립토코리네 파바

Cryptocoryne parva

천남성과
분포 : 스리랑카
광량 : ▨ CO_2양 : ● 저상 : ▲▲

전경에 가장 적합한 소형 크립토코리네. 특히 싱가포르의 Oriental사로부터 입하되는 개체는 잎이 눕힌 것처럼 자라서 높이가 낮은 융단을 만들 수 있다. 생장이 느리고 좀처럼 증식하지 않으므로 처음부터 많이 심는 것이 포인트다. 다른 전경초와 달리 지나치게 번성해서 곤란할 일이 없는 것은 생각하기에 따라서는 본종의 매력이기도 하다.

크립토코리네 '루테아 호빗'

Cryptocoryne walkeri 'Lutea Hobbit'

천남성과
개량품종
광량 : ▨ CO_2양 : ● 저상 : ▲▲

독일 Dennerle사로부터 입하되는 높이 5cm 정도의 왜소품종. 농장 온실 안에서 발견된 루테아의 변이개체를 조직배양으로 증식한 것이며 메리클론 컵 외에 포트에 넣은 타입도 유통된다. 생장은 노멀 개체에 비하면 느리고 환수를 게을리 하면 이끼가 발생하기 쉬우므로 주의. 빛을 제대로 비춰주면 보랏빛이 도는 갈색을 띠게 되어 전경의 악센트로 딱 알맞다.

크립토코리네 '네빌리'

Cryptocoryne × *willisii* 'Nevillii'

천남성과
분포 : 스리랑카
광량 : ▨ CO_2양 : ● 저상 : ▲▲

본래의 네빌리(*C.nevillii*)는 전혀 다른 종이며 스리랑카 동부에 분포해 있고 수개월의 건조기간을 휴면한 상태로 이겨내는 생활을 해서 장기적인 재배는 어렵다. 유통되는 것은 윌리시계 교잡종이며 약간 잎의 폭이 넓다. 침수엽은 가느다란 피침형이라 군생시키면 아름답다. 이름과 관련한 혼란이 많아서 같은 이름으로 입하되는 것 중에는 침수엽이 갈녹색을 띠는 타입도 있다.

크립토코리네 윌리시
Cryptocoryne × willisii

천남성과
분포 : 스리랑카
광량 : 🟨　CO₂양 : 🔵　저상 : 🔺🔺

스리랑카 중부 캔디 근교가 산지라고 추측되는 자연 교잡종. 수조 안에서는 높이 5~15cm, 잎의 폭 0.6~1.5cm로 소형 그룹에 속하는 종류다. 피침형, 잎의 가장자리는 평활하고 잎의 색은 녹색. 파바와 왈케리, 베케티가 관여한 복잡한 교잡이기 때문에 표현되는 형태도 다양하다. 또한 농장마다 호칭이 달라서 이름과 관련된 혼란도 적지 않다. 튼튼해서 육성은 쉽다.

헤란티움 테네룸
Helanthium tenellum

택사과 / 별명 : 에키노도루스 테네루스
분포 : 북미, 중미, 남미
광량 : 🟨　CO₂양 : 🔵　저상 : 🔺🔺

침수엽의 길이는 5~10cm, 폭 1.5mm, 녹색부터 올리브그린, 적색 빛을 띠는 경우도 많다. 2008년에 에키노도루스속에서 나와 헤란티움속으로 이행했고 종소명은 테네룸이 되었지만 예전 명칭으로 판매되는 경우가 많다. 육성 환경을 까다롭게 따지지 않아서 키우기 쉽고 튼튼한 종이며 러너 증식을 알기 쉬워서 전경초 입문종으로 최적이다. 야마토새우가 먹어버릴 수 있으니 주의.

헤란티움 테네룸 '레드'
Helanthium tenellum 'Red'

택사과 / 별명 : 에키노도루스 테네루스 '레드'
분포 : 브라질
광량 : 🟨　CO₂양 : 🔵　저상 : 🔺🔺

브라질 산프란시스코강에서 채집되었으며 붉은 빛이 강한 테네룸. 일반적인 테네룸과 같은 갈색계 적색이 아니라 선명한 핑크계 적색을 띠기 때문에 핑크 테네루스라고도 불린다. 소일을 사용하고 고광량 조건에서 관리하면 더 붉은색이 진하게 발색하게 된다. pH와 KH가 내려가는 컨디셔너를 사용하면 육성은 더욱 쉬워진다. 가장 앞쪽 외에도 전경초의 뒤쪽에 악센트로 넣어도 재미있다.

라날리스마 로스트라툼
Ranalisma rostratum

택사과 / 별명 : 아프리카 체인소드
분포 : 중국, 인도, 말레이시아, 베트남
광량 : 🟨　CO₂양 : 🔵　저상 : 🔺🔺

수상엽은 난형부터 난상 타원형이며 길이 3~4.5cm, 폭 3~3.5cm, 잎의 가장자리가 톱니 없이 매끄럽고 녹색이다. 잎자루는 길이 12~32cm, 입하되는 재배품은 3~4cm가 많다. 침수엽은 헤란티움 테네룸 '파불룸'과 굉장히 흡사하지만 수상엽의 형태, 꽃 뒤에 70개 정도의 종자가 붙어서 밤송이처럼 보인다는 점으로 간단히 구별할 수 있다. 육성 방법은 같다. 본종 쪽이 러너 증식이 왕성하다.

에리오카우론 '폴라리스'
Eriocaulon 'Polaris'

곡정초과 / 별명 : 호시쿠사 '폴라리스'
분포 : 베트남
광량 : 🟨　CO₂양 : 🔵　저상 : 🔺

동남아시아에서 많이 볼 수 있는 가는 잎을 가진 소형 곡정초. 높이는 5cm 정도이며 잘 자라면 잎의 수도 많아져서 마치 성게처럼 멋진 모습이 된다. 북극성인 폴라리스가 이름의 유래. 원래 키우기 쉬운 종류지만 조직배양묘의 유통에 의해 더 수조에 도입하기 쉬워졌다. 부영양을 좋아해서 저상비료가 유효하다. 전경의 악센트, 돌이나 유목 앞에 포인트로 사용하면 좋다.

헤어글라스
Eleocharis acicularis

사초과 / 분포 : 일본, 오스트레일리아, 아시아, 북미, 남미, 아프리카 북부
광량 : 🟨　CO₂양 : 🔵　저상 : 🔺🔺

높이 2~15cm. 머리카락처럼 가늘고 낭창낭창한 모습이 아름답다. 땅속줄기를 뻗어서 새 줄기를 잇달아 만들기 때문에 군락을 형성하기 쉽고 녹색 융단에 적합한 전경초. 흑사나 모래에서 육성하면 직선적으로 자라고 소일에서 육성하면 몸을 뒤로 젖히면서 자라는 경향이 있다. 소일에서라면 CO₂ 없이도 육성할 수 있지만 띄엄띄엄 자라서 융단이 되기는 어렵다. 초소형 수조의 후경에 사용해도 재미있을 것이다.

전 경

쇼트 헤어글라스
Eleocharis sp. (Tropica사는 *Eleocharis pusilla*)

사초과
분포 : 오스트레일리아, 남미, 일본 등
광량 : ◻ CO$_2$양 : ● 저상 : ▲▲

레이아웃에서 빼놓을 수 없는 존재가 된 소형종. 노멀 헤어글라스가 똑바로 서는 경향이 강한 것이 비해 본 종은 컬이 들어간 것처럼 자라는 경향이 강하다. 그래서 더 낮은 전경을 만들 수 있기 때문에 부동의 인기를 누리고 있다. Tropica사의 개체는 오스트레일리아와 뉴질랜드 원산이다. 그 외에 남미산, 일본산 등, 여러 가지 종류가 유통되고 있다.

엘라티네 하이드로파이퍼
Elatine hydropiper

물별과 / 별명 : 미니 글롯소스티그마
분포 : 유럽, 아시아
광량 : ◻◻ CO$_2$양 : ●● 저상 : ▲▲

글롯소스티그마의 소형판 같은 수초. 수초농장의 수중엽도 유통되고 있어 이전에 비하면 훨씬 키우기 쉬워졌다. 그렇다고는 해도 육성난종이라는 사실은 변함이 없으므로 고광량과 그에 걸맞은 CO$_2$가 필요하고 새로운 소일을 깔고 자주 환수를 해야 한다. 지나치게 번성하지는 않으므로 트리밍에 쫓길 일이 없고 전경을 장기간 유지할 수 있다. 현재 여러 가지 종류가 유통되고 있을 가능성도 있다.

라트나기리 물별
Elatine triandra 'Ratnagiri'

물별과 / 별명 : 엘라틴 라트나기리
분포 : 인도
광량 : ◻◻ CO$_2$양 : ●● 저상 : ▲

물별은 세계 각지에서 볼 수 있는 광역분포종이며 본 종은 인도의 라트나기리산이다. 국내산 종은 수조에서 육성하기 어려워서 아름답게 자라는 경우가 적지만 본 종은 부드럽고 밝은 색의 잎을 옆으로 기어가듯이 뻗기 때문에 양지바른 곳 같은 아름다운 전경을 만들 수 있다. 잘 키우려면 pH가 낮아야 하고 아래쪽에 자라난 잎이 썩지 않도록 자주 옮겨 심는 것이 포인트다.

엘라티네 그라티올로이데스
Elatine gratioloides

물별과
분포 : 오스트레일리아, 뉴질랜드
광량 : ◻◻ CO$_2$양 : ●● 저상 : ▲

침수엽은 좁은 피침형이고 길이 25mm, 폭 4mm. 백녹색에 얇은 질감. 빛이 강하면 옆으로 뻗어가면서 분지를 반복한다. 수온에 대한 적응력이 뛰어나서 18~32℃까지 육성이 가능하다. 하지만 상태가 좋은 것은 25℃ 이하. 같은 수조에서 재배해 봐도 보통의 물별보다 훨씬 튼튼하다. 오스트레일리아 종은 다른 종으로 취급하여 *Elatine macrocalyx*라고 하는 설도 있다 (2002년에 기재)

고이아스 드워프 로탈라
Rotala mexicana 'Goias'

부처꽃과
분포 : 브라질
광량 : ◻◻ CO$_2$양 : ●● 저상 : ▲

잎은 길이 1cm, 폭 1.5mm. 2000년에 소개된 브라질산 멕시카나종. 전경에 사용할 수 있는 붉은 소형 수초이며 소형수조용으로도 요긴하게 쓰인다. 고광량 환경에서는 옆으로 잘 뻗어나가서 그라운드 커버로서의 역할을 잘 수행하지만 지면을 뒤덮으면 이윽고 일어서서 자라난다. 트리밍을 여러 번 반복하면 쇠약해지므로 상부의 새로운 줄기를 사용하여 되심기를 하는 것이 좋다.

남미 물별이끼
Callitriche sp.

질경이과
분포 : 브라질
광량 : ◻◻ CO$_2$양 : ●● 저상 : ▲

극히 작은 잎을 가지고 있는 전경용 수초. 침수엽은 타원형이고 길이 3~4mm, 폭 1mm 정도. 잎의 색은 선명한 녹색. 줄기는 지면을 기어가면서 분지하여 퍼지고 녹색 융단을 형성한다. 너무 퍼지면 위쪽으로 뻗어나가기 시작하고 두꺼워지면 아래쪽에 빛과 수류가 닿지 않게 되어 쇠약해지면서 부패하게 되어 결국 급격하게 약해질 수 있다. 그렇게 되지 않도록 일치감치 트리밍을 하는 것이 중요하다.

쿠바펄
Hemianthus callitrichoides 'Cuba'

질경이과 / 별명 : 쿠바 펄글라스
분포 : 쿠바 , 바하마 , 푸에르토리코
광량 : 🟨🟨　　CO₂양 : 🔵🔵　　저상 : 🔺🔺

침수엽은 난형부터 도란형이고 잎의 길이는 3mm, 폭은 2mm 정도. 줄기는 지면을 기어가면서 분지하여 퍼지고 그린 카펫을 형성. 사이즈가 그리 크지 않아 소형수조에도 적합하다. 육성에는 다른 전경용 수초와 마찬가지로 강한 빛과 그에 걸맞은 CO₂ 첨가가 필요하다. 모래를 사용할 때는 저상비료를 사용하고 소일을 사용하는 경우에는 KH가 너무 낮아지지 않도록 주의해야 한다. 부지런히 환수하는 것이 좋다.

인디언 크라슐라 (진흙풀)
Microcarpaea minima

질경이과 / 별명 : 미크로카르파에아 미니마
분포 : 남아시아 , 동남아시아 , 오스트레일리아 북부
광량 : 🟨🟨　　CO₂양 : 🔵🔵　　저상 : 🔺🔺

인도산 크라슐라 헬름시와 비슷하게 생겼다고 해서 이런 통칭명이 붙었다. 동남아시아부터 오스트레일리아까지 넓게 분포해 있고 인도 이외에도 논 잡초로 볼 기회는 많다. 침수엽은 선형이고 길이는 20mm, 폭 1~2mm. 강한 빛과 그에 걸맞은 CO₂를 첨가하면 잘 분지하여 기면서 자라기 때문에 전경에 사용할 수 있다. 트리밍을 하면서 정돈하면 빈틈없이 완성시킬 수 있다.

니그로 워터론
Utricularia graminifolia

통발과
분포 : 남아시아 , 미얀마 , 타이 , 중국
광량 : 🟨🟨　　CO₂양 : 🔵🔵　　저상 : 🔺

수생 통발과 동속인 식충식물의 한 종류다. 본종은 습지에서 자라는 땅귀이개 그룹 안에서 수중생활에 적합한 종에 속한다. 기듯이 옆으로 자라고 밝은 녹색의 카펫을 만들며 다른 전경초와는 다른 분위기를 가지고 있다. 벌레를 잡기 위한 포충낭을 땅속줄기에 만들지만 먹이를 줄 필요는 없다. 광합성으로 자라므로 다른 수초와 마찬가지로 빛과 CO₂를 준비하면 된다.

하이그로필라 아라과이아
Hygrophila 'Araguaia Red Sharp'

쥐꼬리망초과 / 별명 : 하이그로필라 아라과이아 레드 샤프리프 / 분포 : 브라질
광량 : 🟨🟨　　CO₂양 : 🔵🔵　　저상 : 🔺

침수엽은 선 같은 피침형이고 길이 5~6cm, 폭 2~3mm. 약간 갈색에 가까운 홍색을 띠고 있고 엽맥도 색이 빠져서 하얗다. 뿌리에 가까운 줄기 밑 부분에서 분지하여 기어가듯이 자라다가 일어서서 자란다. 이것을 반복하여 높이가 낮은 수풀을 만든다. 육성할 때는 소일을 사용하고 강한 빛과 CO₂ 첨가가 필수. pH와 KH 강하제 사용도 효과적이다. 아시아산 중에 비슷한 종류가 있으며 유통과정 중에 혼동되는 경우도 있다.

스트로징 레펜스
Staurogyne repens

쥐꼬리망초과
분포 : 브라질
광량 : 🟨🟨　　CO₂양 : 🔵🔵　　저상 : 🔺

이른바 아마존 하이그로의 일종. 마토그로소주의 크리스탈리노강에서 채취된 것이며 이런 종류의 수초 중에서는 상당히 튼튼한 편에 속한다. 소일 사용과 강한 빛, CO₂ 첨가는 필수적이지만 다른 아마존 하이그로 종류처럼 pH 강하제를 넣지 않으면 녹아버리는 식의 까다로움은 없다. 기듯이 옆으로 자라므로 유목이나 돌과 지면 사이를 감출 때, 또는 전경과 중경의 연결고리로 요긴하게 쓰인다.

아마존 하이그로
Staurogyne sp.

쥐꼬리망초과
분포 : 브라질
광량 : 🟨🟨　　CO₂양 : 🔵🔵　　저상 : 🔺

피침형이면서 울퉁불퉁한 잎은 길이 5~6cm, 폭 1.2~1.5cm. 스트로징 레펜스보다 잎의 폭은 좁다. 줄기가 저상을 기어가면서 마디에서 뿌리를 내리고 분지를 반복하며 퍼진다. 마디에서 뻗어 나오는 줄기도 기면서 자라지만 밀생한 상태에서는 직립 또는 비슷하게 자란다. 강한 빛, CO₂ 첨가는 필수. 산성부터 약산성 환경을 좋아하고 pH와 KH 강하제로 조정하여 환수하지 않으면 잎이 녹아버리는 경우도 있다.

전경

스트로징 '브라운'
Staurogyne 'Brown'

쥐꼬리망초과
분포 : 인도
광량 : 🟨🟨　CO_2양 : 🔵🔵　저상 : 🔺

침수엽을 전개한 초기에는 갈색 빛을 띤 폴리스페르마와 비슷하게 보이지만 사이즈가 작은 상태 그대로 생장을 계속한다. 이것은 소일이건 모래건 상관이 없고 지면을 기듯이 옆으로 뻗어나간다. 갈색에 약간 청색이 섞인 것 같은 잎의 색은 강한 빛 아래에서 나오기 쉽다.

히드로코틸레 '미니'
Hydrocotyle 'Mini'

두릅나무과 / 별명 : 하이드로코타일 '미니'
분포 : 불명
광량 : 🟨🟨　CO_2양 : 🔵🔵　저상 : 🔺

조직배양컵으로 입하되는 인도산 초소형종. 소형수조에서 레이아웃을 즐기기에 딱 알맞다. 하지만 이와 같은 작은 수초야말로 대형수조에서 번성시키면 훌륭하다. 약한 빛 아래에서는 일어서서 자라게 되므로 바닥까지 빛이 도달하도록 조명은 강력한 것을 준비하자.

워터 코인
Hydrocotyle verticillata

두릅나무과 / 별명 : 미니 워터 머쉬룸
분포 : 북미와 남미의 온대, 아열대 지역
광량 : 🟨🟨　CO_2양 : 🔵🔵　저상 : 🔺🔺

침수엽의 직경은 2.5cm, 높이는 통상 5~10cm인 소형종. 전경, 또는 극히 작은 수초를 심은 전경과 중경을 잇는 연결고리로 사용하는 경우가 많다. 줄기가 옆으로 자라고 각 마디에서 잎자루가 나와서 원형의 잎을 방패모양으로 전개한다. 높이를 낮게 억제할 수 있기 때문에 강한 빛, CO_2 첨가가 유효

브라질리언 코브라 글라스
Lilaeopsis brasiliensis

미나리과 / 별명 : 남미 코브라 글라스
분포 : 브라질, 파라과이, 아르헨티나
광량 : 🟨🟨　CO_2양 : 🔵🔵　저상 : 🔺

잎의 길이 6cm, 폭 2~3mm. 잎 끝의 폭이 넓고 잎이 뱀의 굽은 목처럼 구부러져서 코브라라는 이름이 붙었다. 흑사 등 모래에서는 육성이 어려운 종이지만 소일에서는 쉽다. 단, 강한 빛은 필수적이고 그에 걸맞은 CO_2도 준비해야 한다. 이끼가 발생하기 쉬우므로 비료를 너무 많이 주지 않도록 주의.

릴라에옵시스 마우리티아나
Lilaeopsis mauritiana

미나리과 / 별명 : 마우리티아나 코브라 글라스, 롱리프 코브라 글라스, 모리셔스 코브라 글라스
분포 : 모리셔스
광량 : 🟨🟨　CO_2양 : 🔵🔵　저상 : 🔺

덴마크의 수초 농장 Tropica사의 창설자인 홀거 윈델로프씨가 1992년에 모리셔스에서 발견한 것이다. 수질 적응폭이 넓지만 흑사에서는 육성이 어렵다. 빛이 강할수록 높이가 낮아지고 분지도 잘 되며 전경에 적합한 진한 수풀을 만든다.

마르실레아 코스툴리페라
Marsilea costulifera

네가래과 / 분포 : 오스트레일리아
광량 : 🟨🟨　CO_2양 : 🔵🔵　저상 : 🔺🔺

히르수타종보다 소형이며 잎의 길이는 4~10mm, 폭 2~5mm로 히르수타종의 반 정도 사이즈다. 가늘고 길다는 인상이 느껴진다. 포자낭과의 형태도 다르며 약간 불균등하게 잎이 자라는 것이 특징. 침수엽도 상당히 작아서 소형수조 전경에 적합하다. 생장이 느리기 때문에 다른 수초의 기세에 밀리는 경향이 있다. 그늘이 생기지 않도록 트리밍을 해서 빛이 잘 닿도록 신경을 써야 한다.

마르실레아 드룸몬디
Marsilea drummondii

네가래과 / 분포 : 오스트레일리아
광량 : 🟨🟨　CO_2양 : 🔵🔵　저상 : 🔺🔺

녹색이 많은 연안부 뿐만 아니라 내륙의 상당히 건조한 장소에도 있으며 잎에 많은 털이 붙어 있는 경우도 있다. 자생지는 건조와 증수의 차이가 심한 곳이며 포자가 20~30년 건조를 견디기도 하고 반대로 1m 수심의 물속에서 확인되는 경우도 있다. 기본적으로는 수심이 얕은 곳, 습기 찬 장소를 좋아하고 재배도 어렵지 않다.

유로피언 클로버
Marsilea sp.

네가래과 / 별명 : 유로피안 크로바
분포 : 오스트레일리아
광량 : 🟨🟨　CO_2양 : 🔵🔵　저상 : 🔺🔺

물 위에서는 네잎클로버 같은 모습을 하고 있지만 양치식물 종류다. 수중에서 작은 스푼 모양의 잎을 전개한다. 예전에는 육성난종으로 여겨졌지만 소일이 등장하면서 빽빽하게 채운 전경을 만드는 것도 어렵지 않게 되었다. 육성에는 강한 빛과 CO_2 첨가가 중요.

인디언 클로버
Marsilea sp. (from India)

네가래과 / 분포 : 인도
광량 : 🟨🟨　CO_2양 : 🔵🔵　저상 : 🔺🔺

인도산 네가래 종류이며 수중에서도 네잎을 유지하기 쉬운 귀중한 종류. 유러피언 클로버보다 생장이 빠르고 잎자루가 약간 길게 자라므로 아래쪽에 인디언 크라슐라 등을 조합하는 것을 추천한다. 빛을 잘 비춰주고 CO_2도 첨가해야 한다.

중~후경에 적합한 수초 레이아웃 예

전경과 후경을 연결해주는 역할로서, 후경까지의 그라데이션 효과를 내기 위해 잎이 자잘하고 작은 종류를 선호는 것이 최근의 경향이다. 반면, 형태, 색, 질감이 다른 종류를 사용하여 중경 쪽으로 시선을 집중시키는 수법도 효과적이다.

레이아웃 제작 / Haruji Takee
(Aqua Take-E)
촬영 / Toshiharu Ishiwata

중~후경초를 효과적으로 사용한 레이아웃

대형 레이아웃의 명수가 만든 작품. 절묘한 크기와 높이로 완성된 펄글라스가 후경초의 적색과의 대비를 통해 아름답게 돋보이고 소형수조라고는 생각할 수 없는 입체감을 만들어내고 있다.

DATA

수조사이즈／36×22×26(H)cm
여과／Eheim Classic Filter 2211
조명／Aqua Sky 361(15W LED/ADA) 1일 10시간 점등
저상／아쿠아소일 아마조니아 파우더 타입(ADA)
CO_2／1초에 1방울
첨가제／샵 오리지널 액비를 1일 1푸시

환수／1주에 1회 1/2
수질／pH6.8, 25℃
생물／엔들러스 라이브베어러, 레드 테트라, 체커보드 시클리드, 새뱅이
수초／로탈라 sp. '에니', 니들리프 루드위지아, 림노필라 sp. 베트남, 펄글라스, 아마존 하이그로

레이아웃 제작 / Genki Todoroki(Aqua Forest) 촬영 / Toshiharu Ishiwata

에키노도루스와 유경초로 만든 다이나믹한 중~후경 2

유경초뿐만 아니라 개량 에키노도루스의 종류도 늘어나서 새로운 조합도 늘어나고 있다. 열정적으로 레이아웃을 만들어내는 제작자다운 도전적인 작품

DATA

수조사이즈／120×45×50(H)cm
조명／Solar RGB(ADA) 1일 11시간 점등
여과／Super Jet Filter ES-1200(ADA), Eheim 2217
저상／아쿠아소일 아마조니아, 화장모래, 경석
CO_2／1초에 5방울
환수／1주에 1회 1/2

생물／컬러 라지 글라스, 블랙 네온 테트라, 수마트라
수초／에키노도루스 루빈, 하디 레드 펄, 폴리고눔 sp. '핑크', 뉴 오란다 플랜트, 로탈라 왈리키, 루드위지아 루브라, 하이그로필라 로잔네르빅, 루드위지아 레펜스, 루드위지아 sp. '슈퍼 레드', 니들리프 루드위지아, 로탈라 마크란드라, 로탈라 sp. 'Hra', 레이넥키 미니

DATA

수조사이즈／60×30×36(H)cm
조명／150W 메탈할라이드 1일 10시간 점등
여과／Super Jet Filter ES-600(ADA)
저상／아쿠아소일 아마조니아 노멀 타입, 박터볼(ADA), 채집강모래
CO_2／1초에 2방울
첨가제／클로로 오프, 리오 베이스, be-소프트(ADA)를 환수시 적당량. 그린 브라이티 STEP1, 그린 브라이티 스페셜 SHADE(ADA)를 매일 3푸시
환수／2주에 1회 20ℓ
수질／pH6.2 TH20㎎ KH1.0 COD6.0
수온／26℃
생물／레드 테트라, 크리스탈 레인보우 테트라, 딥레드 호타루 테트라, 오토싱클루스, 블랙몰리, 시아미즈 플라잉폭스, 클라운 로치, 셀핀 플레코
수초／브릭샤 쇼트리프, 하이그로필라 오도라, 라지 펄글라스, 로탈라 로툰디폴리아 '복건성', 루드위지아 팔루스트리스 그린(혼재), 자이언트 암브리아, 폴리고눔 sp. 핑크, 오스트레일리안 오란다 플랜트(혼재), 와비쿠사(니들리프, 엘레오카리스 비비파라, 루드위지아 팔루스트리스 그린, 하이그로필라 폴리스페르마 등), 헤어글라스, 림노필라 sp. 칼리만탄, 아라과이아 라지리프 하이그로, 스트로징 레펜스, 아마존 하이그로 '퍼플', 토니나 리오네그로, 가이아나 드워프 미리오필룸, 그린 로벨리아, 판타날 헤미그라피스

레이아웃 제작 / Hidemasa Okuda(Biographica) 촬영 / Ishiwata Toshiharu

중~후경을 화려하게. 혼식에 의한 수초의 경연! 3

경계선이 없는 중경과 후경이 브릭샤 쇼트의 존재에 의해 절묘한 균형을 유지하면서도 인위적으로 만든 느낌이 아닌, 살아있는 자연의 아름다움을 내뿜고 있다. 몇 번이나 소개된 명작

중~후경을 아름답게 꾸며주는 수초 카탈로그

전경과 후경 사이에서 레이아웃에 입체감을 부여하는 것이 중경초의 역할. 중경부터 후경까지 동일한 종류를 배치하여 연속적인 흐름을 만드는 것이 최근의 주류지만 정통적인 방식대로 악센트로 활용하거나 색과 형태가 다른 개성이 넘치는 종류를 사용하여 눈에 띄게 만들어도 재미있다.

게재 수초 223 종류 : 045 ~ 267 / 500 종

브릭샤 쇼트리프
Blyxa japonica

자라풀과 / 별명 : 브릭샤 자포니카
분포 : 일본, 인도, 뉴기니

광량 : ■■ CO_2양 : ●● 저상 : ▲

그다지 눈에 띄지 않는 짧은 줄기의 유경 타입이며 대중적인 중경초로서 빼놓을 수 없는 존재다. 잎의 길이 3~7cm, 폭 2~4mm, 전체 높이 10~25cm. 녹색부터, 갈색, 자색, 적색 등의 색을 띠는 경우가 있다. 이런 특징은 빛이 강하면 더 현저하다. 약산성 물을 좋아하고 육성에는 소일 사용, CO_2 첨가가 효과적이다. 자주 볼 수 있는 학명 *novoguineensis*는 3m까지 자라기도 하는 다른 종을 말한다.

바클라야 롱기폴리아
Barclaya longifolia

수련과
분포 : 미얀마 , 안다만 , 타이 , 수마트라 , 뉴기니
광량 : 🟨🟨 CO_2양 : 🔵🔵 저상 : 🔺🔺

3~6cm 정도이며 올리브 갈색을 띤 여주 같은 덩이줄기에서 수련과치고는 드물게도 가늘고 긴 형태의 완만하게 물결치는 잎을 전개한다. 색은 녹색~적색을 띠며 자주 볼 수 있는 것은 적색 빛이 강한 레드 타입. 잎을 몇 개월 전개한 후 휴면에 들어가고 몇 주가 지나면 다시 싹을 틔운다. 장기유지를 하려면 저상비료가 효과적. 고둥 종류가 먹을 수도 있고 저수온에도 약하므로 주의. 중경의 악센트로 사용하기에 최적인 종류라고 할 수 있다.

오구라 개연꽃
Nuphar oguraensis

수련과
분포 : 한반도 , 일본
광량 : 🟨 CO_2양 : 🔵 저상 : 🔺🔺

추수형을 형성하지 않고 부엽이 있어도 침수엽이 남는 경우가 많은, 수중생활에 특화된 종류. 자생지에서는 용수가 있는 장소에서 많이 볼 수 있다. 침수엽은 광란형부터 원심형이며 길이 8~15cm, 폭 6~15cm. 추수형이 되지 않은 경우가 있고 잎자루는 가늘고 단면은 삼각형 모양이며 중심에 구멍이 뚫려 있다. 재배할 때는 느린 수류와 잦은 환수가 필요하다. CO_2 첨가는 하는 편이 좋다.

개연꽃의 일종
Nuphar sp.

수련과
분포 : 불명
광량 : 🟨 CO_2양 : 🔵 저상 : 🔺🔺

인도네시아에서 "개연꽃 sp. 대만"이라는 이름으로 입하된 개연꽃속의 일종. 잎자루 안에서 추수엽을 만들기 때문에 대만 개연꽃과는 다른 종이지만 주두반은 붉어지는 정체불명의 존재. 부엽도 적색 빛을 띠고 있고 선명한 적색이 되기도 한다. 침수엽은 밝은 녹색이고 원형. 도입 후 바로 전개하기 시작하고 그 모습을 오랫동안 즐길 수 있다. 수조재배에 가장 적합한 종류 중 하나다.

님파에아 '레드 세사미'
Nymphaea 'Red Sesame'

수련과
개량품종
광량 : 🟨🟨 CO_2양 : 🔵🔵 저상 : 🔺

대만의 농장에서 입하된 열대 수련 개량품종. 잎은 광란형이며 황록색부터 오렌지색, 자잘한 붉은색 반점무늬가 다수 들어가 있다. 빛이 강해야 아름다운 잎 무늬를 즐길 수 있으며 또한 잎자루도 짧아서 전체적으로 작은 수초. 부엽은 잘 자라지 않고 침수엽을 그대로 장기간 재배할 수 있다. 꽃은 향기가 나고 낮에 피며 카에룰레아종과 비슷하다. 각양각색의 유경초와 조합하면 좋다.

님파에아 글란듈리페라
Nymphaea glandulifera

수련과
분포 : 중남미, 남미북부
광량 : ▢ CO_2양 : ●   저상 : ▲ ▲

원형부터 광란형인 잎에는 약간 주름이 들어가 있고 길이 10~15cm, 폭 5~10cm. 잎의 색은 선명한 녹색이며 무늬 등은 없다. 밝고 상쾌한 인상이 느껴져서 수조에서도 빛나는 존재가 된다. 부엽은 잘 자라지 않고 수조 육성에 알맞다. 까다로운 육성조건 같은 것은 없어서 키우기 쉽지만 크게 자라므로 수조 사이즈는 신경을 써야 한다. 더치 아쿠아리움에서 효과적으로 사용하기 위해서는 주위를 유경초 등으로 둘러싸서 두드러져보이게 하면 좋다.

타이거 로투스 '그린'
Nymphaea lotus 'Green'

수련과
분포 : 열대 아프리카
광량 : ▢ CO_2양 : ●   저상 : ▲ ▲

녹색 침수엽은 타원형이고 가장자리는 완만하게 물결쳐서 우아하다. 얼룩무늬가 스팟 형태 또는 줄무늬 형태로 들어가는 것이 특징이며 이름의 유래이기도 하다. 얼룩무늬의 면적이 넓고 진한 것이 인기가 높다. 부엽은 잘 자라지 않고 침수엽을 즐기기 쉬운 성질을 가지고 있어 수조재배에 적합하기 때문에 오래전부터 세계적으로 사랑받아왔다. 비료를 많이 주면 대형화되어 잎의 길이가 25cm 정도까지 자라는 경우도 있다.

타이거 로투스 '레드'
Nymphaea lotus 'Red'

수련과
분포 : 열대 아프리카
광량 : ▢ CO_2양 : ●   저상 : ▲ ▲

광택이 나는 붉은색 잎에 암갈색 얼룩무늬가 들어가 있는 아름다운 종. 수류에 의해 흔들릴 때 보이는 잎의 적자색 뒷면도 아름답다. 그린 타입과 마찬가지로 육성은 쉽다. 생장을 억제하면서 중경에 사용하거나 유목 배후에 보이도록 후경에 배치해도 재미있다. 작은 구근에서 전개된다고는 생각할 수 없는 다이나믹한 모습, 적색계열 유경초가 내기 어려운 사이즈감과 존재감을 만끽하고 싶다.

님파에아 마큘라타
Nymphaea maculata

수련과
분포 : 열대 아프리카
광량 : ▢ CO_2양 : ●   저상 : ▲ ▲

타이거 로투스와 비슷하게 생긴 소형종. 잎의 길이 5~7cm, 폭 3~5cm. 광택이 나는 진한 붉은색 잎에 검은색 얼룩무늬가 다수 들어가 있다. 잎의 뒷면은 연한 자색. 타이거 로투스와의 차이는 측렬편의 끝이 벌어져있지 않고 겹쳐져 있다는 것. 그래서 멀리서 보면 순채처럼 타원형의 방패모양으로 보인다. 지면에 달라붙듯이 잎을 전개하고 부엽도 잘 자라지 않아서 전경이나 중경에 적합한 수조용 수초라고 할 수 있다.

님파 미크란사
Nymphaea micrantha

수련과 / 별명 : 트리컬러 님파
분포 : 서아프리카
광량 : 🟨 CO₂양 : 🔵 저상 : 🔺 🔺

원형의 침수엽은 직경 7~10cm이며 밝은 녹색에 적갈색과 암갈색의 반점이 들어가 있는 개성적인 배색을 가졌다. 또한 잎의 중앙부에 유식물을 형성하는 주아종이기도 한 특이한 종류. 서아프리카로부터 1995년에 독일로 건너갔고 같은 해에 본 종이라 생각되는 수초가 다른 수초들에 섞여서 일본으로 입하된 후 인기를 얻었다. 화려한 무늬를 가졌지만 레이아웃에서 부자연스럽지 않은 이유는 원종이기 때문일지도 모른다.

님파에아 노우차리
Nymphaea nouchali

수련과
분포 : 스리랑카 , 남아시아 , 동남아시아 , 오스트레일리아
광량 : 🟨 CO₂양 : 🔵 저상 : 🔺 🔺

잎의 색은 녹색, 적색, 2타입이 있고 둘 다 연한 색조다. 원형인 침수엽이 상당히 얇고 섬세한 아름다움이 특징인 수조용 수련이다. 고온과 저온에 약하지만 25℃ 전후의 적정온도 범위 안이라면 문제는 없다. 잎이 자잘하고 작으며 밝은 컬러를 띤 유경초와의 상성이 좋다. 또한 양치식물 등의 단단하고 진한 녹색 안에 악센트처럼 배치해두면 부드러운 분위기를 살릴 수 있다.

판타날 래빗 이어 로투스
Nymphaea oxypetala

수련과
분포 : 브라질 , 볼리비아 , 에콰도르 , 베네수엘라 , 쿠바
광량 : 🟨🟨 CO₂양 : 🔵🔵 저상 : 🔺

부엽을 거의 만들지 않고 통상적으로 침수엽으로 생활하는, 수조에 딱 알맞은 수련. 폭이 넓은 타원형이면서 측렬편이 길어서 토끼의 귀처럼 보이는 침수엽은 자연에서는 30cm 이상으로 자란다. 드물게 나오는 부엽은 5~6cm 정도라서 눈에 띄지 않는다. 저수온, 과도한 비료는 주의. 너무 커버린 개체나 오래된 잎은 적절한 시기에 잘라내서 새로운 잎에 빛이 닿을 수 있도록 해야 아름답게 자란다.

타이 님파
Nymphaea × pubescens (Nymphaea pubescens)

수련과
자연교잡종
광량 : 🟨 CO₂양 : 🔵 저상 : 🔺 🔺

시선을 끌기에 좋은 붉은색 잎이 매력. 검은색 수염 같은 털이 난 덩어리 형태의 뿌리줄기를 가지고 있고 화살촉 모양의 침수엽은 점점 폭이 넓어지면서 난형이 된다. 길이 8~15cm, 폭 5~10cm. 부엽생활로 이행하면 침수엽은 소실되어버리므로 부엽이 나오면 잎자루를 근원에서 잘라낸다. 강한 빛을 비추면 부엽이 나오기 쉬우므로 주의. 육성이 쉬운 수조용 수련의 입문종이다.

사우루루스 '허트포드 골드'
Saururus cernuus 'Hertford Gold'

삼백초과
원예품종
광량 : 🟨🟨　CO_2양 : 🔵🔵　저상 : 🔺🔺

미국에서 도입된 사우루루스의 황금잎 품종이며 여름 이후에 황색이 나타난다. 수중에서도 밝은 색을 띤 잎이 매력적이지만 반면에 점 같은 이끼가 자주 생겨서 눈에 띄므로 질소과다 상태가 되지 않도록 영양소 밸런스에 주의해야 하고 이끼제거 물고기의 힘을 빌려 조기에 대응하거나 예방을 위해 노력해야 한다. 밝은 환경을 좋아하므로 조명 바로 아래에 배치하면 좋다.

사우루루스
Saururus cernuus

삼백초과 / 별명 : 양삼백초 , 도매뱀 꼬리
분포 : 미국
광량 : 🟨　CO_2양 : 🔵　저상 : 🔺🔺

삼백초과에 속해 있으며 특히 수조재배에 적합한 종류다. 수중에서는 소형화되고 생장이 느려진다. 또한 높이를 컨트롤하기 쉽기 때문에 더치 아쿠아리움에서는 계단처럼 배치하여 전경을 가지런히 꾸며주는 인기 아이템이다. 난심형이고 밝은 녹색을 띤 잎의 귀여운 인상을 살려서 유목 옆이나 중경 안쪽 등에 길게 늘어놓아 내추럴하게 사용해도 재미있다.

아누비아스 아프젤리
Anubias afzelii

천남성과
분포 : 세네갈 , 기니 , 시에라리온 , 말리
광량 : 🟨　CO_2양 : 🔵　저상 : 🔺🔺

글라브라나 앙구스티폴리아와 비슷하지만 약간 두껍고 두툼하고 뿌리줄기가 두껍다. 불염포가 크게 만개할 때에도 최상부 이외에는 열리지 않고 육수화서가 길게 튀어나오는 것도 특징이다. 피침형이면서 광택이 없는 질감의 연한 녹색 잎은 잎의 색이 밝은 종류, 예를 들어 Apo. 울바케우스나 시페루스 등과의 상성이 좋다. 강한 조명은 이끼가 발생하는 원인이 되므로 주의.

아누비아스 바테리 '브로드 리프'
Anubias barteri 'Broad Leaf'

천남성과
개량품종
광량 : 🟨　CO_2양 : 🔵　저상 : 🔺🔺

노멀종보다 잎의 폭이 넓어진 바리에이션. 높이와 생장의 장점은 변하지 않았다. 바테리의 대범한 매력을 강조한 것처럼 광란형의 잎이 눈길을 끈다. 농장에 따라 잎의 면이 평평한 타입도 있고 웨이브가 많이 들어간 타입도 있다. 일반종이지만 메인을 담당할 존재감은 충분. CO_2를 첨가하지 않아도 건강하게 자라므로 대형어가 중심인 수조에서도 요긴하게 쓰인다.

아누비아스 바테리 '버터플라이'
Anubias barteri 'Butterfly'

천남성과
개량품종
광량 : 🟨　CO_2양 : 🔵　저상 : 🔺🔺

잎을 세로로 찌부러뜨린 것처럼 주맥을 중심으로 강한 주름이 들어가 있다. 잎의 형태도 마찬가지로 세로가 찌부러지고 가로로 폭이 넓어졌다. 바테리답게 크게 자라서 생장한 개체는 강한 존재감을 내뿜는다. 복잡한 잎의 표면이 LED 빛을 반사하는 것도 볼거리다. 잎이 옆으로 튀어나와서 어느 정도 공간이 필요해지므로 심는 장소를 신중하게 정하거나 이동시킬 수 있도록 돌 등에 활착시켜두면 좋다.

아누비아스 바테리 '다이아몬드'
Anubias barteri 'Diamond'

천남성과
개량품종
광량 : 🟨　CO_2양 : 🔵　저상 : 🔺🔺

잎의 폭이 넓고 납작하며 엽맥은 그다지 눈에 띄지 않는다. 선단이 뾰족하지만 전체적으로는 둥근 인상. 바테리 같다는 느낌은 적고 특징이 강하지 않은 만큼 다양한 종류의 수초와 조합하기 쉽다. 저상에 직접 심을 때 뿌리줄기를 깊게 심으면 부패하는 경우도 있다. 활착시키는 경우에도 비닐끈 등으로 너무 강하게 묶으면 부패해버리므로 주의하기 바란다.

아누비아스 바테리
Anubias barteri

천남성과
분포 : 나이지리아, 카메룬, 적도 기니
광량 : CO_2양 :   저상 : ▲ ▲

나나와 함께 아누비아스를 대표하는 튼튼한 종, 인기종이며 전체 수초 중에서도 가장 키우기 쉬운 종류 중 하나다. 높이는 40cm 정도이고 엽신은 피침형부터 좁은 난형, 기부는 심형 또는 절형, 잎의 가장자리는 물결친다. 아프리카의 자생지에서는 강가의 바위 위나 유목에 착생하여 추수상태, 또는 드물게 침수 상태로 생활하고 수조에서도 활착을 쉽게 즐길 수 있다. 빠른 생장속도도 매력.

아누비아스 바테리 '스트라이프'
Anubias barteri 'Striped'

천남성과
개량품종
광량 : CO_2양 :   저상 : ▲ ▲

잎의 색이 전체적으로 밝고 엽맥 부분의 색이 진한 것과 움푹 패인 부분이 눈에 띄는 것이 특징 중 하나다. 약간 가는 난형이고 잎의 끝 부분이 뾰족한 것도 이 타입의 특징이다. 약간 이끼가 생기기 쉬우므로 질소과다, 장시간의 조명, 물이 움직이지 않는 것에는 주의. 그 외의 육성방법은 노멀종과 같다. 부드러운 인상 덕분에 가는 잎을 가진 유경초나 자잘한 전경초와의 상성도 좋아서 사용하기 편하다.

아누비아스 앙구스티폴리아
Anubias barteri var. *angustifolia*

천남성과
분포 : 기니, 라이베리아, 코트디부아르, 카메룬
광량 : CO_2양 :   저상 : ▲ ▲

엽신은 선형 또는 좁은 타원형이며 같은 변종인 글라브라보다 더 가늘다. 도저히 바테리의 버라이어티라고는 생각할 수 없는 형태의 잎을 가지고 있다. 광택이 강한 진한 녹색도 특징적이다. 평평한 잎과 적색 빛을 띠는 경우가 많은 잎자루가 장식적이다. 가늘어서 유경초와의 상성도 좋고 레이아웃에 사용하기 편하다. 아무쪼록 잎자루의 적색이 악센트가 되도록 배치해보기 바란다.

아누비아스 칼라디폴리아
Anubias barteri var. *caladifolia*

천남성과
분포 : 나이지리아, 카메룬, 적도 기니
광량 : CO_2양 :   저상 : ▲ ▲

바테리의 대형 변종이며 기본종보다 잎의 폭이 넓다. 가장 알기 쉬운 특징은 잎의 기부가 화살촉 형태가 되는 것이며 크게 생장하면 더 현저하게 나타난다. 잎의 선단에 단돌기가 없는 것도 종을 구별할 때의 포인트. 원산지가 같은 크리넘이나 볼비티스와 조합하면 레이아웃의 분위기에 일관성이 생긴다. 적갈색 바닥재나 돌, 유목과의 조합이 훌륭하다.

아누비아스 '커피폴리아'
Anubias barteri var. *coffeifolia*

천남성과
분포 : 불명
광량 : 🟨　　CO_2양 : 🔵　　저상 : 🔺🔺

새로운 잎은 커피를 떠올리게 하는 적갈색으로 물든다. 타원형이며 광택이 나는 잎도 측맥을 따라 울퉁불퉁해서 커피나무를 연상시키는 상당히 관상가치가 높은 종류다. 단품으로도 충분히 볼만하다. 육성방법은 바테리와 같지만 생장은 빠르지 않다. 활착도 가능하지만 기본종만큼 커지지 않으므로 아름다운 잎을 관상하기 쉽도록 중경에 심는 것을 추천한다.

아누비아스 글라브라
Anubias barteri var. *glabra*

천남성과
분포 : 기니, 라이베리아, 코트디부아르, 나이지리아, 카메룬, 적도 기니, 가봉, 콩고 공화국
광량 : 🟨　　CO_2양 : 🔵　　저상 : 🔺🔺

바테리의 변종 중에서는 가장 분포역이 넓고 그래서 형태 변이도 크다. 잎은 좁은 타원형부터 피침형의 좁은 난형, 잎의 기부는 하트형, 절형, 쐐기형 등, 바리에이션이 풍부하다. 본종을 비롯한 바테리 종류는 불염포가 개화시에 펼쳐지고 바깥쪽으로 구부러지기 때문에 그것이 종을 구별할 때의 포인트 중 하나가 된다. 잎이 가늘어서 레이아웃에도 요긴하게 쓰이는, 수조재배에 적합한 종류다.

아누비아스 글라브라 '바리에가투스'
Anubias barteri var. *glabra* 'Variegatus'

천남성과
별명 : 아누비아스 미니마 '바리에가투스'
분포 : 개량품종
광량 : 🟨　　CO_2양 : 🔵　　저상 : 🔺🔺

글라브라는 분포역이 넓어서 잎 형태에 변이가 많고 와일드 개체를 언뜻 보면 같은 종류라고는 생각할 수 없는 개체도 적지 않다. 그래서인지 농장에서 재배된 개체는 다양한 통칭명으로 유통되고 있다. 그 중에 일반적으로 사용하고 있는 명칭이 "미니마"이며 그 중에서도 무늬가 들어가서 대중적으로 사랑받고 있는 것이 본종이다. 활착도 가능하지만 바닥에 심어서 비료를 주는 편이 더 아름답게 자란다.

아누비아스 바테리 '윙클드 리프'
Anubias barteri 'Winkled Leaf'

천남성과
개량품종
광량 : 🟨　　CO_2양 : 🔵　　저상 : 🔺🔺

엽맥으로 만들어진 "주름"이 현저한 것이 특징. 측맥을 따라 잎의 표면이 움푹 파여 있어서 다음 측맥과의 사이가 크게 솟아올라있다. 그것이 연속되면서 물결치는 모양이 되었다. 광택이 강한 질감과 어우러져 상당히 장식적이다. 둥근 느낌이 강해질수록 잎의 폭이 넓어져서 "코인리프"와 많이 비슷해지지만 본종 쪽이 더 잎 끝부분이 뾰족해서 구별할 수 있다. 육성방법은 노멀 바테리와 같고 상당히 튼튼하다

아누비아스 '프라제리'
Anubias 'Frazeri'

천남성과
개량품종
광량 : 🟨　　CO_2양 : 🔵　　저상 : 🔺🔺

오스트레일리아의 에드윈 프레이저씨가 작출한 하이브리드 중 하나. 바테리와 헤테로필라를 교배한 것이며 플로리다에 있는 농장이 그 교배종에 프레이저씨의 이름을 붙인 것이 유래다. 엽신은 좁은 타원형부터 피침형, 잎의 가장자리는 매끄럽고 선단은 뾰족하다. 잎자루가 길게 자라는 후경용 대형종이다. 두 종류의 피를 이어받아 수중생활은 특기다.

아누비아스 '가봉'
Anubias sp. 'Gabon'

천남성과
분포 : 가봉
광량 : 🟨　　CO_2양 : 🔵　　저상 : 🔺🔺

진한 색의 타원형 잎이 특징인 아누비아스의 일종. 엽신은 타원형부터 가는 난형이며 6~9cm. 잎자루는 잎의 길이와 같은 정도다. 나나에 가까운 글라브라 같은 인상의 바테리 종류라고 생각된다. 육성방법은 나나와 같고 활착도 쉽다. 작아서 소형수조에도 사용하기 편하고, 예를 들어 나나의 소형품종과 조합해도 위화감이 없어서 함께 활착시켜 레이아웃하면 재미있을 것이다.

아누비아스 그라실리스
Anubias gracilis

천남성과
분포 : 기니, 시에라리온
광량 : 🟨 CO₂양 : 🔵 저상 : 🔺🔺

특징적인 삼각형 잎을 가진 종류. 통칭 "귀"라고 불리는 측렬편을 가지고 있어 인기가 높은 "귀 달린" 아누비아스 중 하나다. 엽신은 약간 미늘창 형태이며 3천열. 잎의 끝부분은 뭉뚝한 편이고 측렬편의 끝부분은 원형. 수중생활도 가능하지만 생장은 상당히 느리다. 테라리움과 팔루다리움에서 수상재배하는 편이 더 적합하다. 서아프리카의 물가를 재현한다면 본종은 빼놓을 수 없는 아이템이다.

아누비아스 '난기'
Anubias 'Nangi'

천남성과
개량품종
광량 : 🟨 CO₂양 : 🔵 저상 : 🔺🔺

나나와 길레티의 하이브리드이며 엽신은 난형, 평평한 타입부터 약간 주름이 들어간 타입, 전체적으로 약하게 뒤틀린 타입도 있다. 끝부분은 길게 뾰족하고 기부는 절형부터 얕은 심형. 잎의 길이 8~11cm, 폭 3~4cm, 잎자루는 5~10cm 정도로 짧아서 작은 수조에서도 사용하기 편하다. 같은 교배종인 프라제리에 비해 표현이 약간 안정되어 있지 않기 때문에 하이브리드 느낌은 있지만 부자연스러울 정도는 아니다.

아누비아스 '쇼트 & 샤프'
Anubias 'Short & Sharp'

천남성과
개량품종
광량 : 🟨 CO₂양 : 🔵 저상 : 🔺🔺

잎의 길이와 같거나 그 보다 긴 잎자루에 좁은 피침형 잎이 자란다. 잎의 끝부분은 예형(예선형). 그야말로 이름 그대로의 모습을 가지고 있다. 잎의 기부는 쐐기형부터 하트형이며, 잎의 가장자리가 느슨하게 물결치는 형태라 글라브라와의 관련성이 강하게 엿보인다. 육성방법은 바테리와 같고 활착도 쉽다. 긴 잎자루를 살려 소형수조의 후경에서 유경초와 조합하여 악센트가 되도록 사용해도 재미있을 것이다.

크립토코리네 아피니스
Cryptocoryne affinis

천남성과
분포 : 말레이 반도
광량 : 🟨 CO₂양 : 🔵 저상 : 🔺🔺

잎은 피침형부터 좁은 피침형, 길이 23cm, 폭 2~5cm, 전체 높이는 10~40cm. 엽신이 울퉁불퉁하거나 그렇지 않은 타입, 잎의 색, 사이즈 등, 상당히 많은 변이가 있고 키우는 방법에 따라서도 달라지기 때문에 이미지를 쉽게 떠올리기 어렵다. 현재는 갈색 빛을 띠고 있고 잎이 울퉁불퉁한 타입이 메인. 재배 난이도도 다양하지만 크립토코리네 육성의 기본만 따른다면 그렇게까지 어렵지는 않다.

크립토코리네 알비다
Cryptocoryne albida

천남성과
분포 : 타이, 미얀마
광량 : 🟨　CO_2양 : 🔵　저상 : 🔺🔺

소형 세엽계 크립토코리네. 세련된 모습이 아름다운 종이며 피침형 잎은 길이 10~30cm, 폭 1~2cm이고 평활하거나 약간 물결친다. 잎의 색이 다양해서 밝은 녹색 외에 다갈색을 띤 타입, 적색 빛이 강한 타입까지 여러 가지다. 하지만 환경에 따라서도 달라지기 때문에 어두우면 녹색이 되기 쉽다. 육성은 어렵지 않고 대형수조의 전~중경용으로 인기. 코스타타라는 이름으로 입하되는 것도 본종이다.

크립토코리네 알비다 '레드'
Cryptocoryne albida 'Red'

천남성과
분포 : 타이, 미얀마
광량 : 🟨　CO_2양 : 🔵　저상 : 🔺🔺

알비다 '브라운'으로 유통되는 것도 포함하여 알비다 종 중에서 적갈색을 강하게 표현하는 바리에이션이며 관상가치가 높다. 자잘하게 들어간 갈색 줄무늬도 악센트가 되어 상당히 아름답다. 확실히 적색을 이끌어내기 위해서는 강한 광량의 빛을 비춰야 한다. 그래서 그늘진 장소가 아니라 탁 트인 장소가 적합하다. 눈에 띄는 장소에서 부자연스럽게 느껴질 색은 아니므로 사용하기 편하다.

크립토코리네 '펫치'
Cryptocoryne beckettii 'Petchii'

천남성과
분포 : 스리랑카
광량 : 🟨　CO_2양 : 🔵　저상 : 🔺🔺

베케티의 3배체이며 아마도 스리랑카 중부 캔디 남서부에 자생하고 있던 것이 유래가 아닐까 생각된다. 베케티보다 약간 소형이고 잎 가장자리의 물결이 자잘하게 잘 들어가 있는 것이 특징. 또한 어두운 색의 가로줄무늬가 들어간 타입도 많다. 육성조건은 베케티와 같고 초보자용의 튼튼한 종. 중경의 포인트로서 적극적으로 사용하고 싶다.

크립토코리네 베케티
Cryptocoryne beckettii

천남성과
분포 : 스리랑카
광량 : 🟨　CO_2양 : 🔵　저상 : 🔺🔺

잎은 좁은 난형이고 뾰족한 머리, 잎의 가장자리는 평활하거나 완만하게 물결치고 올리브그린 또는 갈색을 띠고 있으며 잎의 뒷면은 보라색 또는 적색 빛을 띤 경우가 많다. 육성조건이 까다롭지 않아 약한 빛이나 CO_2 첨가 없이도 키울 수 있다. 또한 수질에 대한 적응력도 높고 특히 높은 경도에 잘 적응하기 때문에 유럽에서는 가장 오래된 60년 이상 전부터 재배되어 왔다. 전통적이면서도 입문종으로도 최적인 종류다.

크립토코리네 베케티 '비리디폴리아'
Cryptocoryne beckettii 'Viridifolia'

천남성과
개량품종
광량 : 🟨　CO_2양 : 🔵　저상 : 🔺🔺

펫치 핑크와 마찬가지로 2012년에 이탈리아 Anubias사로부터 입하된 종류. 비리디폴리아가 녹색 잎이라는 의미인 것을 보면 알 수 있듯이 수상엽의 밝은 녹색이 특징적이다. 붉은색 잎자루와의 대비가 상당히 아름답고 수상재배를 즐기기도 좋다. 침수엽은 올리브그린 위에 어두운 색의 줄무늬가 아름답게 들어가 있으며 붉은 빛을 띤 잎의 뒷면도 아름답다. 수상, 수중 모두 밝은 환경에서 잘 자란다.

크립토코리네 쿠보타에
Cryptocoryne crispatula var. *kubotae*

천남성과
별명 : 크립토코리네 통키넨시스(구학명)
분포 : 타이 동부
광량 : 🟨　CO_2양 : 🔵　저상 : 🔺🔺

폭 2~3mm의 가는 잎이 자라는 크리스파툴라의 변종. 2015년에 사실은 다른 종이었다는 사실이 밝혀져 쿠보타에로 학명이 변경되었다. 예전 이름인 통키넨시스는 중국과 베트남에 분포해 있는 잎이 물결치는 다른 종을 가리킨다. 예전 이름 그대로 유통되는 경우도 있으므로 주의. 다른 크립토코리네에는 없는 섬세한 모습이 매력이며 단독보다 다른 종과 조합하는 편이 효과적이다. 시간을 들여 키우면 50cm 이상 자란다.

크립토코리네 링구아
Cryptocoryne lingua

천남성과
분포 : 말레이시아 보르네오
광량 : ▢ CO_2양 : ● 저상 : ▲▲

두툼하고 스푼 같은 모양을 가진 높이 8~15cm의 종류. 엽신은 길이 2~7cm, 폭 1~3.5cm, 잎자루는 2~7cm. 밀랍처럼 반들거리는 질감이고 잎의 색은 밝은 녹색. 전체적으로 부드러운 분위기가 있다. 해안 근처의 하천가 등, 조간대 담수역의 진흙에 자생. 부드럽고 깊은 진흙이라 가까이 다가가는 것이 어렵다. 농장에서 재배된 개체가 입하되므로 입수는 쉽다. 좋아하는 환경을 따지는 편이고 생장은 무척 느리다.

크립토코리네 폰테데리폴리아 '로즈'
Cryptocoryne pontederiifolia 'Rose'

천남성과
분포 : 인도네시아 수마트라
광량 : ▢ CO_2양 : ● 저상 : ▲▲

폰테데리폴리아의 잎 뒷면이 핑크색인 것은 당연하지만 대만 농장에서 입하된 본종은 잎의 표면도 핑크색으로 물들기 쉬운 타입. 사진으로는 알아보기 어렵지만 실물은 발색이 좋아서 선명한 핑크색임을 알 수 있다. 잎의 색은 서서히 녹색으로 변화하지만 군생시키면 수조 안에 화려한 스팟을 만들 수 있다. 잘 발색시키기 위해서는 강한 빛이 필요하다.

크립토코리네 폰테데리폴리아 '빅 레드'
Cryptocoryne pontederiifolia 'Merah Besar'

천남성과
분포 : 인도네시아 수마트라
광량 : ▢ CO_2양 : ● 저상 : ▲▲

인도네시아어 "Merah Besar"를 영어로 바꾼 "Big Red"가 품종명인 것을 보면 알 수 있듯이 대형으로 자라고 잎 뒷면의 적색이 현저한 바리에이션. 폰테데리폴리아 치고는 흔한 색이 아니라서 인기도 높다. 노멀 타입과 마찬가지로 튼튼해서 녹는 일은 거의 없다. 적색 빛을 진하게 만들기 위해서는 강한 빛과 저상비료가 효과적이다. 후경에 가까운 중경에서 활약할 수 있다.

크립토코리네 폰테데리폴리아
Cryptocoryne pontederiifolia

천남성과
분포 : 인도네시아 수마트라
광량 : ▢ CO_2양 : ● 저상 : ▲▲

잎은 피침형부터 난형, 길이 9~14cm, 폭 3~8cm, 전체 높이는 10~40cm. CO_2와 비료를 첨가하면 작게 자란다. 잎은 기본적으로 광택이 없는 그린이며 갈색 빛을 띠는 경우도 있다. 잎 뒷면이 연한 보라색을 띠는 경우도 있어 아름답다. 수질 적응 범위가 넓고 다른 크립토코리네처럼 녹기 쉬운 경향은 보이지 않아서 육성은 쉽다. 40년 이상 전부터 재배되고 있다. 더 활용되어야 마땅한 좋은 수초다.

크립토코리네 카우디게라
Cryptocoryne spiralis var. *caudigera*

천남성과
분포 : 인도
광량 : 🟨　CO₂양 : 🔵　저상 : 🔺🔺

기재된지 몇 년 밖에 지나지 않은 변종이지만 자생지에서 유럽 연구자의 손에 들어간 것은 1986년. 개화를 보기까지 26년이 걸렸다고 한다. 육성 자체는 무척 쉬워서 초보자에게도 추천할 수 있는 튼튼한 종이다. 아름다운 녹색 침수엽의 길이는 20~30cm. 생장이 빠르므로 중경에도 사용하기 편하고 짧은 러너로 증식해서 볼륨감도 서서히 증가하는 우등생

크립토코리네 운듈라타 '브로드 리프'
Cryptocoryne undulata 'Broad Leaves'

천남성과
분포 : 스리랑카
광량 : 🟨　CO₂양 : 🔵　저상 : 🔺🔺

운듈라타의 3배체이며 폭이 넓은 잎이 특징. 잎 가장자리의 물결은 노멀처럼 강하지는 않고 완만하다. 높이는 10~25cm. 한 그루의 로제트가 10~20cm 폭을 차지하므로 특히 소형 수조에서는 계획을 세운 후에 심어야 한다. 앞쪽에 너무 많이 심으면 방해가 되지만 비어 있는 공간을 매우기에는 딱 좋은 종류라고 할 수 있다. 튼튼하고 키우기 쉬우므로 중경에 적극적으로 사용해보기 바란다.

크립토코리네 운듈라타 '브라운'
Cryptocoryne undulata 'Brown'

천남성과
분포 : 스리랑카
광량 : 🟨　CO₂양 : 🔵　저상 : 🔺🔺

유럽의 농장에서 입하되는 브라운 타입의 바리에이션이며 적색 빛을 띤 갈색으로 물든 레드 타입, 갈색 빛을 띤 녹색으로 물든 그린 타입이 있고 둘은 명백히 다른 표현을 가리킨다. 본종은 갈색에 가까운 색을 띠고 있다. 그래서 녹색과의 대비가 굉장히 좋고 유목이나 돌이 없어도 유경중심의 부드러운 레이아웃에서 악센트로 활약한다.

크립토코리네 운듈라타 '레드'
Cryptocoryne undulata 'Red'

천남성과
분포 : 스리랑카
광량 : 🟨　CO₂양 : 🔵　저상 : 🔺🔺

적색 빛이 도는 갈색의 잎이 눈길을 끄는 종류. 개량 품종이 아니라 야생에 자생하고 있는 것이다. 잎의 가장자리는 제대로 물결치고 진한 녹색 또는 갈색의 줄무늬가 들어간다. 육성만 하는 것이라면 반드시 CO₂를 첨가할 필요는 없지만 특징이 잘 표현되기를 원한다면 주는 것이 좋다. 또한 강한 빛과 비료도 중요. 이 부분이 부족하면 색이 연해지고 녹색에 가까워지며 개체 자체도 크게 자라게 된다.

크립토코리네 운듈라타
Cryptocoryne undulata

천남성과
분포 : 스리랑카
광량 : 🟨　CO₂양 : 🔵　저상 : 🔺🔺

잎은 피침형부터 좁은 피침형이며 길이는 4~15cm, 폭 1~3cm, 전체 높이는 10~25cm. 사진은 그린 타입인데, 크게 자라기 어렵고 가는 잎을 가지고 있어 레이아웃에 사용하기 좋다. 밝은 녹색 위에 갈색이 약간 들어가 있고 빛과 영양분이 많으면 진해진다. 육성은 쉽고 수조에 적합. 같은 스리랑카산인 베케티와 왈케리와는 꽃을 확인하지 않고는 구별할 수 없을 정도로 많이 닮았다.

크립토코리네 '레그로이'
Cryptocoryne walkeri 'Legroi'

천남성과
분포 : 스리랑카
광량 : 🟨　CO₂양 : 🔵　저상 : 🔺🔺

왈케리의 3배체. 높이 10~15cm. 잎은 난형부터 피침형, 광택이 나는 올리브그린 또는 연한 적갈색, 진한 갈색을 띠고 있으며 잎의 뒷면은 적색 또는 적갈색. 이전에 이탈리아의 농장에서 입하된 sp. 선셋은 독일과 네덜란드의 농장에서 입하된 본종과 많이 비슷한 개체였다. 수조 안에서는 적색을 띠기 쉽고 얼룩무늬처럼 색이 진한 부분과 연한 부분이 생기는 경우도 있어 아름다운 종류.

크립토코리네 루테아
Cryptocoryne walkeri 'Lutea'

천남성과
분포 : 스리랑카
광량 : ▢ CO_2양 : ● 저상 : ▲▲

잎은 피침형부터 좁은 피침형, 잎의 길이는 8~12cm, 폭 2~3cm, 잎의 가장자리는 완만하게 물결친다. 잎자루는 왈케리보다 길다. 잎의 색은 어두운 녹색 또는 다갈색, 잎의 뒷면은 적색 빛을 띤다. 이전에는 다른 종이라고 여겨졌지만 현재는 왈케리의 범주에 속해 있다. 하지만 아직 예전 이름으로 판매되는 경우가 많다. 오래전부터 사랑받아온 튼튼한 종이고 중경의 포인트로 사용하기에 최적이다.

크립토코리네 왈케리
Cryptocoryne walkeri

천남성과
분포 : 스리랑카
광량 : ▢ CO_2양 : ● 저상 : ▲▲

잎은 피침형, 난형부터 좁은 난형, 길이 3~9cm, 폭 1.5~3.5cm, 전체 높이가 10~25cm. 잎의 가장자리가 매끄러운 타입도 있고 확실하게 물결치는 타입도 있다. 잎의 색은 다크 브론즈 또는 그린. 본종은 형태의 폭이 넓어서 루테아, 레그로이를 포함하여 많은 관련종들이 몇십년 동안 다른 종이라고 여겨졌지만 중간에 속한 개체도 많고 연속성도 보이기 때문에 현재는 왈케리에 포함되어 있다.

크립토코리네 웬티 '브라운'
Cryptocoryne wendtii 'Brown'

천남성과 / 별명 : 크립토코리네 웬드티 '브라운'
분포 : 스리랑카
광량 : ▢ CO_2양 : ● 저상 : ▲▲

갈색 잎이 특징. 잎의 가장자리는 완만하게 물결치고 엽신이 울퉁불퉁한 경우도 있다. 약한 빛 아래에서는 그린과의 차이가 없어져버린다. 크립토코리네의 재배에서는 기본적으로 빛이 강하고 영양분이 많으면 갈색계 색이 진하게 나타나고 빛이 약하고 영양분이 적으면 녹색이 되는 경향이 있다. 이런 점을 머릿속에 넣어두면 레이아웃을 제작할 때 도움이 될 것이다. 제대로 빛을 비춰서 특징을 이끌어내고 싶다.

크립토코리네 웬티 '그린'
Cryptocoryne wendtii

천남성과 / 별명 : 크립토코리네 웬드티 '그린'
분포 : 스리랑카
광량 : ▢ CO_2양 : ● 저상 : ▲▲

잎은 타원형부터 좁은 타원형, 좁은 난형 등이며 길이 5~15cm, 폭 1~4.5cm, 전체 높이는 10~20cm. 잎의 색은 녹색부터 갈색까지 육성환경에 따라 크게 변화한다. CO_2 첨가, 강한 빛이 없어도 키울 수 있기 때문에 크립토코리네 입문종으로서 가장 볼 기회가 많은 종류 중 하나다. 크립토코리네는 빈번한 옮겨심기를 싫어하므로 크게 자랐을 때의 사이즈를 확인한 후에 심도록 하자.

크립토코리네 '플라밍고'
Cryptocoryne wendtii 'Flamingo'

천남성과
분포 : 개량품종
광량 : 🟨　CO₂양 : 🔵　저상 : 🔺🔺

이름 그대로 핑크색의 잎을 가지고 있는 개량품종. 처음 입하될 때는 그 충격적인 색이 화제를 모았다. 수조 재배에서는 화려함이 약해지지만 그래도 눈에 띄는 존재라는 점은 변함이 없다. 종류수가 많지 않은 밝은 색 크립토코리네 중에서도 이채로운 존재이며 음뿐만 아니라 양도 연출할 수 있는 소재로서 새로운 레이아웃의 가능성을 품고 있다. 다른 밝은 색 크립토코리네와 마찬가지로 밝은 환경에서 더 색이 선명해진다.

크립토코리네 '플로리다 선셋'
Cryptocoryne wendtii 'Florida Sunset'

천남성과
개량품종
광량 : 🟨　CO₂양 : 🔵　저상 : 🔺🔺

아름다운 무늬가 들어간 잎이 특징. 미국의 농장에서 발견된 무늬가 들어간 웬티 미오야를 증식시킨 것. 2009년부터 유통되고 있는 인기품종이다. 갈록색, 백색, 핑크 등의 다양한 색의 조합을 즐길 수 있다. 성질은 미오야와 같아서 크게 자라고 튼튼한 종이지만 CO₂를 첨가하고 밝은 환경을 준비하면 얼룩무늬가 더 선명해진다. 유목 그림자 등에 은근슬쩍 사용하면 멋질 것이다.

크립토코리네 웬티 '그린 게코'
Cryptocoryne wendtii 'Green Gecko'

천남성과
개량품종
광량 : 🟨　CO₂양 : 🔵　저상 : 🔺🔺

싱가포르의 농장에서 출현한 변이종. 연한 황록색 잎에 있는 녹색 엽맥이 두드러지고 잎 아래쪽에서 스며나오듯이 갈색이 퍼지는, 그 특이한 대비가 아름다운 바리에이션. 육성방법 자체는 노멀과 같지만 특징적인 컬러링을 즐기기 위해서는 고광량이 필요. 양치식물의 진한 녹색은 물론이고 워터론 등의 밝은 색 전경초와의 상성도 좋다.

크립토코리네 웬티 '미오야'
Cryptocoryne wendtii 'Mi Oya'

천남성과
분포 : 스리랑카
광량 : 🟨　CO₂양 : 🔵　저상 : 🔺🔺

스리랑카에 있는 강의 이름을 붙인, 세계적으로 대중적인 바리에이션이며 높이 25~35cm로 크게 자라는 것이 특징. 진한 올리브그린 또는 브라운, 갈색의 줄무늬가 자잘하게 잎의 표면에 들어가고 울퉁불퉁한 경우도 있다. 잎의 가장자리는 물결치고 잎의 뒷면이 밝은 적갈색을 띠고 있어 표면과의 대비가 아름답다. 저상비료를 사용하여 제대로 크게 키우고 싶다. 원산지의 환경 덕분에 고수온에 강한 점도 특징이다.

크립토코리네 웬티 '리얼 그린'
Cryptocoryne wendtii 'Real Green'

천남성과
분포 : 스리랑카
광량 : 🟨　CO₂양 : 🔵　저상 : 🔺🔺

1995년 일본에 처음으로 입하된 후 변함없이 높은 인기를 자랑하는 종류. 그 이유는 아름다운 그린을 띤 잎과 초보자에게도 추천할 수 있는 튼튼함 때문이다. 웬티 그린과 달리 갈색 빛을 띠는 일이 없는 것이 최대 특징. 그린을 유지한다는 것의 존재가치는 높다. 레이아웃이 어두워지지 않고 주위의 색을 돋보이게 만들어준다. 고광량으로 작은 사이즈 상태를 유지할 수 있는 것도 매력.

크립토코리네 웬티 '트로피카'
Cryptocoryne wendtii 'Tropica'

천남성과
분포 : 스리랑카
광량 : 🟨　CO₂양 : 🔵　저상 : 🔺🔺

높이는 10~20cm. 잎의 색은 진한 갈색이며 갈색 줄무늬도 들어간다. 잎의 가장자리는 완만하게 물결치고 엽신이 울퉁불퉁한 아름다운 종이다. 덴마크의 유명한 수초 농장인 Tropica사의 이름이 붙은 바리에이션 중 하나. 웬티 중에서도 비교적 튼튼하고 키우기 쉽기 때문에 초보자에게도 추천할 수 있다. 그늘이 되는 장소뿐만 아니라 중경의 눈에 띄는 장소에서도 활약할 수 있다.

크립토코리네 '루켄스'
Cryptocoryne × willisii 'Lucens'

천남성과
분포 : 스리랑카
광량 : ■ CO₂양 : ● 저상 : ▲▲

파바와 왈케리, 그리고 베케티의 자연교잡종인 윌리시 중에서는 약간 크게 자라는 타입. 가느다란 피침형이며 잎의 가장자리에 갈색 무늬가 들어간다. 다른 개체와의 간격이 좁으면 눕듯이 열려서 자라지만 촘촘하게 밀생하면 위로 올라가고 잎의 길이도 길어지는 경향이 있다. 가는 잎의 유경초와 조합하기 쉽고 레이아웃의 전경후반부터 중경전반에 사용하면 효과적.

라게난드라 '케랄렌시스'
Lagenandra sp. 'keralensis'

천남성과
분포 : 인도
광량 : ■ CO₂양 : ● 저상 : ▲▲

케랄렌시스라는 이름으로 유통되지만 다른 종이다. 잎이 피침형 또는 도피침형이라 가늘고 길다는 인상이 강하게 느껴지는 종류다. 새로운 잎이 핑크색을 포함한 연한 다갈색을 띤다. 서서히 갈색이 진해지다가 올리브그린으로 변하는 경우도 있다. 라게난드라치고는 약간 녹기 쉬우므로 수질 급변 등에는 주의해야 한다. 크립토코리네를 키우는 느낌으로 제대로 뿌리를 내리게 하면 박력 있는 모습을 즐길 수 있다.

라게난드라 미볼디
Lagenandra meeboldii

천남성과
분포 : 인도
광량 : ■ CO₂양 : ● 저상 : ▲▲

잎은 난형부터 타원형, 길이 6~15cm, 폭 3.5~7cm, 잎자루는 5~20cm, 전체 높이 20~35cm. 잎의 색, 형태 모두 표현의 폭이 넓다. 다른 종과 혼동하는 경우도 있다. 육성은 쉽지만 사이즈를 작게 유지하고 싶은 경우에는 강한 빛, CO₂ 첨가가 효과적이다. 심을 때는 상처가 난 잎을 근원에서 잘라낸다. 부패하는 경우도 있으므로 뿌리줄기를 가능한 한 저상 속에 묻지 않도록 해야 한다.

라게난드라 미볼디 '레드'
Lagenandra meeboldii 'Red'

천남성과
분포 : 인도
광량 : ■ CO₂양 : ● 저상 : ▲▲

적색 빛을 띤 바리에이션. 잎은 적색을 포함한 갈색계이며 육성할 때 강한 빛을 비춰주면 적색을 진하게 만들 수 있다. 저상비료, CO₂ 첨가도 효과가 있다. 수입 초기 등의 강한 스트레스를 받을 때를 제외하면 지나친 환수 등, 재배환경 급변으로 인해 크립토코리네처럼 녹는 경우는 없다. 차분한 색조가 주위 수초를 더욱 돋보이게 만들어준다.

라게난드라 나이리
Lagenandra nairii

천남성과
분포 : 인도
광량 : 🟨　CO₂양 : 🔵　저상 : 🔺🔺

잎은 타원형부터 난형, 길이 8~17cm, 폭 5~9cm, 잎자루 3~30cm, 전체 높이 30cm. 수조 안에서는 잎자루가 짧아지고 지면에 달라붙듯이 자라기 때문에 높이는 낮다. 잎의 색은 그린이며 잎의 가장자리는 완만하게 물결친다. 수중에서는 잎이 바깥쪽으로 말리는 것이 특징이라 미볼디와 구별하기 쉽다. 테라리움에도 적합하지만 추위에 약하므로 겨울철 온도관리에 주의가 필요하다.

라게난드라 'V. 찬드라'
Lagenandra sp. 'V.chandra'

천남성과
분포 : 인도
광량 : 🟨　CO₂양 : 🔵　저상 : 🔺🔺

사람 이름이 학명에 들어가 있는, 핑크색 무늬가 아름다운 라게난드라의 일종. 인도 남부에 분포해 있는 미볼디즈 *L.meeboldii*의 색채변이 타입이라 생각된다. 로자에 타입이라고 말할 수 있을 정도로 관상 가치는 높다. 미볼디에는 그린 타입과 레드 타입, 그리고 펄화이트의 얼룩무늬를 가진 아름다운 타입도 있어 콜렉션을 해도 재미있을 것이다.

라게난드라 스와이테시
Lagenandra thwaitesii

천남성과
분포 : 스리랑카
광량 : 🟨　CO₂양 : 🔵　저상 : 🔺🔺

높이가 50cm 정도지만 수조 안에서는 반 정도의 크기가 된다. 입하 사이즈는 다시 그 반 정도이며 생장은 크립토코리네보다 느리다. 증식도 가능하지만 굉장히 느리게 자주를 형성한다. 잎은 피침형, 잎의 가장자리는 물결치고, 입하시 볼 수 있는 하얀색 테두리는 수조 안에서 소멸된다. 잎의 색은 녹색. 색이 연해지기 쉬우므로 비료를 주면 효과적이다. 높이가 잘 변하지 않으므로 중경에 사용하기 좋다.

스킨답서스 sp. '파푸아뉴기니'
Scindapsus sp. 'Papua New Guinea'

천남성과 / 별명 : 야마사키카즈라
분포 : 파푸아뉴기니
광량 : 🟨　CO₂양 : 🔵　저상 : 🔺🔺

일본을 대표하는 수초연구가, Mitsuo Yamasaki씨가 소개한, 테라리움, 아쿠아리움 양쪽에서 활약하는 수초다. 테라리움에서는 덩굴성을 살려서 크게 키울 수도 있고 트리밍을 해서 작게 유지하며 즐기는 것도 가능하다. 수조 안에서도 강건하고 단단한 잎을 이용하여 금붕어수조에 사용할 수 있을 정도로. 마니아에게도 인기가 높아서 중경부터 후경까지 폭넓게 활약한다.

에키노도루스 '어플레임'
Echinodorus 'Aflame'

택사과
개량품종
광량 : 🟨　CO₂양 : 🔵　저상 : 🔺🔺

네덜란드의 Aquaflora사가 만든 독특한 다크 컬러 품종. 침수엽은 진한 적자색 또는 심홍색을 띠고 있다. 높이 20~40cm. 개성적인 잎이 눈길을 끄는 존재. 무늬가 들어간 잎이나 황금잎 등과 활기차게 조합하여 이국적인 레이아웃을 만드는 것도 재미있을 것이다. 꽃은 피지 않고 조직배양으로 증식한다. 최근에는 조직배양으로 증식된 메리클론 컵이 유통되는 경우도 있다.

에키노도루스 '그린 카멜레온'
Echinodorus 'Green Chameleon'

택사과 / 개량품종
광량 : 🟨　CO₂양 : 🔵　저상 : 🔺🔺

독일 Dennerle사가 만든, 뭐라 말하기 어려운 신비로운 색채를 가진 품종. Dennerle사가 개량한 에키노도루스, 심플리 레드가 부모라고 하지만 개성적인 표현 속에서 그 영향은 엿보이지 않는다. 수상에서는 오리엔탈이나 트리컬러와 같은 밝은 녹색. 수중에서는 녹색에 적색 빛이 들어간 복잡한 색을 띤다. 적색은 서서히 진해져서 그야말로 카멜레온이라는 이름에 걸맞은 변화를 보여준다.

에키노도루스 코디폴리우스
Echinodorus cordifolius

택사과
분포 : 북미, 중미, 남미
광량 : 🟨　CO₂양 : 🔵　저상 : 🔺🔺

오래전부터 사랑받아온, "라디칸스"라 불렸던 둥근잎 계열의 원종 에키노도루스. 침수엽은 난형부터 심형, 길이 20cm, 폭 15cm이며 잎자루는 짧다. 분포역이 넓고 한 종에 다양한 타입이 있다는 설과 각각 다른 종이라고 보는 설이 존재한다. 수중재배가 곤란한 타입도 포함되어 있지만 일반적으로 유통되는 것은 육성이 쉽다. 12시간 이상 빛을 비추면 부엽이 나오므로 조명을 오래 켜두지 않는 조건에서 재배해야 한다.

에키노도루스 '딥퍼플'
Echinodorus 'Deep Purple'

택사과
개량품종
광량 : 🟨　CO₂양 : 🔵　저상 : 🔺🔺

뷰티 레드와 호레마니 레드의 교잡종. 이름 그대로 진한 보라색 잎이 특징이다. 침수엽은 끝부분이 둔한 긴 타원형이고 10cm 정도의 길이를 가졌으며 폭 3~4cm, 잎자루는 엽신과 비슷한 정도이고 높이가 15~25cm, 검은 빛을 띤 다크한 적색이다. 강한 빛을 비추고 비옥한 저상을 준비하면 진한 착색을 볼 수 있다. 황금잎 등과 대담하게 조합하는 방식이 더 적합하다.

에키노도루스 '판타스틱 컬러'
Echinodorus 'Fantastic Color'

택사과
개량품종
광량 : 🟨　CO₂양 : 🔵　저상 : 🔺🔺

어플레임과 우루과이엔시스라는 인기종을 교배시켜 만든 품종. 독일의 Tomas Kaliebe씨가 작출했다. 어플레임의 적색과 우루과이엔시스의 가는 몸을 겸비하고 있다. 특히 새로운 잎의 진한 보라색에 가까운 적색이 훌륭하다. 잎은 좁은 피침형, 높이는 25~30cm. 잎의 수가 늘어난 큰 개체는 무척 멋지다. 비료가 부족하면 아름답게 자라지 못하므로 저상비료를 반드시 줘야 한다.

에키노도루스 '아파트'
Echinodorus 'Apart'

택사과
개량품종
광량 : 🟨　CO₂양 : 🔵　저상 : 🔺🔺

독일의 한스 배스씨가 작출한, 호레마니 레드와 포르토알레그렌시스의 교배종. 잎이 눕듯이 펼쳐지며 자라기 때문에 로제트의 폭이 넓어서 직경 30cm, 높이는 15cm 정도다. 투명한 느낌이 나고 약간 적색 빛을 띤 진한 녹색 잎은 단단하며 뒤틀리듯이 자란다. 오파쿠스나 포르토알레그렌시스와 비슷하게 생겼고 육성이 어렵지 않아서 손쉽게 짙은 녹색계열 에키노도루스의 분위기를 즐길 수 있다.

브로드리프 아마존소드 플랜트 '콤팩트'
Echinodorus grisebachii 'Bleherae Compacta'

택사과 / 개량품종
광량 : 🟨　CO_2양 : 🔵　저상 : 🔺🔺

미국 플로리다에 있는 농장에서 노멀 블레헤리 중에서 선별을 반복하면서 작출한 왜성종. 겉모습과 튼튼함은 노멀 그대로지만 높이는 15cm 정도밖에 되지 않아서 소형수조에서도 블레헤리의 매력을 충분히 만끽할 수 있다는, 스몰탱크 전성기인 이 시기에 딱 알맞은 우량품종이라고 할 수 있다. 화분에 심어서 근역제한을 하면 더욱 작게 즐길 수 있다.

큐피 아마존
Echinodorus grisebachii 'Tropica'

택사과 / 별명 : 에키노도루스 그리세바키 '트로피카'
개량품종
광량 : 🟨　CO_2양 : 🔵　저상 : 🔶🔺

개량 에키노도루스의 선구자로서 1980년대 중반 무렵부터 유럽에서 유통되었다. 파르비플로루스에서 출현한 왜성종. 싱가포르 또는 스리랑카의 농장이 유래라고 알려져 있다. 트로피카라는 이름이 붙은 것은 1985년이며 그 이후 널리 유통되었다. 잎 끝이 큐피 인형의 머리를 연상시키기도 해서 지금도 인기가 높다. 수조에서는 5~6cm로 소형. 고수온에는 약간 약한 면을 보인다.

에키노도루스 '하디 레드 펄'
Echinodorus 'Hadi Red Pearl'

택사과
개량품종
광량 : 🟨　CO_2양 : 🔵　저상 : 🔶🔺

드물게 아시아에서 만들어진 개량품종이며 인도네시아의 농장에서 판매되고 있다. 키가 작은 소~중형종이고 잎의 폭이 넓은 타원형. 수상엽에는 녹색 위에 적갈색 반점 무늬가 드문드문 들어간다. 침수엽은 적색계열이고 새싹은 특히 선명한 적색이 되며 스팟 모양으로 적색이 빠진 독특한 무늬가 아름답다. 오래된 바깥쪽 잎이 진한 녹색으로 변화하는 중후함도 좋다.

에키노도루스 '인디언 서머'
Echinodorus 'Indian Summer'

택사과
개량품종
광량 : 🟨　CO_2양 : 🔵　저상 : 🔶🔺

스몰 베어와 오셀롯의 교배종이며 독일의 Tomas Kaliebe씨가 작출했다. 침수엽은 피침형이고 길이 20~25cm, 폭 5cm, 잎자루의 길이가 엽신과 비슷한 대형종이다. 잎의 색이 다양하며, 어두운 적색부터 갈색, 오렌지색, 녹색 등, 인디언 서머라는 이름대로 북미의 가을 풍경을 연상시키는, 따뜻함이 느껴지고 차분한 색조가 매력적이다. 적색계열 수초와 조합하여 즐기면 좋다.

에키노도루스 '재규어'
Echinodorus 'Jaguar'

택사과
개량품종
광량 : 🟨　CO_2양 : 🔵　저상 : 🔶🔺

독일의 한스 바스씨가 작출한 개량품종. 침수엽은 타원형이고 높이 20~30cm. 특히 새로운 잎에 많이 들어가는 적갈색 스팟 무늬가 이름의 유래다. 개량 에키노도루스는 요즘 적색계열 수초가 전성기이지만 그 와중에 녹색 잎을 가진 몇 안 되는 종류 중 하나다. 새로운 잎의 밝은 그린이 눈길을 끈다. 화려한 유경초에도 잘 맞지만 야생미가 남아있기 때문에 현지풍 레이아웃에도 잘 어울린다.

에키노도루스 오시리스 '골든'
Echinodorus osiris 'Golden'

택사과 / 별명 : 골든 멜론소드
개량품종
광량 : 🟨　CO_2양 : 🔵　저상 : 🔶🔺

통칭 골든 멜론이라는 이름에 어울리는 황금잎 품종. 특히 수상엽은 무척 선명한 황색으로 물들어 있어 관상가치가 높다. 노멀 개체의 침수엽도 황색 빛을 띠지만 오시리스가 가지고 있는 가벼운 투명감도 어우러져 더욱 현저하게 보인다. 새로운 잎이 연한 적색을 띠는 것 같으며 악센트로서 더 골드를 돋보이게 해준다. 색과 형태가 다른 소재와 조합하면 좋다.

에키노도루스 오파쿠스
Echinodorus opacus

택사과
분포 : 브라질 남부
광량 : 🟨 CO₂양 : 🔵 저상 : 🔺🔺

잎의 길이는 13cm, 폭 8cm, 피질이 단단한 잎은 난형이고 어둡고 진한 녹색. 뿌리 줄기가 기어가듯이 뻗어서 생장. 약간 낮은 수온의 약산성 물을 좋아한다. 3배체이며 그란디플로루스와 롱기스카푸스의 자연교잡종. 산지 차이에 따른 바리에이션도 있지만 표준은 베르데산이라고 알려져 있다. 약간 투명한 느낌이 나는 질감을 살려서 자와환 '쿠스피다타'와 조합해도 재미있을 것이다.

에키노도루스 '오리엔탈'
Echinodorus 'Oriental'

택사과
개량품종
광량 : 🟨 CO₂양 : 🔵 저상 : 🔺🔺

싱가포르의 대형 수초 농장, Oriental사가 로즈의 조직배양묘에서 얻은 돌연변이 개체. 1994년부터 현재까지 25년 이상 몇 안 되는 핑크계 에키노도루스의 대표종으로서 그 인기를 유지하고 있는 롱셀러종이다. 22~25℃의 비교적 낮은 수온과 강한 조명을 준비하면 4, 5장째까지 새로운 잎이 확실하게 핑크색으로 발색한다. 비료도 필수적이다.

에키노도루스 '스몰 프린스'
Echinodorus 'Kleiner Prinz'

택사과 / 별명 : 에키노도루스 '클라이너 프린츠'
개량품종
광량 : 🟨 CO₂양 : 🔵 저상 : 🔺🔺

인디언 레드와 스몰 베어의 교잡종. 침수엽은 길이 9~10cm, 폭 2~2.5cm, 잎자루를 포함해도 수심 20cm 정도가 있으면 충분히 육성이 가능한, 작은 수조에 딱 맞는 소형종이다. 적색계열의 가는 잎을 가지고 있고 튼튼하면서 이 정도 사이즈인 종은 흔치 않아서 귀중한 존재다. 독일의 Tomas Kaliebe씨가 작출했고 ZOOLogiCa에서 판매되었지만 지금은 동남아시아의 농장에서 입하된다.

에키노도루스 '카멜레온'
Echinodorus 'Chameleon'

택사과
개량품종
광량 : 🟨 CO₂양 : 🔵 저상 : 🔺🔺

잎에 약간 웨이브가 들어가 있어 살짝 뒤틀리듯이 자라는 경우도 있다. 엽맥은 심플하게 색이 빠져서 하얗게 보이는 옛날 스타일. 적색 빛이 진하거나 보라색을 띠는 경우도 있다. 키우기 쉬운 편이지만 더 발색을 좋게 하고 싶으면 강한 빛을 준비하면 된다. 인도네시아의 농장에서 처음으로 입하되었지만 현재는 다른 나라의 농장에서도 생산되고 있다. 비슷한 이름을 가진 유럽 개체는 다른 종이다.

에키노도루스 '아르주나'
Echinodorus 'Arjuna'

택사과
개량품종
광량 : 🟨　CO₂양 : 🔵　저상 : 🔺🔺

인도네시아의 농장이 판매하고 있는 개성적인 품종이다. 힌두교의 서사시 "마하바라타"에 등장하는 영웅 중에 아르주나라는 이름이 있고 그 이름이 "백색"을 의미해서 붉은색 침수엽에 들어가 있는 커다란 하얀색 얼룩무늬와 연관시켜 이름을 지은 것이 아닐까 추측된다. 이 무늬는 새로운 잎에서 현저하게 나타나고 서서히 연해지다가 눈에 띄지 않게 되어 붉은색 잎으로 변한다.

에키노도루스 '오셀롯'
Echinodorus 'Ozelot'

택사과
개량품종
광량 : 🟨　CO₂양 : 🔵　저상 : 🔺🔺

스크루에테리 레오파드와 바르티의 교배종이며 1995년에 독일의 한스 배스씨의 묘목장에서 작출되었다. 적갈색 얼룩무늬가 잎 전체에 아름답게 들어가 있는, 적색계열 무늬종의 명품으로서 지금도 인기가 높다. 스몰 베어와 마찬가지로 초보자용 개량 에키노도루스. 육성 자체는 쉽지만 고광량과 비료를 준비하면 특히 새로운 잎의 적색이 더 아름답게 발색하게 된다. 같은 교배에서 다양한 표현을 얻을 수 있다.

에키노도루스 '탄젠데 포이페더'
Echinodorus 'Tanzende Feuerfeder'

택사과 / 별명 : 댄싱 파이어페더
개량품종
광량 : 🟨　CO₂양 : 🔵　저상 : 🔺🔺

레드 플레임과 그 외의 여러 종을 교배하여 작출했다. 2000년대에 들어와서 등장한, 긁힌 것 같은 색조를 지닌 개량 에키노도루스를 대표하는 품종이다. 붉은색 얼룩무늬가 솔로 쓸어낸 것처럼 성기지만 그럼에도 겹겹이 복잡하게 들어가 있어 뭐라 표현하기 어려운 매력을 가진 종이다. 빛이 강하지 않아도 무늬는 나타나기 쉽다. 침수엽은 길이 30cm, 폭 7cm, 긴 잎자루가 있어 최대 70cm에 달하는 대형종.

에키노도루스 '레드 다이아몬드'
Echinodorus 'Red Diamond'

택사과
개량품종
광량 : 🟨　CO₂양 : 🔵　저상 : 🔺🔺

2006년에 우크라이나에서 작출된, 호레마니 레드와 바르티의 교배종. 광택과 투명감을 가진 독특한 색조가 매력적이다. 오리엔탈과 비슷하지만 엽맥이 하얗지 않고 붉은색이다. 잎은 타원형이고 길이 15~20cm, 폭 2~3cm, 잎 가장자리는 명확하게 물결친다. 잎의 색은 루비 레드. 빛, 영양분이 많으면 진해진다. 생장이 느려서 크게 자라기 어려우므로 소형수조 센터로서도 활약할 수 있다.

에키노도루스 '레니'
Echinodorus 'Reni'

택사과
개량품종
광량 : 🟨　CO₂양 : 🔵　저상 : 🔺🔺

빅 베어와 오셀롯의 교배종. 침수엽은 넓은 타원형 또는 긴 타원형이고 길이 25cm, 폭 8cm, 잎자루는 10cm. 선명한 적자색이 된다. 까다롭지 않아서 키우기 쉬운 반면, 중형종이라고는 해도 15~25cm 정도로 자란다. 오래된 바깥 잎을 잎자루부터 자주 잘라내면 작게 유지할 수 있고 물의 흐름도 좋아져서 환경을 양호하게 유지할 수 있다. 색을 진하게 만들기 위해서는 강한 빛, 비료가 효과적이다.

에키노도루스 '상크트 엘름스페어'
Echinodorus 'Sankt Elmsfeuer'

택사과
개량품종
광량 : 🟨　CO₂양 : 🔵　저상 : 🔺🔺

빅 베어와 오셋롯의 교배종. 특징적인 버건디색의 잎은 타원형이고 길이 15~30cm, 폭 3~5.5cm, 잎자루는 15~20cm. 잎의 가장자리는 약간 물결친다. 부모가 같은 레니와 많이 닮았지만 본종 쪽이 가늘고 길다. 강한 빛 아래에서 재배하면 좋고 특히 가장 새롭게 나온 잎은 검은색에 가까운 멋진 보라색이 된다. 엽맥도 적색이라 색조가 눈에 띄기 때문에 주연급 존재감을 내뿜는다.

에키노도루스 '스몰 베어'
Echinodorus 'Small Bear'

택사과 / 별명 : 'Kleiner Baer' 'Little Bear'
개량품종
광량 : ☐ CO_2양 : ● 저상 : ▲▲

파르비플로러스와 바르티와 호레마니 레드의 교배로 작출. 엽신은 길이 10~15cm, 폭 4~7cm, 잎자루는 5~10cm로 짧고 높이는 15~25cm로 작다. 적정온도의 폭이 넓고 입수도 쉽다. 초보자에게 가장 적합한 적색계열 개량 에키노도루스 중 하나다. 까다롭지 않아서 키우기 쉬운 점도 매력이다. 잎의 색이 강하지 않아서 다채로운 조합을 즐길 수 있다.

에키노도루스 '스펙트라'
Echinodorus 'Spectra'

택사과
개량품종
광량 : ☐ CO_2양 : ● 저상 : ▲▲

색채의 폭이 넓은, 이름에 어울리는 개량품종. 생육조건에 따라 연한 녹색, 핑크, 퍼플, 옐로와 오렌지에 가까운 색조를 띠기도 한다. 더 좋은 발색을 이끌어내기 위해서는 강한 빛이 효과적이다. 주위에 배치하는 것도 로탈라 등의 각양각색의 유경초가 상성이 좋다. 호주 노치도메 등, 앞쪽을 꾸며주는 종류에도 밝은 녹색이 잘 어울린다.

에키노도루스 포르토알레그렌시스
Echinodorus portoalegrensis

택사과 / 분포 : 브라질 남부
광량 : ☐ CO_2양 : ● 저상 : ▲▲

침수엽은 길이 5~16cm, 폭 2~7cm, 뿌리줄기가 기어가듯이 뻗어서 생장한다. 단단한 피질의 잎은 어둡고 진한 녹색. 잎의 끝부분에 컬이 들어가 있고 약간 뒤틀리듯이 전개된다. 생장은 느리다. 3배 또는 4배체이며 그란디플로러스와 롱기스카푸스의 자연교잡종이라 알려져 있다. 21~24℃의 약간 낮은 수온, 모래에서 육성. 생장이 느린 만큼 이끼가 발생하지 않도록 수질관리에 주의해야 한다.

에키노도루스 '트리컬러'
Echinodorus 'Tricolor'

택사과 / 개량품종
광량 : ☐ CO_2양 : ● 저상 : ▲▲

침수엽은 넓은 피침형이고 길이 10~16cm, 폭 4~6cm, 잎자루 10~16cm, 높이 20~25cm이며, 이 보다 더 높이 자라는 경우도 있다. 새로운 잎은 황색 또는 핑크색을 띠고 서서히 녹색으로 변한다. 살짝 붉은색 반점이 들어가는 경우도 있다. 오리엔탈과 마찬가지로 몇 안 되는 핑크계 에키노도루스로서 귀중한 존재다. 여러 가지 설이 있지만 교배에 아프리카누스(지금은 우루과이엔시스라고 부른다)를 사용한 것은 틀림이 없는 것 같다.

헤란티움 볼리비아눔 '앙구스티폴리우스'
Helanthium bolivianum 'Angustifolius'

택사과 / 별명 : 에키노도루스 앙구스티폴리우스
분포 : 브라질
광량 : 🟨 CO_2양 : 🔵   저상 : 🔺🔺

볼리비아눔의 3배체. 침수엽의 길이는 최대 60cm. 수조 안에서도 깊이 45cm 정도의 수면까지는 도달한다. 폭은 3~4mm, 이 가늘고 긴 잎이 본종의 특징이다. 발리스네리아의 일종을 보는 느낌도 든다. 활용법도 당연히 같아서 후경용이다. 특히 남미원산으로 채운 레이아웃에서는 요긴하게 쓰인다. 저상재로 소일을 사용하면 재배가 쉽다. 다른 남미산 수초도 키우기 쉬워지므로 추천한다.

헤란티움 볼리비아눔 '라티폴리우스'
Helanthium bolivianum 'Latifolius'

택사과 / 별명 : 에키노도루스 라티폴리우스
분포 : 브라질
광량 : 🟨 CO_2양 : 🔵   저상 : 🔺🔺

침수엽은 길이 10cm, 폭 5~10mm, 잎자루는 1~2cm. 잎은 밝은 녹색. 입문종으로 많이 사용되기 때문에 유통도 많다. 본종을 포함한, 체인 아마존계열 몇 종류는 헤란티움 볼리비아눔으로 합쳐지면서 학명이 변경되었다. 원예적인 형태의 차이로 인해 지금도 편의상 구별하여 취급하는 경우도 있지만 농장마다 견해가 달라서 혼란이 일어나고 있는 것이 현실.

헤란티움 볼리비아눔 '콰드리코스타투스'
Helanthium bolivianum 'Quadricostatus'

택사과 / 별명 : 에키노도루스 콰드리코스타투스
분포 : 중남미
광량 : 🟨 CO_2양 : 🔵   저상 : 🔺🔺

볼리비아눔 그룹 중에 하나이며 본종은 3배체. 수조 안에서는 높이 10~15cm, 20cm를 넘기는 경우도 있다. 같은 그룹 안에서도 특히 육성이 쉬운 종에 속한다. 밝은 녹색을 띠고 있고 부드러운 침수엽은 수중에서 더욱 빛난다. 색이 연해지기 쉬우므로 정기적으로 비료를 줘야 한다. 여러 그루를 군생시키면 소형수조의 센터로서도 활용할 수 있다. 개체간의 간격을 좁게 해서 심어야 크게 자라지 않는다.

에키노도루스 '베스비우스'
Helanthium bolivianum 'Vesuvius'

택사과
개량품종
광량 : 🟨 CO_2양 : 🔵   저상 : 🔺🔺

싱가포르의 오리엔탈 아쿠아리움에서 작출된, 헤란티움 볼리비아눔 앙구스티폴리우스의 개량품종. 스크류 발리스네리아를 방불케 하는 강한 뒤틀림이 특징. 끝으로 향할수록 잎이 서서히 좁아지며 날카로워져서 스크류 발리스네리아보다 샤프한 인상이 느껴진다. 의외로 부자연스러움은 없어서 레이아웃에서도 붕 뜨는 존재는 되지 않으므로 사용하기 쉽다.

사지타리아 플라티필라
Sagittaria platyphylla

택사과 / 분포 : 북미
광량 : 🟨 CO_2양 : 🔵   저상 : 🔺🔺

수상엽은 피침형부터 장란형이고 길이 10~20cm, 폭 3~10cm이며 사지타리아 웨더비아나보다도 폭이 넓다. 또한 본종이 덩이줄기를 만든다는 점으로도 구별이 가능하다. 무늬가 들어간 품종도 덩이줄기를 만들기 때문에 본종인 것을 알 수 있다. 침수엽은 선형이고 길이 5~28cm, 폭 0.5~2.7cm. 튼튼하고 키우기 쉬우며 겨울철 추위와 건조에도 강하기 때문에 실외에서도 재배할 수 있지만 야생화될 수도 있으니 주의해야 한다.

사지타리아 수불라타
Sagittaria subulata

택사과
분포 : 북미
광량 : 🟨 CO_2양 : 🔵   저상 : 🔺🔺

침수엽은 선형이고 길이는 최대 60cm 정도. 수조 안에서는 10~40cm. 자연에서는 기수역에도 자생하고 해안 근처의 하천가 등에서 군생하는 모습을 볼 수 있다. 그래서인지 알칼리성 수질에도 잘 적응하고 흑사 간 수조에서도 문제없이 키울 수 있다. 또한 부영양 환경에서도 생장이 느려지지 않는 튼튼한 종이다. 실외에서 재배했을 때 등, 가끔 부엽을 형성하는 경우도 있다.

피그미 체인 사지타리아
Sagittaria subulata 'Pusilla'

택사과 / 별명 : 피그미 사지타리아
분포 : 불명
광량 : ◻ CO$_2$양 : ● 저상 : ▲▲

수불라타의 소형 버라이어티이고 전경용으로 오래전부터 사랑받아온 종류. 잎의 길이는 육성조건에 따라 크게 달라지는데, 보통은 5~10cm지만 30cm를 넘긴다는 정보도 있다. 최근에는 샤프한 종류, 더 작은 종류에 밀려서 볼 기회가 줄어들었다. 노멀 수불라타와 마찬가지로 튼튼한 것이 매력. 다른 전경초와 섞어서 심거나 전경과 중경의 경계에 배치하는 등, 녹색 융단 이외의 방법도 모색해보고 싶다.

사지타리아 웨더비아나
Sagittaria weatherbiana

택사과 / 별명 : 자이언트 사지타리아
분포 : 북미
광량 : ◻ CO$_2$양 : ● 저상 : ▲▲

수상엽은 주걱모양이고 길이 15~20cm, 폭 2~3cm. 침수엽은 선형이고 길이 20cm, 폭 2~3cm. 덩이줄기는 만들지 않고 침수엽으로 월동한다. 총상화서라는 점, 침수엽의 폭이 1cm 이상이라는 점도 언급해두고 싶다. 튼튼한 아쿠아리움 플랜츠로서 사랑받고 있지만 현재는 송사리용 수초로 인기가 높아서 수반에 재배되는 경우도 많다. 실외재배 때는 야생화되는 것에 주의해야 한다.

브릭샤 알터니폴리아
Blyxa japonica var. alternifolia

자라풀과
분포 : 동남아시아
광량 : ◻◻ CO$_2$양 : ●● 저상 : ▲

분포역이 넓어서 형태 변이가 다양한 종류. 주로 유통되는 것은 줄기가 길어지는, 매우 유경종스러운 타입이며 잎의 길이 2.5~5cm, 폭 2mm, 분지를 많이 한다. 잎의 색은 녹색 또는 진한 적색을 띠는 경우도 있다. 관계가 깊은 자포니카와는 종자의 표면에 돌기가 있는 점으로 구별할 수 있다. 약산성 물을 좋아하고 육성에는 소일 사용, CO$_2$첨가가 효과적. 군생시켰을 때의 아름다움은 일품이다.

라가로시폰 마다가스카리엔시스
Lagarosiphon madagascariensis

자라풀과
분포 : 마다가스카르
광량 : ◻ CO$_2$양 : ● 저상 : ▲▲

잎은 선형이고 길이 1~1.5cm, 폭 0.5~1mm, 투명감이 있는 밝은 녹색. pH가 낮은 환경을 좋아하지 않기 때문에 소일 사용이 일반화될 무렵에 볼 기회가 줄어들었지만 최근에는 섬세한 잎이 만드는 수풀이 아름답다는 점에서 재평가를 받고 있다. CO$_2$ 첨가가 효과적이며 리시아와의 조합도 아름답다. 같은 수질을 좋아하는 대만산 소형 쉬림프와의 조합도 추천.

나자스 과달루펜시스
Najas guadalupensis

자라풀과
분포 : 미국 , 중미 , 남미
광량 : 🟨 CO_2양 : 🔵 저상 : 🔺🔺

선상 피침형 잎은 길이 1.5~3cm, 폭 1~2mm, 잎의 가장자리에는 눈에 띄지 않는 자잘한 톱니가 있으며 전체 길이는 100cm 정도. 잎의 색은 올리브그린이고 전체가 부드럽다. 활발하게 분지하고 줄기는 잘 꺾인다. 육성이 쉬워서 CO_2 첨가 없이도 잘 자라므로 새우의 브리딩 수조에서도 사용하기 쉽다. 20℃ 이상이라면 송사리 수조에서도 이용 가능. 강한 수류가 있는 장소는 싫어한다.

나자스 인디카
Najas indica

자라풀과
분포 : 열대 아시아에 널리 분포
광량 : 🟨 CO_2양 : 🔵 저상 : 🔺🔺

잎은 선형이고 길이 2~3cm, 폭 1mm, 잎의 가장자리에는 자잘한 톱니가 있고 현저하게 뒤로 젖혀진다. 줄기는 50cm 정도까지 자라지만 꺾어지기 쉬워서 수조에서는 그렇게까지 길어지지는 않는다. 반면 잘 분지하기 때문에 수류가 약한 수조 안에서는 봉긋한 수풀이 된다. 환경이 잘 맞으면 작게 잘린 개체도 흘러간 곳에 빈약한 뿌리를 내려서 어느 사이엔가 번성해 있을 정도다. 중경에서 재미있게 사용할 수 있다.

민나자스말
Najas marina

자라풀과
분포 : 전 세계에 널리 분포
광량 : 🟨🟨 CO_2양 : 🔵🔵 저상 : 🔺

잎은 선형이고 길이 2~6cm, 폭 0.1~0.2cm, 잎의 가장자리에 가시처럼 눈에 띄는 톱니가 있는 것이 특징. 하지만 톱니의 크기와 수에는 산지에 따른 변이도 많다. 전체 길이는 100cm 정도. 한국에서는 일년생. 다른 나라에서도 거의 일년생이지만 열대지역에서는 다년생일 가능성도 있다. 가시가 있는 진귀한 수초로서 관상가치는 높지만 장기유지가 약간 어렵다.

물질경이
Ottelia alismoides

자라풀과 / 별명 : 오텔리아 알리스모이데스
분포 : 한국, 아시아 열대역~온대역, 오스트레일리아
광량 : 🟨🟨 CO_2양 : 🔵🔵 저상 : 🔺

수심에 따라 사이즈, 잎의 형태는 크게 변화하고 클 때는 75cm 정도가 된다. 잎은 좁은 피침형부터 원심형, 잎의 길이는 3~35cm, 폭 1~18cm, 잎의 가장자리에는 톱니가 있고 드물게 잎자루에도 톱니가 있다. 대형 개체는 잎자루도 50cm 정도가 된다. 최대 60cm까지 자라는 꽃자루의 끝에 하얀색 또는 핑크색의 꽃을 피운다. 매우 수초스러운 투명한 느낌이 나는 모습은 레이아웃의 주역으로 활약할 수 있을 정도로 아름답다.

오텔리아 메센테리움
Ottelia mesenterium

자라풀과
분포 : 인도네시아 술라웨시섬
광량 : 🟨🟨 CO_2양 : 🔵🔵 저상 : 🔺🔺

잎의 색은 짙은 녹색, 전체 높이는 15~25cm이며 잎의 길이는 20cm, 폭 0.7~1.5cm, 엽신이 크리넘이나 크립토코리네의 일종을 연상시킬 정도로 강하게 물결치는 잎을 가지고 있다. 무척 특이한 모습을 한 오텔리아이며 레이스 플랜트 못지않게 진귀한 수초 중 하나다. 육성은 쉽지 않지만 도전해볼만한 가치가 있다. 중성부터 알칼리성을 유지하고 청결한 흑사 등의 저상재에 심는 것이 좋다.

발리스네리아 콜렛센스
Vallisneria caulescens

자라풀과
분포 : 오스트레일리아
광량 : 🟨 CO_2양 : 🔵 저상 : 🔺🔺

특이한 후경초. 잎은 넓은 선형이고 길이 10~30cm, 폭 0.5~1.5cm, 선단 부분은 둔하고 잎의 상부에 톱니가 있으며 밝은 녹색이거나 적색으로 물드는 경우도 있다. 자웅이주. 로제트가아니라 유경형이 되며 엽액부에서 러너가 나온다. 수송에 약한 면이 있어서 도입시에 잎이 떨어지지만 환경에 적응하면 키우기 쉬워진다. 연수를 좋아해서 소일이 적합하다. CO_2 첨가도 하면 좋다.

발리스네리아 '미니 트위스터'
Vallisneria 'Mini Twister'

자라풀과
개량품종
광량 : 🟨　CO₂양 : 🔵　저상 : 🔺🔺

스크류계 발리스네리아 중에서는 소형종이며 잎의 길이는 10~15cm. 가장자리의 톱니는 잎 전체에 들어가 있다. 발리스네리아 아시아티카 비와엔시스의 재배품 중에서 커지지 않는 개체를 선별하여 증식시킨 타입으로서, 유럽의 농장에서 판매되었다. 그 루트는 끊겼지만 현재 인도의 농장에서 입하되고 있다. 발리스네리아는 후경초라는 룰에 얽매이지 않고 폭넓게 활용할 수 있다.

발리스테리아 트리프테라
Vallisneria triptera

자라풀과
분포 : 오스트레일리아
광량 : 🟨🟨　CO₂양 : 🔵🔵　저상 : 🔺🔺

콜렛센스종보다 더 유경초 느낌이 강해서 발리스네리아라는 말을 들어도 곧바로 와 닿지는 않을 정도다. 어느 쪽인가 하면, 같은 자라풀과 중에서 발리스네리아와 가까운 종인 네차만드라나 브릭샤 비에티종과 비슷하다. 사진의 개체는 서오스트레일리아주 킴벌리에서 촬영한 것. 해외 농장에서 취급은 하고 있지만 레이아웃에는 아직 활용되고 있지 않다.

포타모게톤 가이
Potamogeton gayi

가래과
분포 : 남미
광량 : 🟨　CO₂양 : 🔵　저상 : 🔺🔺

잎은 어긋나기로 자라고 선형이며 길이 4~12cm, 폭 0.2~0.5cm. 한국에서 흔히 볼 수 있는 말과 닮은 남미원산 종류다. 나부끼듯이 자라는 모습과 올리브그린을 띤 잎의 색이 마니아 취향에 맞는다. 소일에서 키워도 상관없지만 pH가 너무 내려가지 않도록 주의해야 한다. 수온이 높은 것도 좋아하지 않으므로 여름철에는 주의하고 자주 환수를 해서 대응하도록 하자. 뭉쳐 있는 쪽이 아름답다.

새우가래
Potamogeton maackianus

가래과
분포 : 한국, 일본, 아시아 동부
광량 : 🟨　CO₂양 : 🔵　저상 : 🔺🔺

엽신은 선형이고 길이 2~6cm, 폭 1.5~4mm. 잎 끝의 한 가운데가 오똑 솟아있으며 잎의 가장자리에는 톱니가 있다. 잎의 색은 녹색 또는 진한 올리브그린, 다갈색을 띠는 경우도 있다. 수조 안에서는 약간 진하고 중후한 녹색인 경우가 많다. 주로 깊은 하천이나 저수지에서 생육하고 얕은 여울에서는 봉긋한 수풀을 만든 것을 볼 수 있다. 양치식물, 모스 사이에서 중~후경을 장식하기에는 가장 좋은 아이템이다.

워터 오키드
Spiranthes odorata

난과 / 별명 : 아메리카 타래난초
분포 : 미국
광량 : 🟨🟨　CO₂양 : 🔵🔵　저상 : 🔺

좁은 타원형부터 좁은 도피침형인 잎은 길이 10~30cm, 폭 1.5~3cm, 전체 높이는 10~20cm. 수조 안에서는 생장이 느리고 소형화된다. 꽃자루가 50~80cm 정도로 자라고 타래난초와 비슷한 하얀색 꽃이 가을에 핀다. 이전에는 독일에서 입하되었지만 지금은 서양풍 산야초로서 유통되고 있어 입수는 쉽다. 아쿠아리움 외에 테라리움이나 수반에서 아름다운 꽃을 즐기는 것도 좋다.

사마귀풀
Murdannia keisak

닭의장풀과 / 별명 : 머다니아 케이삭
분포 : 한국, 일본, 중국
광량 : 🟨　CO₂양 : 🔵　저상 : 🔺

침수엽은 좁은 피침형이고 길이 9cm, 폭 1cm, 어긋나기를 하며 엽초가 있다. 도상 또는 직립하여 생장. 잎의 색은 녹백색, 강한 빛을 비추면 약간 적색 빛을 띤다. 흔히 볼 수 있어 친숙한 논 잡초지만 벼에 섞여서 유럽이나 미국으로 귀화, 거기에서 수조에 사용할 수 있는 수초로서 마니아들에게 주목을 받았다. 조직배양으로 증식까지 되어 보급, 역수입되는 특이한 현상이 일어나고 있다. 소일, CO₂를 첨가하면 육성은 쉽다.

판타날 크리스파 '그린'
Murdannia sp. 'Pantanal Green'

닭의장풀과
분포 : 브라질 판타날
광량 : 🟨   CO₂양 : 🔵   저상 : 🔺

판타날 크리스파의 그린 타입. 투명한 느낌의 밝은 녹색이 매력. 환경이 맞지 않으면 색이 어두워져서 갈색으로 변하고 시들어버린다. 소일을 사용하고 강한 빛, CO₂ 첨가는 필수. pH는 낮게 유지해야 한다. 환경만 잘 갖춰지면 육성은 쉽다. 남미 브라질의 판타날 습원 산이지만 이상하게도 동양적 분위기의 수초. 볼비티스 같은 투명한 느낌의 짙은 녹색과도 상성이 좋다.

판타날 크리스파 '레드'
Murdannia sp. 'Pantanal Red'

닭의장풀과 / 분포 : 브라질 판타날
광량 : 🟨   CO₂양 : 🔵   저상 : 🔺

수상엽은 사마귀풀과 많이 닮았지만 수중에서는 잎의 가장자리부터 엽신까지 오그라든 것처럼 강하게 물결치고 투명한 느낌의 침수엽은 핑크 또는 적갈색을 띤다. pH를 낮게 억제하고 강한 빛, CO₂를 첨가하면 와인레드를 띠는 경우도 있다. 폭은 달라지지 않지만 잎의 길이는 약간 길어져서 몇 그루 되지 않아도 존재감을 발휘하게 된다. 비스듬하게 자라기 때문에 중경이나 후경의 수풀에서 튀어나온 것처럼 사용하면 재미있을 것이다.

기니안 크리스파
Commelinaceae sp. 'Guinea'

닭의장풀과
분포 : 기니
광량 : 🟨   CO₂양 : 🔵   저상 : 🔺

아프리카의 기니에서 입하된 닭의장풀과 수초. 사마귀풀과 닮았지만 꽃을 보면 다른 속인 것 같다. 침수엽의 사이즈는 사마귀풀과 비슷하다. 차이는 잎의 가장자리가 물결친다는 것. 사마귀풀과 판타날 크리스파의 중간 같은 모습을 하고 있다. 빛이 강한 경우 위쪽 잎이 붉게 물든다. 아시안 분위기는 느껴지지 않으므로 다채로운 조합을 즐기는 것이 가능하다.

헤테란테라
Heteranthera zosterifolia

물옥잠과
분포 : 남미
광량 : 🟨🟨   CO₂양 : 🔵🔵   저상 : 🔺

침수엽은 선형이고 길이 5cm, 폭 3~7mm, 어긋나기를 하면서 나선형으로 자란다. 밝은 녹색을 띠고 부드러우며 얇다. 에이크호르니아 디버시폴리아와 닮았지만 육성은 훨씬 쉽다. 소일과 밝은 조명을 준비하면 CO₂ 첨가는 필요하지 않고 아래쪽에서 분지한 싹이 기어가듯이 옆으로 뻗어나가므로 전경에서도 사용할 수 있다. 너무 혼잡하게 뒤얽히면 상태가 나빠지므로 적절한 시기에 가지치기를 해서 빛이 잘 들어오게 하면 좋다.

히드로트릭스 가드네리
Hydrothrix gardneri

물옥잠과
분포 : 브라질
광량 : 🟨🟨   CO₂양 : 🔵🔵   저상 : 🔺

길이 2~4cm, 실 형태의 침수엽 7~30개가 윤생하며 자란다. 이 윤생한다는 점이 비슷하게 생긴 에리오카우론 세타케움과의 차이. 세타케움은 나선형으로 자라는 나생이다. 잎의 색은 밝은 녹색. CO₂와 영양소가 충분히 공급되고 강한 빛을 비추는 환경에서는 진한 녹색으로 물들어 상당히 아름다워진다. 약산성부터 중성 사이에서 잘 자라며 소일이 적합하다. 수조 안에서도 폐쇄화를 피우고 실생묘가 발생하는 경우가 많다.

에리오카우론 브레비스카품
Eriocaulon breviscapum

곡정초과 / 분포 : 인도
광량 : 🟨🟨   CO₂양 : 🔵🔵   저상 : 🔺

침수엽은 송곳형태이고 길이 20~25cm, 끝으로 향할수록 가늘어지고 근원의 넓은 부분은 폭 3mm 정도. 흐름이 느린 강의 강가나 수중에서 생활하고 있으며 수조재배에 적합한 종류다. 생육조건도 그다지 까다롭지 않지만 아름답게 키우기 위해서는 더 좋은 환경을 만들 필요가 있다. 환수를 좋아하고 여름철 고온에는 주의해야 한다. 소형수조의 후경에 사용해도 좋고 중~대형수조의 중경에서는 독특한 사이즈감을 즐길 수 있다.

에리오카우론 세타케움
Eriocaulon setaceum

곡정초과 / 별명 : 케야리소우
분포 : 아시아, 오스트레일리아, 남미, 아프리카
광량 : 🟨🟨　CO₂양 : 🔵🔵　저상 : 🔺

유경 타입의 곡정초이며 잎의 길이는 4.5~5cm 폭 0.5mm, 연한 녹색. 줄기는 하얗고 폭신폭신하고 부드럽다. 전 세계에 널리 분포해 있고 지역에 따라 크기 등에서 차이가 보인다. 산성을 좋아하며 pH6 전후에서 키우기 쉽다. 영양분은 종합적으로 높은 편이 좋고 환수를 하면서 정기적으로 제대로 주도록 하자. 강한 빛, CO₂ 첨가도 필수. 줄기 상부에서 분지, 꽃눈이 나오기 전 타이밍에 되심기하기 바란다.

토니나 sp. '마나우스'
Syngonanthus cf. inundatus 'Manaus'

곡정초과
분포 : 브라질
광량 : 🟨🟨　CO₂양 : 🔵🔵　저상 : 🔺

토니나 sp. 벨렘에 비해 잎의 폭이 좁고 길이 2~3.5cm, 폭 1~2mm. 컬도 완만해서 날카로운 잎 끝이 눈에 띄다보니 샤프한 인상을 받게 된다. 두 종류는 최근에 다른 종이 아닐까 추측되고 있다. 육성의 기본 조건은 같지만 본종 쪽이 어렵고 조건을 충족시키지 못하면 녹듯이 시들어버린다. 특히 낮은 pH는 유지하도록 하자. 가는 잎과의 상성이 좋고 스타일리쉬한 레이아웃에 적합하다.

토니나 sp. '벨렘'
Syngonanthus macrocaulon 'Belem'

곡정초과
분포 : 브라질
광량 : 🟨🟨　CO₂양 : 🔵🔵　저상 : 🔺

토니나하면 이 벨렘산이 기본이다. 입문종으로 여겨질 정도로 육성도 쉽다. 잎에는 컬이 들어가고 봉긋하게 볼륨이 있는 정아가 아름답다. 잎의 길이는 2~3cm, 폭 2~3mm, 밝은 녹색. 비료가 부족하면 하얗게 색이 변해버리기 쉽다. 비료, 특히 철분이 중요하다. pH를 5.5~6.5로 낮게 억제하고 환수할 때는 pH 강하제를 사용, 소일을 깔고 강한 빛, CO₂를 첨가하면 잘 자란다. 높이가 낮은 중경으로 적합.

브라질리언 스타레인지(벨렘산)
Tonina fluviatilis

곡정초과 / 별명 : 토니나 스타레인지
분포 : 중~남미 열대역
광량 : 🟨🟨　CO₂양 : 🔵🔵　저상 : 🔺

최근에 본종이 토니나속으로 밝혀지고 토니나 sp.가 신고난서스속으로 판명되었지만 예전 호칭으로 부르는 경우가 많다. 잎의 길이는 1~2.5cm, 폭 3~6mm. 기본적인 육성조건은 토니나 sp. 벨렘과 같다. 분지를 잘해서 증식하기 쉬운데, 무성하게 자랐을 때 아래쪽에 빛이 닿지 않아 잎이 시들면서 전체적으로 부패하는 경우가 있으므로 주의. 존재감을 살려서, 많은 수량을 심어서 눈에 띄게 하는 편이 좋다.

준커스 레펜스
Juncus repens

골풀과
분포 : 미국, 쿠바
광량 : 🟨　CO₂양 : 🔵　저상 : 🔺🔺

대가족인 골풀과 중에서도 희귀한 수조용 종류. 로제트와 유경의 중간 같은데, 이렇게 표현하는 이유는 두 화에서 무성아가 자라나는 습성 때문이다. 이런 특징은 논에서 흔히 볼 수 있는 같은 속에 속한 참비녀골풀 등에서도 볼 수 있으며 그것이 아쿠아리움에 적합해서 재미있다. 빛이 강하면 진한 오렌지색으로 물든다. 튼튼하지만 이끼가 발생하지 않도록 주의. 중경의 악센트로 최적.

라지 나자스
Cyperaceae sp.

사초과
분포 : 브라질
광량 : 🟨🟨　CO₂양 : 🔵🔵　저상 : 🔺

단단한 줄기에 길이 4~5cm, 폭 2~3mm의 낭창낭창한 잎이 자란다. 잎은 녹백색. 비료가 부족하면 백화하기 쉬우므로 빼놓지 않고 줘야 한다. 특히 철분이 중요. pH를 5.5~6.5로 낮게 억제하고 환수할 때는 pH 강하제를 사용, 소일을 깔고, 강한 빛, CO₂를 첨가하면 잘 자란다. 오랫동안 불명종으로 여겨졌지만 일본 나고야의 유명한 애호가가 사초과인 것 까지는 알아냈다. 중~후경에 적합하다.

라넌큘러스 이눈다투스
Ranunculus inundatus

미나리아재비과
분포 : 오스트레일리아
광량 : ■■ CO₂양 : ●● 저상 : ▲▲

장상복엽을 형성하고 소엽은 3개 또는 5개, 소엽에는 몇 군데 깊게 베어져 들어간 부분이 있다. 잎자루는 2.5~15cm. 수조에서는 빛이 약한 경우 일어서서 자라기 쉽다. 약산성부터 약알칼리성까지 폭넓게 적응하지만 강한 빛과 그에 알맞은 CO₂ 첨가는 잊지 말기 바란다. 환경에 적응할 때까지는 속을 태우지만 적응하면 생장은 비교적 쉽다. 모습이 특이해서 전경과 중경의 연결고리로 사용하면 재미있을 것이다.

펜토룸 세도이데스
Penthorum sedoides

낙지다리과
분포 : 미국, 캐나다
광량 : ■■ CO₂양 : ●● 저상 : ▲▲

한국과 동아시아 등에 분포해 있는 낙지다리(키넨세종)와 같은 속이며 비슷한 모습을 하고 있다. 침수엽은 피침형이고 눈에 잘 띄는 톱니를 가지고 있다. 밝은 녹색. 자생지에서도 침수엽으로 생활하는 경우가 있어 수중화가 간단하지 않은 낙지다리보다 훨씬 더 수조에 적합하다. 강한 빛, CO₂를 첨가하면 육성은 쉽다. 천천히 생장하므로 중경에서 요긴하게 쓰인다. 레드 루브라와의 조합을 추천한다.

미리오필룸 마토그로센세
Myriophyllum mattogrossense

개미탑과 / 별명 : 미리오필럼 마토그로센스
분포 : 에콰도르, 브라질, 페루, 볼리비아
광량 : ■ CO₂양 : ● 저상 : ▲▲

침수엽은 3~4 윤생하고 우상세열, 전장은 2~5cm, 폭 1~3.5cm. 각 우편이 넓게 전개된다. 틈이 많은 형태로 자라는 잎 때문에 아련한 분위기를 내뿜어서 여러 수초들 사이를 잇는 연결고리 역할에 딱 어울린다. 빛이 강하면 낮게 비스듬히 자라기 때문에 전경 바로 뒤쪽에도 심을 수 있다. 중경에서 실로 다양한 방법으로 사용할 수 있다. 색도 녹색의 농담, 적색계열을 지지 않고 조합하기 쉽다.

미리오필룸 메지아눔
Myriophyllum mezianum

개미탑과
분포 : 마다가스카르
광량 : ■ CO₂양 : ● 저상 : ▲▲

침수엽은 3~4 윤생하고 우상세열, 각 우편은 상당히 가늘다. 전장은 2cm. 로탈라 히푸리스계 로탈라나 마야카와 같은 섬세한 모습의 소형종이다. 연한 녹색을 띠고 있고 정아에 적색이 들어가는 경우도 있다. 약산성 수질, 강한 빛, CO₂ 첨가, 비료가 있다면 육성은 쉽다. 다른 미리오필룸보다 저온에 대한 적응력이 떨어지므로 25℃ 이상을 유지하는 것이 좋다. 독특한 분위기를 가지고 있어 소형수조의 후경에 사용하기에도 좋다.

가이아나 드워프 미리오필룸
Myriophyllum sp. 'Guyana'

개미탑과
분포 : 가이아나
광량 : ■■ CO₂양 : ●● 저상 : ▲▲

잎의 길이 1~1.5cm로 소형인 미리오필룸. 중경에서 많이 사용되며 군생시켰을 때에 둥근 정아가 모이면 아름답다. 빛나는 듯한 밝은 녹색도 눈길을 끈다. 심을 때 녹은 부분은 잘라내고 빛이 잘 닿게 하면 서서히 환경에 적응해서 멋진 모습을 보여줄 것이다. 대량 환수 같은 급격한 변화에는 주의. 미리오필룸 중에서는 생장이 느린 편이다. 소형수조 후경에도 적합하다.

그린 암마니아
Ammannia capitellata

부처꽃과 / 별명 : 에나가암마니아, 네사에아 트리플로라, 암마니아 마우리티아나
분포 : 마다가스카르, 모리셔스, 레위니옹
광량 : ■ CO₂양 : ● 저상 : ▲▲

수상엽, 침수엽 둘 다 아름다운 녹색이 특징. 빛이 약하면 잎이 거무스름해지고 쇠약해진다. 환경에 적응하기 전까지는 안정되지 않지만 적응하면 키우기 쉽다. 마다가스카르섬 남부의 어떤 강에서는 미리오필룸 메지아눔과 섞여 있는 경우도 있다. 그 외에, 히드로트리케 호토니플로라나 릴라에옵시스 마우리티아나 등을 더하여 산지가 마다가스카르이거나 근처 섬인 종류만으로 레이아웃해도 재미있을 것이다.

중~후경

옐로우 암마니아
Ammannia pedicellata

부처꽃과 / 별명 : 암마니아 페디켈라타
분포 : 탄자니아, 모잠비크
광량 : ■■ CO_2양 : ●●   저상 : ▲

침수엽은 길이 9cm, 폭 1.5cm로 대형으로 자라는 종류이며 그라실리스(p85) 정도는 아니지만 키우기 쉬운 종류다. 기본적인 육성방법은 그라실리스와 같지만 본종 쪽이 영양 요구량은 많으므로 미량영양소만이 아니라 종합적인 비료를 주는 것이 좋다. 줄기의 적색과 황색 빛을 띤 잎의 대비가 아름답고 다른 녹색과 적색 수초에도 뒤지지 않는다. 동속 중에서는 가장 레이아웃에 적합하다.

암마니아 프라에테르밋사
Ammannia praetermissa

부처꽃과 / 별명 : 네사에아 sp. '레드'
분포 : 서아프리카
광량 : ■■ CO_2양 : ●●   저상 : ▲

대표적인 육성난종이지만 수조에서 키울 수 없는 수초는 아니다. 육성 포인트는 pH를 6 전후로 유지하는 것과 소일계 저상재는 필수라는 점, 환수를 일주일에 여러 번 하면서 비료도 빼놓지 않고 줘야 한다는 점이다. 그리고 가장 중요한 것은 강한 빛을 비추는 것. 물론 CO_2는 광량에 맞게 많이. 이름이 없던 수초였지만 2012년에 *Nesaea praetermissa*로 기재되었고 그 후에 변경되어 현재에 이르렀다.

쿠페아 아나갈로이데아
Cuphea anagalloidea

부처꽃과 / 별명 : 아라과이아 레드 로탈라
분포 : 브라질
광량 : ■■ CO_2양 : ●●   저상 : ▲

이전에는 로탈라의 일종으로 여겨졌지만 같은 부처꽃과인 쿠페아로 판명되었다. 280종 정도 알려져 있는 쿠페아종 중에서 몇 안 되는 수생종이다. 침수엽은 타원형이고 끝 부분은 로탈라와 마찬가지로 오목하다. 길이는 1cm, 폭 5mm 정도. 잎의 색은 산지에 따라 다소 변이가 보이며 사진의 아라과이아산은 적색, 다른 산지의 개체 중에는 오렌지색을 띠는 경우도 알려져 있다. 낮은 pH, 강한 빛, CO_2 첨가가 필수다.

아라과이아 레드 크로스
Cuphea sp. 'Red Cross Araguaia'

부처꽃과
분포 : 브라질
광량 : ■■ CO_2양 : ●●   저상 : ▲

디디플리스처럼 아름답게 십자대생하며 선형이고 진한 주홍색을 띤 침수엽을 전개한다. 줄기의 하부에서 분지하는 점과 하엽이 떨어지기 쉽다는 점, 좋아하는 육성환경 등, 쿠에아 아나갈로이데아와의 공통점이 많다. 아나갈로이데아종이 백색, 본종이 핑크색이라는 차이는 있지만 비슷하게 생긴 꽃도 피운다. 생장 스피드가 빠르지 않으므로 중경에서 요긴하게 쓰인다. 비료를 줘서 붉게 만들면 훌륭한 악센트가 될 것이다.

디디플리스 디안드라
Didiplis diandra

부처꽃과
분포 : 미국 동부
광량 : ■ CO_2양 : ●   저상 : ▲▲

십자대생하는 부드러운 잎이 특징. 침수엽은 선형이고 길이 2.2~2.6cm, 폭 1.5~3mm. 강한 빛을 좋아하고 빛이 너무 약하면 잎과 줄기가 검게 썩어서 시들어버린다. 잎의 색은 강한 빛 아래에서는 적색 빛을 띠고 약하면 녹색이 된다. 잘 분지하기 때문에 중경과 후경에서 아름다운 수풀을 만들기 쉽다. 생장에는 풍부한 영양분이 필요하므로 저상비료 외에 액체 미량영양소, 특히 철분을 공급해야 한다. 26℃ 이상은 요주의.

골든 네사에아
Nesaea pedicellata 'Golden'

부처꽃과
개량품종
광량 : ■■ CO_2양 : ●●   저상 : ▲

플로리다에 있는 농장에서 작출된 옐로우 암마니아의 황금잎 품종. 수상엽의 밝은 황색은 눈이 번쩍 뜨일 정도로 아름답다. 적색 줄기와의 대비도 아름답다. 침수엽은 머스터드 옐로우부터 오렌지색. 빛이 강하면 더 진하게 발색한다. 육성방법은 노멀종과 같지만 적응할 때까지는 신경을 써야 한다. CO_2 첨가는 필수. 수질 변화를 최대한 피해야 하고 저상은 소일이 무난하다.

로탈라 마크란드라 '미니 버터플라이'
Rotala macrandra 'mini butterfly'

부처꽃과
분포 : 인도
광량 : 🟨🟨 CO₂양 : 🔵🔵 저상 : 🔺

인도의 농장에서 입하된 마크란드라의 소형 바리에이션. 내로우리프 타입보다 반 정도 더 작아진 사이즈이며 잎이 가늘고 짙은 주홍색을 띠고 있다. 잎의 가장자리가 강하게 물결치는 것도 눈길을 끈다. 로툰디폴리아와 달리 위로 뻗어가므로 중경과 후경에 적합하다. 뭉쳐 있으면 상당히 눈에 띠기 때문에 조화가 잘 되도록 조합에는 주의를 기울여야 한다. 육성방법은 노멀과 같지만 키우기 쉽고 발색하게 만드는 것도 쉽다.

아라과이아 가는마디꽃
Rotala mexicana 'Araguaia'

부처꽃과
분포 : 브라질
광량 : 🟨🟨 CO₂양 : 🔵🔵 저상 : 🔺

브라질 아라과이아산 멕시카나종. 한국의 가는마디꽃보다 튼실한 느낌이 나며 줄기가 두껍고 잎의 폭도 넓다. 약간 적색 빛이 도는 줄기와 밝은 녹색을 띤 잎의 조합이 인상적. 소일계 저상재를 사용하여 수질조정제 없이 약산성으로 조절한 물에서 재배하면 키우기 쉽다. 색과 형태가 무난해서 중경에서 다채로운 조합을 즐기는 것이 가능하다.

가는마디꽃
Rotala mexicana

부처꽃과
분포 : 한국, 남미, 아프리카, 아시아, 오스트레일리아
광량 : 🟨🟨 CO₂양 : 🔵🔵 저상 : 🔺

로탈라속 중에서 가장 넓게 분포되어 있는 종이다. 한국에서는 경기도, 강원도, 전라남도, 경상남도 등 습지에서 자라며 산지에 따라 침수엽의 색에 차이가 있으며 육성에는 소일, CO₂ 첨가가 필수적이고 특히 약한 빛을 싫어한다. 다른 수초의 그늘에 있으면 급격하게 약해진다. 섬세한 분위기를 살리면서 소형수조에서 주의를 기울이는 편이 유지하기 쉽다.

아루아나의 석양
Rotala ramosior 'Aruana'

부처꽃과
분포 : 브라질 (원래는 북미)
광량 : 🟨🟨 CO₂양 : 🔵🔵 저상 : 🔺

원래는 북미원산이지만 본종은 남미에서 입하되었다. 상태 좋게 자란 침수엽은 노을빛으로 물들어 무척 아름답다. 중성 수질을 좋아해서 다른 남미산 수초를 키우듯이 산성물을 사용하면 잘 자라지 않는다. 소일계 저상재를 사용하면서 중성을 유지하는 것이 가장 좋다. 생장이 빠르지 않아서 높이를 컨트롤하기 쉽고 소형수조의 중경 등에서도 사용하기 편하다. 실외로 나가는 것에는 주의해야 한다.

로탈라 로툰디폴리아 '인디카 칼리컷'
Rotala rotundifolia 'indica Calicut'

부처꽃과
분포 : 인도
광량 : 🟨 CO₂양 : 🔵 저상 : 🔺🔺

뾰족한 잎 끝이 특징적. 줄기에 가까운 부분의 잎의 폭이 가장 넓고 끝으로 갈수록 날카롭게 좁아진다. 그래서 잎의 폭이 좁은 난세안이나 와야나드보다 샤프한 인상이 느껴진다. 적색은 띠지 않고 밝은 그린이며 잎 뒷면의 녹백색도 아름답다. 기어가듯이 자라는 습성도 있고 약간 구부러지면서 뻗어나간다. 잎의 폭이 좁은 수초나 소형 수조와 조합하면 좋다. 소형부터 대형수조에서까지 폭넓게 사용할 수 있다.

로탈라 로툰디폴리아 '인디카 하이 레드'
Rotala rotundifolia 'Indica-Hi Red'

부처꽃과 / 분포 : 인도
광량 : 🟨 CO₂양 : 🔵 저상 : 🔺🔺

장방형에 카키색이라는 독특한 잎이 특징. 엽신의 폭이 끝으로 향해도 좁아지지 않고 끝부분도 평평한 것에 가까운 둔한 형태라서 장방형으로 보이는 희귀한 종류다. 자주 볼 수 있는 적색에 가까운 갈색계가 아니라 녹색에 가까운 갈색계라서 카키색이라는 것도 오리지널리티가 넘친다. 수상엽의 움직임이 느려서 침수엽 전개 후에도 생장은 느리다. 기어가듯이 자라는 습성도 있기 때문에 중경에 딱 알맞은 로툰디폴리아라고 할 수 있다.

중 ~ 후경

로탈라 로툰디폴리아
Rotala rotundifolia

부처꽃과
분포 : 동남아시아 , 남아시아
광량 :　　CO$_2$양 :　　저상 : ▲▲

현대 레이아웃에서는 빼놓을 수 없는 소재인 로탈라의, 가장 기본적인 종류. 흑사에서나 CO$_2$ 첨가 없이도 충분히 자라는 튼튼한 종이고 적색계열 수초의 입문종 중 하나로도 여겨진다. 침수엽은 좁은 피침형이고 길이 2.2~2.5cm, 폭 3~4mm. 조건 향상이 눈에 잘 보여서 강한 빛을 비추면 잎의 색이 진해지는 등, 결과를 알아보기 쉽다. 육성 공부도 할 수 있으므로 초보자에게 추천한다.

로탈라 로툰디폴리아 '실론'
Rotala rotundifolia 'Ceylon'

부처꽃과 / 별명 : 실론 로탈라
분포 : 스리랑카
광량 :　　CO$_2$양 :　　저상 : ▲▲

물별이끼를 연상시키는, 얇은 질감을 가진 특이한 로툰디폴리아의 바리에이션. 약간 황색 빛을 띤 밝은 올리브그린이라 결코 잎의 색이 화려하지는 않지만 독특한 인상이 느껴진다. 눈에 띄는 특징이 없음에도 한눈에 실론임을 알 수 있는 존재감이 있다. 녹색이건 적색이건 깊고 진한 색과의 상성이 좋고 그 색을 돋보이게 해준다. 유목과의 상성도 좋다.

로탈라 로툰디폴리아 '복건성'
Rotala rotundifolia 'Fujian'

부처꽃과
분포 : 중국
광량 :　　CO$_2$양 :　　저상 : ▲▲

중국 남동부 복건성의 용수가 흘러들어오는 비교적 수온이 낮은 논에 있었다는 로툰디폴리아의 바리에이션. 수조에서는 노멀종과 같은 수온에서도 문제없이 자란다. 기본적인 육성방법은 같다. 강한 빛을 비추면 눈여뀌바늘 같은 중후한 연지색을 띠게 되어 다른 적색계열 로툰디폴리아와는 차별성을 갖는다. 차분한 분위기가 독특하다. 진한 녹색 수초, 특히 아누비아스와의 상성이 좋다.

그린 로탈라
Rotala rotundifolia 'Green'

부처꽃과
분포 : 동아시아
광량 :　　CO$_2$양 :　　저상 : ▲▲

현대 레이아웃의 가장 중요한 조각이라고 할 수 있는 로탈라의 주춧돌 중 하나가 본종이다. 이 존재가 없었다면 지금의 레이아웃은 전혀 다른 흐름이 되지 않았을까? 잎은 가늘고 밝은 녹색. 자잘한 분지를 거듭하며 위에서 아래로 가볍게 미끄러져 내려듯이 생장한다. 그 끝부분이 앞에 있는 수초와 겹쳐지며 섞인 자연스러운 모습이 사람들을 매료시킨다.

로탈라 로툰디폴리아 '핑크'
Rotala rotundifolia 'Pink'

부처꽃과
분포 : 인도
광량 :　　CO$_2$양 :　　저상 : ▲▲

가는 잎의 그린계열 로툰디폴리아. 그린 마크란드라처럼 표면은 황록색, 뒷면은 연한 핑크색이다. 고광량, 비료를 주면 적색 빛을 띠고 전체적으로 밝은 올리브그린이 되는 경우도 있다. 옆으로 옆으로 기어가듯이 퍼지기 때문에 중경에 딱 알맞은 종류다. 수류에 의해 움직일 때나 밤에 잎을 위로 닫는 취면운동 때문에 살짝 보이는 잎 뒷면의 핑크색이 아름답다.

로탈라 로툰디폴리아 '와야나드'
Rotala rotundifolia 'Wayanad'

부처꽃과
분포 : 인도
광량 :　　CO$_2$양 :　　저상 : ▲▲

인도 남서부의 케랄라주, 와야나드현이 산지인 로툰디폴리아의 바리에이션. 가는 잎이 많은 인도산 로툰디폴리아 중에서도 더더욱 가는 것이 본종의 특징. 잎 표면은 약간 황색 빛을 띤 라이트 그린이고 잎 뒷면은 연한 핑크라서 무척 색조가 아름답다. 트리밍에 강하고 기어가는 성질도 강해서 후방에서 전면을 향해 경사를 만드는 스타일에 최적이다. 자잘한 전경초와의 상성도 좋다.

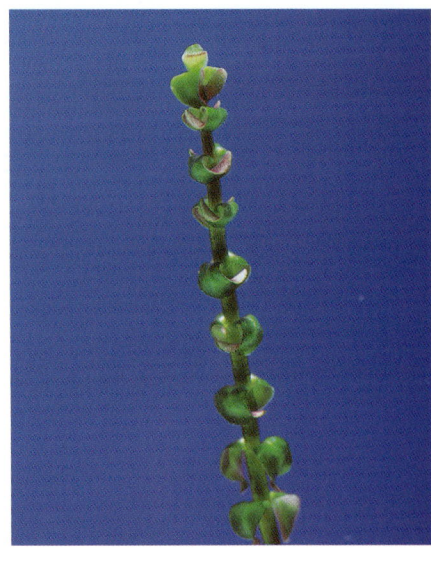

로탈라 로툰디폴리아 '아삼'
Rotala rotundifolia 'Assam'

부처꽃과
분포 : 인도
광량 : 🟨　　CO_2양 : 🔵　　저상 : 🔺🔺

다양한 바리에이션을 판매하고 있는 인도의 농장에서 입하되는 로툰디폴리아의 일종. 미얀마산에서 볼 수 있는, 폭이 넓고 대형으로 자라는 타입. 상당히 튼튼해서 새로운 환경에 들어와도 위축되는 경우는 그다지 없고 생장을 시작하는 속도가 빠르다. 하라같은 순수한 적색은 아니지만 적색 빛을 띠기 쉽다. 중경도 좋지만 후경 쪽이 진가를 발휘하기 쉽다.

로탈라 sp. '난세안'
Rotala sp. 'Nanjenshan'

부처꽃과
분포 : 대만
광량 : 🟨　　CO_2양 : 🔵　　저상 : 🔺🔺

가는 잎을 가진 그린계열 로탈라의 기본이라고 할 수 있는 종. 대만남부, 남인산(Nanjenshan)의 남인호수산. 로탈라의 산지 바리에이션의 개척자 같은 존재이기도 하다. 잎 표면의 그린과 뒷면의 핑크가 대비되어 아름답고 녹색이나 적색계열, 어떤 수초와 조합해도 위화감 없이 어울린다. 잎의 폭도 로툰디폴리아 종류와 왈리키 종류의 중간 정도라서 폭넓은 조합에 대응할 수 있다.

로탈라 '펄'
Rotala macrandra 'Pearl'

부처꽃과
분포 : 인도
광량 : 🟨🟨　　CO_2양 : 🔵🔵　　저상 : 🔺

마크란드라 그린의 왜소종은 여러 타입이 유통되고 있는데, 그 중에서도 가장 오래전부터 알려져 있고 가장 소형인 것이 본종이다. 인도 남서부 고아 근교에서 본종이라 생각되는 수초가 관찰되고 있다. 소형이면서 생장도 느려서 다른 수초의 그늘에 가려지기 쉬우므로 빛을 충분히 얻고 있는지 주의해야 한다. 소형 수초만 모은 레이아웃에서는 중요한 역할을 한다.

로탈라 웰윗치
Rotala welwitschii

부처꽃과 / 별명 : 기니안 로탈라
분포 : 아프리카 열대지역
광량 : 🟨🟨　　CO_2양 : 🔵🔵　　저상 : 🔺

기니산 로탈라의 일종. 로툰디폴리아와 비슷한 모습을 하고 있지만 다른 종이다. 생장은 비교적 느린 편이다. 육성은 약간 어렵고 강한 빛, 그에 알맞은 CO_2 첨가, 저상재로는 소일을 사용하고 낮은 pH를 유지하는 것이 포인트다. 상당히 나쁜 상태가 되어도 조건을 개선하면 다시 부활하는 강인함을 가지고 있다. 낮은 높이로 유지하기 쉬워서 중경 앞쪽에 적합하다.

니들리프 루드위지아
Ludwigia arcuata

바늘꽃과 / 별명 : 루드위지아 아쿠아타
분포 : 미국 동부
광량 : 🟨🟨　　CO_2양 : 🔵🔵　　저상 : 🔺🔺

침수엽은 길이 4cm, 폭 3mm. 이름 그대로 바늘처럼 가느다란 잎을 가지고 있고 진홍색으로 물든다. 독특한 아름다움을 가지고 있어 레이아웃에서도 인기가 높다. 작은 잎의 녹색 수초들을 모아놓은 중경을 다잡기에는 최고의 소재다. 고광량이 포인트. 그에 알맞은 CO_2 첨가, pH를 낮게 하거나 비료를 주면 더 적색 빛이 진해지고 분지도 활발해진다.

루드위지아 '아틀란티스 다크 오렌지'
Ludwigia 'Atlantis'

바늘꽃과 / 별명 : 루드위지아 sp. 다크 오렌지, 루드위지아 sp. 아틀란티스
개량품종
광량 : 🟨　　CO_2양 : 🔵　　저상 : 🔺🔺

개량 에키노도루스를 작출한 것으로 유명한 Tomas Kaliebe씨가 선별 육성한, 무늬가 들어간 품종. 토대는 팔루스트리스와 레펜스의 교잡종이 아닐까 생각된다. 이전에 입하되었던 네덜란드 농장의 개체와는 분위기가 다르다. 수상엽의 황색 무늬는 수중에서는 눈에 띄지 않지만 진한 오렌지색이 현저해진다. 색조에서 따뜻한 느낌이 나서 붉은색 수초와 상성이 좋다.

중 ~ 후경

루드위지아 브레비페스
Ludwigia brevipes

바늘꽃과
분포 : 미국 남동부
광량 : 🟨🟨　CO_2양 : 🔵🔵　저상 : 🔺🔺

니들리프와 비슷하게 생긴 종류. 잎의 폭이 4~5mm로, 폭이 넓다는 점이 다르다. 정확하게 구별하려면 꽃을 관찰하는 것이 확실하다. 잎의 색이 오렌지 또는 주홍색이라 적색 색조는 부족하지만 육성은 본종이 쉽다. 고광량 환경에서는 CO_2 없이도 자랄 정도다. 아래쪽부터 녹는 일도 적으므로 중경뿐만 아니라 후경에도 사용하기 편하다. 가는 잎 계열의 로툰디폴리아와 친화성이 높은 것도 매력이다.

루드위지아 오발리스
Ludwigia ovalis

바늘꽃과
분포 : 일본, 한반도, 중국
광량 : 🟨　CO_2양 : 🔵　저상 : 🔺

둥근 잎이 어긋나기로 자라고 빛이 강하면 진한 연지색으로 물드는, 다른 종에게는 없는 독특한 개성을 가진 종류. 적색계열 중에서도 특히 차분한 분위기를 가졌다. 유목과의 상성이 특히 좋으며 크립토코리네 등과 조합하여 시간을 들여 즐기는 것도 추천한다. 또한 시페루스 헬페리와 같은 밝은 녹색과 조합해도 위화감은 없다. 전체에 강한 빛이 충분히 닿고 있는 것이 중요하고 CO_2 첨가도 필수.

루드위지아 스파이로카르파
Ludwigia sphaerocarpa

바늘꽃과
분포 : 미국
광량 : 🟨🟨　CO_2양 : 🔵🔵　저상 : 🔺

처음에는 필로사로 소개되었다가 나중에 정정된 특이한 루드위지아. 미국 대서양 연안을 따라 텍사스주부터 매사추세츠주까지 분포해 있다. 유통되고 있는 개체들은 텍사스주 휴스턴이 산지인 것 같다. 수상형을 보면 상상하기 어려울 정도로 마디와 마디 사이가 짧아진 모습이 특이하다. 육성에는 고광량이 절대조건. 전경의 포인트나 중경과의 경계선으로 사용하면 좋다.

샌프란시스코 이레시누
Aciotis acuminifolia

산석류과 / 별명 : 아키오티스 아쿠미니폴리아
분포 : 브라질
광량 : 🟨🟨　CO_2양 : 🔵🔵　저상 : 🔺

산석류과 중에서 유일하게 알려져 있는 수조용 종류. 줄기가 단단하고 특히 수상에서는 목질화된다. 피침형 잎은 길이 3~6cm, 폭 1.5~3cm이며 밝은 녹색. 줄기 위쪽 등, 빛이 강하게 닿는 부분의 잎은 핑크색으로 물들고 평행맥의 하얀색이 좋은 악센트가 된다. pH를 낮게 억제하고 강한 빛, CO_2 첨가는 필수. 생장이 빠르지 않으므로 중경에서 오랫동안 즐기기에 좋다. 더치계에도 어울린다.

워터 나스타치움
Neobeckia aquatica

십자화과
분포 : 미국
광량 : 🟨　CO_2양 : 🔵　저상 : 🔺🔺

북미대륙에 자생하는 소형 습성식물. 천천히 흐르는 작은 강 등, 흐르는 물속에서 수중에서 생활한다. 침수엽은 톱니가 있는 도란형부터 우상복엽이며 소엽에도 날카로운 톱니가 있다. 독특한 모습이 매력적이다. 같은 북미원산인 펜토롬이나 프로셀피니카, 준커스 레펜스와 조합하면 레이아웃의 분위기에 일관성이 생긴다. CO_2 첨가가 유효.

페르시카리아 글라브라
Persicaria glabra

마디풀과
분포 : 일본, 대만, 중국, 인도차이나, 타이, 인도
광량 : 🟨🟨　CO_2양 : 🔵🔵　저상 : 🔺

일본 오키나와에도 분포해 있는 개여뀌속의 일종. 탁엽초의 가장자리에 털이 없는 것이 특징. 중국이름은 광료, 대만 이름은 홍날료이며 본종의 특징을 잘 나타내고 있다. 꽃은 핑크색 또는 백색. 사진의 개체는 대만에서 들어온 것이며 옛 이름인 폴리고눔 글라브라로 입하되었다. 수조화는 약간 어려웠지만 침수엽을 전개했다. 그 후에는 그다지 어렵지 않았다. 육성방법은 sp. 핑크와 같다.

페르시카리아 프라에테르밋사 '루비'
Persicaria praetermissa 'Ruby'

마디풀과 / 별명 : 좁은잎미꾸리낚시
분포 : 한반도, 일본, 중국, 히말라야
광량 : 🟨🟨 CO_2양 : 🔵🔵   저상 : 🔺

줄기는 쓰러져서 자라다가 위쪽으로 비스듬히 자란다. 분지하면서 퍼진다. 중경 앞쪽에 다른 종과 섞이도록 심어도 재미있을 것이다. 다른 수초와 조합하면 개성이 더 두드러지는 타입이다. 본종은 독일의 농장에서 입하된 루비라는 이름이 붙은 품종이지만 자생지에서 볼 수 있는 침수엽도 적색 빛을 띠는 경우가 있다. 하지만 육성은 농장 개체 쪽이 훨씬 쉽다.

폴리고눔 sp. '브로드리프'
Persicaria sp. 'Broad Leaf'

마디풀과
분포 : 불명
광량 : 🟨 CO_2양 : 🔵   저상 : 🔺🔺

인도의 농장에서 입하된 마디풀과 종류. 폴리고눔 sp. '핑크'보다 잎의 폭이 넓고 잎의 길이는 짧다. 약간 보라색을 포함한 듯한 핑크색에서는 차분한 아름다움이 느껴진다. 육성방법은 sp. '핑크'와 같지만 수조환경에 적응하기까지는 약간 시간이 걸린다. 일단 적응하면 생장은 느리지 않고 신경을 쓰지 않으면 수상엽을 형성해버린다. 몇 그루 없어도 눈에 띄는 포인트가 된다.

폴리고눔 sp. '핑크'
Polygonum sp. 'Kawagoeanum' (*Persicaria tenella*)

마디풀과 / 별명 : 페르시카리아 sp. "핑크"
분포 : 동아시아부터 남아시아
광량 : 🟨 CO_2양 : 🔵   저상 : 🔺🔺

대부분이 물가에 생육하고 침수상태를 많이 볼 수 있는 마디풀과 종류 중에서 가장 수조재배에 적합한 종류 중 하나다. 줄기는 분지를 반복하면서 비스듬히 올라간다. 잎은 길이 6~8cm, 폭 1cm 전후, 잎의 가장자리는 완만하게 물결치고 특징적인 핑크색으로 물든다. 강한 빛, CO_2 첨가, 철분 등의 비료는 발색에 공헌한다. 플로스코파나 무르다니아 등의 닭의장풀과와의 상성이 발군으로 좋다.

폴리고눔 sp. '상파울로 레드'
Persicaria sp. 'Sao Paulo'

마디풀과 / 별명 : 페르시카리아 sp. "상파울로 레드" / 분포 : 브라질
광량 : 🟨🟨 CO_2양 : 🔵🔵   저상 : 🔺

진한 핑크색의 침수엽이 특징인 인기종. 좁은 피침형이고 길이 5~6cm, 폭 1~1.5cm. sp. '핑크'처럼 잎의 가장자리는 물결치지 않는다. 잎의 색을 진하게 만들기 위해서는 강한 빛, 그에 알맞은 CO_2 첨가, pH를 낮게 유지하거나 비료를 주면 좋다. 중경부터 후경의 악센트로 사용하는 것이 정석. 좋은 적색계열 종류가 늘어나고 있으니 여러 종류를 섞어서 사용해도 재미있을 것이다. 색채가 강해서 다른 수초와 뒤섞여도 존재감이 사라지거나 하지는 않는다.

알터난테라 레이넥키 '알렉스'
Alternanthera reineckii 'Alex'

비름과 / 별명 : 무늬 레이넥키
개량품종
광량 : 🟨 CO_2양 : 🔵   저상 : 🔺🔺

이른바 레이넥키 타입의 무늬종. 엽맥을 따라 들어간 하얀색 또는 핑크색 무늬와 붉은색 잎의 대비가 아름답다. 잎의 뒷면 쪽이 화려한 레이넥키 종류 중에서 표면의 관상가치도 높은 드문 존재. 낮은 위치에 배치하여 머리부터 볼 수 있기 때문에 중경의 악센트로 사용하기에 최적이다. 육성의 기본은 노멀과 같고 빛을 잘 비춰주면 무늬가 들어간 잎이 더욱 선명해진다.

알터난테라 레이넥키 '미니'
Alternanthera reineckii 'Mini'

비름과 / 별명 : 알터난테라 '로자에폴리아 미니' / 개량품종
광량 : 🟨 CO_2양 : 🔵   저상 : 🔺🔺

레이넥키의 왜소품종. 마디와 마디 사이가 짧고 생장이 느리며 옆으로 퍼지듯이 생장하기 때문에 울창한 수풀을 만들기 쉽다. 그 사이즈감 때문에 전경부터 중경에 걸쳐 악센트로 사용하기에 최적인 종류라고 할 수 있다. 이 위치에서 그 역할을 담당하는 적색계열은 의외로 적어서 귀중한 존재다. 울창하게 번성했을 때, 아래쪽 잎이 시들고 그곳을 통해 부패가 퍼지는 경우가 있으므로 일찌감치 호스 등으로 빨아내면 좋다.

알터난테라 '오키푸스'
Alternanthera reineckii 'Ocipus'

비름과 / 별명 : 그린 레이넥키
분포 : 불명(남미)
광량 : 🟨　CO₂양 : 🔵　저상 : 🔺🔺

레이넥키보다 소형이며 잎의 폭이 넓은 피침형. 수상에서는 밝은 녹색이지만 침수엽은 차분한 분위기의 주홍색으로 변한다. 본종을 포함하여 알터난테라 전반이 트리밍에 강하기 때문에 꺾꽂이를 반복하면서 즐겁게 중경에서 유지할 수 있다. 혼자서 눈에 띄기보다 다른 수초와 조합했을 때 더 개성이 두드러지는 타입이며 옆을 돋보이게 해주면서 중후한 맛을 내뿜는다.

호토니아
Hottonia palustris

앵초과
분포 : 유럽, 북아시아
광량 : 🟨🟨　CO₂양 : 🔵🔵　저상 : 🔺🔺

우상전열하는 잎을 가진 특이한 앵초과 수초. 잎의 길이는 3~6cm, 폭 1~3cm이며 밝은 녹색. 저온을 좋아하고 수송 할 때의 습한 고온에 약해서 겨울이 되면 볼 기회가 늘어난다. 수조에 적응한 개체는 아주 높은 고온만 아니라면 견딜 수 있다. 그럼에도 걱정이 되는 경우에는 여름철만이라도 환수 빈도를 늘리고 CO₂ 첨가를 철저하게 하면 좋다. 전경부터 중경까지 적합.

옐로우 리시마키아 🟨
Lysimachia nummularia 'Aurea'

앵초과
분포 : 중앙 유럽
광량 : 🟨　CO₂양 : 🔵　저상 : 🔺🔺

적절한 습도라면 화단에서도 사용할 수 있는 튼튼한 식물. 응달의 그랜드 커버용으로 원예점에서 판매되는 모습을 볼 기회도 많다. 유통되는 것은 수초도 포함하여 대부분이 황금잎 타입이며 노멀의 녹색 잎을 볼 기회는 매우 적다. 줄기는 비스듬히 자라고 잎은 원형부터 약간 타원에 가까운 형태이며 1~2cm. 수조에 적응할 때까지는 환경을 잘 신경 쓰는 편이 좋지만 일단 적응하면 장점인 튼튼함을 보여준다.

프로세르피나카 팔루스트리스
Proserpinaca palustris

개미탑과
분포 : 북미, 중미
광량 : 🟨🟨　CO₂양 : 🔵🔵　저상 : 🔺🔺

북미부터 남미에 걸쳐 분포해 있는, 미리오필룸과 같은 개미탑과 종류. 수조에 도입하면 처음에는 얕게 갈라지다가 점점 깊게 갈라져서 빗 모양이 된다. 유통되고 있는 것은 Tropica사에서 판매한 쿠바산이며 잎의 중앙부가 넓은 것이 특징. 강한 빛과 그에 알맞은 CO₂ 첨가가 있으면 아름답고 진한 오렌지색을 보여준다. 생장은 비교적 느려서 중경의 포인트로 사용할 수 있다.

워터 로즈
Samolus valerandi

앵초과 / 별명 : 사몰루스 발레란디
분포 : 전 세계에 널리 분포
광량 : 🟨　CO₂양 : 🔵　저상 : 🔺🔺

해안 근처의 습지 등에서 볼 기회가 많고 때로는 수중에서 군락을 형성하기도 한다. 근생엽에는 긴 잎자루가 있고 끝부분에 타원형 잎이 자란다. 위에서 봤을 때 장미꽃처럼 보인다고 해서 이런 통칭명이 붙었으며 예전부터 수입되어 유통되고 있다. 육성에서는 강한 빛이 중요한 포인트. 고동 종류에게 먹히는 것에 약하니 주의해야 한다. 군생미가 훌륭하고 소형수조의 포인트로 사용해도 좋다.

판타날 핑크 덩굴풀
Diodia cf. kuntzei

꼭두서니과 / 별명 : 판타날 핑크 하이그로
분포 : 브라질
광량 : 🟨🟨　CO₂양 : 🔵🔵　저상 : 🔺

잎은 단단하고 긴 타원형이며 녹색. 물에 넣어도 크게 모습이 달라지지는 않지만 잘 키우면 진한 핑크색이 된다. 발색에는 강한 빛과 CO₂ 첨가가 포인트. 수질은 약산성이 좋고 비옥한 흙을 좋아하므로 저상재로는 소일을 사용해야 하며 비료도 효과적이다. 생장이 느리기 때문에 중경에 딱 알맞다. 생태계에 피해를 입힐 수도 있으니 실외로 나가지 않도록 주의해야 한다.

헤디오티스 살즈마니
Oldenlandia salzmannii

꼭두서니과 / 별명 : 올덴란디아 살즈마니, 브라질리언 프래자일 플랜트 / 분포 : 남미
광량 : 🟨 CO₂양 : 🔵 저상 : 🔺

아주 쉽게 마디 부분에서 분리되어버린다. 별명은 이 특징 때문에 붙은 것이다. 분리된 식물체가 흘러가서 다른 장소에서 뿌리를 내린 것을 수조 안에서도 관찰할 수 있다. 분포역을 넓히는 전략으로서 재미있는 습성이다. 침수엽은 피침형이고 길이 6~10mm, 폭 2~5mm, 밝은 녹색. 약산성을 좋아하고 CO₂ 첨가가 유효. 잘 분지하고 생장도 빨라서 중경과 후경에 적합하다.

바코파 오스트랄리스
Bacopa australis

질경이과
분포 : 브라질, 아르헨티나
광량 : 🟨 CO₂양 : 🔵 저상 : 🔺🔺

밝은 색의 잎을 가지고 있고 부드러운 분위기가 난다. 남미원산이지만 자생지의 강이 석회질이기도 해서 흑사나 모래에서도 육성이 가능하다. 남미산 바코파 중에서 특히나 키우기 쉽다. 밝은 환경에서는 기어가듯이 자라고 중경부터 전경에 걸쳐 울창한 수풀을 만들 수 있다. 뉴 라지 펄글라스과 조합하면 밝은 레이아웃을 만들 수 있다. 액비 첨가가 유효. 어두우면 아래쪽 잎이 떨어지기 쉽다.

워터 바코파
Bacopa caroliniana

질경이과
분포 : 북미, 중미
광량 : 🟨 CO₂양 : 🔵 저상 : 🔺🔺

난형 또는 광란형인 잎은 길이 2~3cm, 폭 8~20mm. 잎의 색은 수상에서는 선명한 녹색, 수중에서는 밝은 녹색에서 갈록색까지, 광량과 인산염의 양 등에 따라 변화를 보인다. 오래전부터 사랑받아왔으며 입문종의 하나로 여겨지기도 하는 튼튼한 수초. CO₂를 첨가하지 않아도 육성할 수 있지만 강한 빛과 그에 알맞은 만큼의 양을 첨가하면 양호한 결과를 보여준다. 상대를 따지지 않고 조합하기 쉽다.

바코파 마다가스카리엔시스
Bacopa madagascariensis

질경이과
분포 : 마다가스카르
광량 : 🟨 CO₂양 : 🔵 저상 : 🔺🔺

몬니에리를 크게 만든 것 같은 모습이며 잎의 가장자리에 톱니가 있는 것이 특징. 수중에서는 톱니가 눈에 띄지 않게 되지만 잎의 폭이 넓고 사이즈가 커서 구별이 가능하다. 몬니에리와 같은 광택감도 없다. 약간 폭이 좁은 난형의 잎은 길이 1~3cm, 폭 0.5~1.3mm. 밝은 녹색이나 황록색을 띠고 수중에서도 변하지 않는다. 강한 빛, CO₂ 첨가가 있으면 육성은 쉽다. 생장이 느리므로 중경에 적합하다.

바코파 몬니에리
Bacopa monnieri

질경이과 / 분포 : 아프리카, 아시아, 오스트레일리아, 미국
광량 : 🟨 CO₂양 : 🔵 저상 : 🔺🔺

잎은 폭이 좁은 장방형이고 끝부분은 둥글다. 이전에는 가장자리가 매끄러운 개체가 많이 유통되었었지만 현재 볼 수 있는 대부분은 톱니를 가진 개체이다. 길이는 10~25mm, 폭 3~10mm, 잎을 물들인 녹색은 밝은 녹색부터 어두운 녹색까지 폭이 넓다. 워터 바코파와 마찬가지로 오래전부터 사랑받아온 튼튼한 종. 기본적인 육성방법, 아름답게 키우는 포인트도 같다. 드물게 옛날 타입도 유통된다.

바코파 '콤팩타'
Bacopa monnieri 'Compacta'

질경이과 / 별명 : 바코파 몬니에리 "콤팩타" 개량품종
광량 : 🟨🟨 CO₂양 : 🔵🔵 저상 : 🔺🔺

노멀종보다 작고 강한 빛 아래에서는 기어가면서 생장하는 타입. 꺾꽂이를 반복하면 높이는 낮게 유지할 수 있다. 기본적으로 튼튼한 수초지만 더 아름답게 키우기 위해서는 고광량과 그에 알맞은 CO₂ 첨가, 소일 사용이 필요하다. 소형 유경초와 전경초와의 상성도 발군이다. 중경의 연결고리 역할로 최적이다. 잎의 색이 라이트그린이라 밝은 레이아웃에 적합하다.

바코바 몬니에리 '바리에가타'
Bacopa monnieri 'Variegata'

질경이과 / 별명 : 무늬 몬니에리
개량품종

광량 : 🟨🟨　CO₂양 : 🔵🔵　저상 : 🔺🔺

이전에 유통되었던 대리석 무늬 타입과는 다른 무늬를 가진 몬니에리이며 하얀 눈이 내린 것처럼 자잘한 얼룩무늬가 잎 전체에 들어가 있다. 육성은 약간 어려우니 환경을 잘 갖춰야 한다. 빛을 강하게 해도 무늬가 사라지기 쉽다. 반면, 수상에서는 육성이 쉽고 무늬도 사라지지 않는다. 실외에 적합하지만 생태계에 미칠 피해를 방지하기 위해서라도 실외 재배는 주의해야 한다.

그라티올라 오피시날리스
Gratiola officinalis

질경이과
분포 : 유럽

광량 : 🟨🟨　CO₂양 : 🔵🔵　저상 : 🔺

침수엽은 길이 1.5cm, 폭 5mm. 녹색이지만 빛이 강하면 적색 빛을 띤다. 유럽에서는 약용 허브로서 중세 시대부터 이용되어왔지만 독성도 강하기 때문에 현재는 일반적인 활용법이 아니고, 꽃이 아름다운 습생식물로서 워터 가드닝에서 많이 사용되고 있다. 강한 빛, CO₂ 첨가, 소일을 사용하면 수조재배도 쉽다. 생장이 빠르지 않아서 중경에서 활용하는 것도 가능하다. 부드러운 색조가 매력.

그라티올라 페루비아나
Gratiola peruviana

질경이과 / 분포 : 남미, 오스트레일리아

광량 : 🟨🟨　CO₂양 : 🔵🔵　저상 : 🔺

잎은 난형이고 작은 톱니가 있으며 잎자루 없이 줄기를 안고 있다. 길이 1.5~4.5cm, 폭 6~27mm. 수조 안에서는 톱니가 눈에 띄지 않게 되고 잎도 소형화되어 길이 1.5mm, 폭 8mm 정도가 된다. 밝은 녹색으로 물들어서 소형 바코파 같은 모습이다. 핑크색 꽃을 피워서 관상가치가 높으며 물가 식물로서도 즐길 수 있다. 수조 안에서는 육성이 약간 어렵고 강한 빛과 CO₂ 첨가가 필수적이다. 생장이 느리기 때문에 중경에 이용하기 좋다.

그라티올라 비스키듈라
Gratiola viscidula

질경이과 / 분포 : 미국 동부
광량 : 🟨🟨　CO₂양 : 🔵🔵　저상 : 🔺

장방형 모양의 난형 또는 난형인 잎은 길이 2cm. 톱니가 있고 잎자루 없이 약간 줄기를 안고 있다. 수조 안에서는 소형화되어 사이즈가 반 정도로 줄어든다. 끝으로 갈수록 날카롭게 가늘어지고 톱니는 거의 눈에 띄지 않게 되어 좁은 피침형이 되면서 분위기도 꽤 달라진다. 소형이고 분지도 잘 하며 생장도 빠르기 때문에 전경 뒤쪽에 배치하는 것이 최적이지만 길게 자라게 해도 독특한 모습을 보여주어 재미있다. 강한 빛, CO₂ 첨가는 필수.

펄글라스
Hemianthus glomeratus

밭뚝외풀과 / 별명 : 펄그라스
분포 : 북미

광량 : 🟨　CO₂양 : 🔵🔵　저상 : 🔺🔺

투명한 느낌의 녹색을 띠고 있고 작은 잎을 가진 인기종. 잎은 피침형부터 타원형이고 길이 3~9mm, 폭 2~4mm. 본종의 군생은 흔히 볼 수 있기는 하지만 역시 훌륭하다. 이전에 사용되었던 학명 *H. micranthemoides*는 다른 종이며 이미 멸종되었을 가능성이 높다고 한다. 본종은 미국 플로리다주의 고유종이라고 한다. 소일에서도 사육할 수 있지만 너무 산성에 치우치지 않도록 주의해야 한다.

뉴 펄글라스
Hemianthus sp.

밭뚝외풀과
돌연변이종

광량 : 🟨　CO₂양 : 🔵　저상 : 🔺🔺

펄글라스가 3~4 윤생을 하는 것에 비해 본종은 마주나기를 하는 것이 특징. 기는 성질이 강해서 전경에 사용할 생각이라면 이쪽이 적합하다. 빛이 약하면 위쪽으로 뻗어나가려 하는 점은 노멀과 같다. 앞에서 사용하고 싶은 경우에는 강한 빛을 준비하도록 하자. 그에 알맞은 CO₂ 첨가도 아름다운 모습을 위해 준비하기 바란다. 광합성에 의해 발생한 기포를 몸에 두른 본종의 군생은 누가 봐도 반할만하다.

림노필라 아로마티카
Limnophila aromatica

질경이과
분포 : 일본, 중국, 인도, 오스트레일리아 등
광량 : 🟨🟨 CO_2양 : 🔵🔵   저상 : 🔺

좁은 피침형인 침수엽은 마주나기를 하거나 3윤생이고 길이 2~6cm, 폭 1.0~2.5cm. 밝은 녹색이나 갈록색, 적색 빛을 띠는 경우도 많다. 약산성 물을 좋아하고 강한 빛, CO_2 첨가가 육성조건이다. 일본에서는 향기가 차조기와 비슷해서 차조기풀이라는 뜻의 이름으로 부르기도 한다. 학명의 유래도 마찬가지로 향기다. 오래전부터 수초로 유통되었다. 소량이어도 존재감을 내뿜기 때문에 중경과 후경의 악센트로 사용하기에 좋다.

뉴 오란다 플랜트
Limnophila hippuridoides

질경이과
분포 : 말레이시아
광량 : 🟨 CO_2양 : 🔵   저상 : 🔺🔺

침수엽은 넓은 선형이고 6~8 윤생. 길이 3~6cm, 폭 3~4mm. 적색에서 적자색. 조건이 좋으면 진하게 발색한다. 직경 10cm에 달하는 적자색은 악센트로 충분할 정도로 눈에 잘 띈다. 새로운 소일과 강한 빛, 깨끗한 물을 갖추면 CO_2 첨가 없이도 육성은 가능하다. 입하 직후나 진한 색을 끌어내고 싶을 때는 CO_2를 첨가하는 것이 좋다. 약산성 물을 좋아한다. 중성 환경이라면 액체비료가 효과적이다.

기니안 드워프 암브리아
Limnophila sp. 'Guinea Dwarf'

질경이과
분포 : 기니
광량 : 🟨 CO_2양 : 🔵   저상 : 🔺🔺

산지가 같은 기니안 레드 암브리아보다 소형이며 열편의 폭이 넓어서 포동포동한 소형 다육식물과 같은 귀여운 인상이 느껴진다. 반면, 약간 까다로운 면이 있어 육성은 쉽지 않다. 충분히 줄기가 충실하게 자란 후에 옮겨심기를 하고 옆으로 뻗어나가는 줄기를 어느 정도 자유롭게 놔두는 것이 암브리아 재배의 요령. 자주도 잘 자란 후에 옮겨 심으면 실패가 줄어든다. 다른 종류에는 없는 매력을 중경에서 즐기고 싶다.

림노필라 sp. '베트남'
Plantaginaceae spp. 'Vietnam'

질경이과 / 별명 : 베트남현삼(일본)
분포 : 베트남
광량 : 🟨🟨 CO_2양 : 🔵🔵   저상 : 🔺

침수엽은 선형이고 길이 1~1.5cm, 폭 2~3mm, 작은 톱니가 있고 윤생한다. 잎의 색은 연한 녹색이라 상쾌한 인상이 느껴진다. 강한 빛이 있는 환경에서는 적색 빛을 띠는 경우도 있다. 현재는 새로운 분류체계에 의해 질경이과가 되었지만 일본에서는 베트남산 현삼과 종류라는, 입하 초기의 대략적인 통칭명 그대로 유통되고 있다. 보통 해외에서는 Limnophila sp. 'Vietnam'이라고 부른다.

린더니아 로툰디폴리아
Lindernia rotundifolia

밭뚝외풀과
분포 : 남아시아, 마다가스카르, 아프리카
광량 : 🟨 CO_2양 : 🔵   저상 : 🔺🔺

난형 잎의 길이는 0.7~1.2cm, 폭 0.5~0.8cm. 라지 펄글라스를 크게 만든 것 같은 모습이며 세로 방향으로 생장한다. 중경과 후경에 적합. 기본적으로는 튼튼한 종류이며 소량의 CO_2 첨가는 유효하지만 너무 많으면 웃자람 현상이 일어나기 쉬우므로 주의. 사진의 개체는 무늬 품종이다. 멕시칸 바렌과 마찬가지로 유통되는 것은 거의 무늬가 들어간 타입이며 노멀타입을 볼 기회는 적다.

라지 펄글라스
Micranthemum umbrosum

밭뚝외풀과
분포 : 북미
광량 : 🟨 CO_2양 : 🔵   저상 : 🔺

4~7mm의 원형 잎이 마주나기를 한다. 줄기는 직립 또는 비스듬하게 자란다. 강한 빛을 비추면 포복하지만 바로 위쪽을 향해 자라기 쉽다. 밝은 황록색이 선명하여 수조 안에서도 눈에 잘 띄는 인기종이다. 약산성을 좋아하고 흑사보다는 소일 쪽에서 키우는 편이 더 상태가 좋다. 강한 빛을 비추지 않으면 줄기 하부부터 쇠약해지고 이윽고 떠올라버리므로 주의. CO_2 첨가는 필수라고 할 수 있겠다. 군생미가 훌륭하다.

카나민
Clinopodium brownei

꿀풀과 / 별명 : 클리노포디움 브로우네이
분포 : 북미, 남미
광량 : 🟨　　CO_2양 : 🔵　　저상 : 🔺🔺

줄기는 가늘고 사각형이다. 잎은 긴 잎자루를 가진 넓은 난형이며 길이 1~1.5cm, 폭 1cm 정도. 잎의 가장자리가 물결치지만 침수엽에서는 눈에 띄지 않고 잎의 색은 녹색. 독특한 향기가 난다. 수중에서는 마디에서 길게 뿌리가 뻗어 나온다. 이 하얀색 뿌리는 야생의 느낌이 넘쳐서 좋은 악센트가 된다. 수질은 따지지 않지만 CO_2 첨가는 유효하다. 잎의 색이 연해졌을 때는 액비를 주면 좋다. 펄글라스와 루드위지아 등과의 상성이 좋다.

판타날 헤미그라피스
Hyptis lorentziana

꿀풀과
분포 : 남미
광량 : 🟨🟨　　CO_2양 : 🔵🔵　　저상 : 🔺

줄기는 가늘고 사각형이며 직립하여 자란다. 1~1.5cm의 잎자루가 있고 마주나기를 한다. 잎은 난형이고 길이 2~3.5cm, 폭 1~1.8cm. 잎의 가장자리는 완만하게 물결친다. 최대 특징은 잎이 보라색이라는 것. 강한 빛, CO_2, 종합적인 영양분을 첨가하면 아름답게 발색한다. 녹색과의 상성이 굉장히 좋아서 서로를 돋보이게 해준다. 사진의 개체는 판타날산. 그 외에 마나우스산도 있으며 그쪽은 잎이 가늘고 긴 삼각형이다.

포고스테몬 에렉투스
Pogostemon erectus

꿀풀과
분포 : 인도
광량 : 🟨🟨　　CO_2양 : 🔵🔵　　저상 : 🔺

잎은 10윤생 이상인 경우도 있고 마디와 마디 사이가 좁아서 단정한 모습이다. 선형 잎은 밝은 녹색이라 아름답다. 꽃의 색은 연보라색이다. 소일과 CO_2 첨가가 있다면 육성은 쉽다. 수질변화에 의해 정아가 오그라드는 일도 적다. 강한 빛을 비추는 환경에서 트리밍을 자주 반복하면 작고 빽빽하게 울창해진 수풀을 만들 수 있다. 후경에 사용해도 좋지만 역시 중경에서 진가를 발휘하는 타입의 수초라고 할 수 있다.

포고스테몬 헬페리
Pogostemon helferi

꿀풀과 / 별명 : 쭈구리 헬페리
분포 : 타이, 미얀마
광량 : 🟨🟨　　CO_2양 : 🔵🔵　　저상 : 🔺🔺

길이 4cm, 폭 8mm 정도의 좁은 타원형 잎은 잎의 가장자리가 강하게 물결치고 3~5 윤생. 강의 석회암 사이 등에서 급류를 견디며 생활하고 있다. 그래서 수조 안에서도 활착시켜 사용할 수 있다. 역시 유목보다 돌 쪽이 어울린다. 소일을 사용하고 자주 환수를 해서 새로운 물을 보내주는 것이 좋다. 같은 환경을 좋아하는 쿠바펄과는 상성이 좋을 것이다. 충분한 CO_2와 광량, 철분 공급도 중요.

오란다 플랜트
Pogostemon stellatus

꿀풀과
분포 : 동아시아, 동남아시아, 남아시아, 오스트레일리아
광량 : 🟨🟨　　CO_2양 : 🔵🔵　　저상 : 🔺

잎의 길이 4~9cm, 폭 3~6mm, 수상에서는 3~6 윤생, 수중에서는 3~14 윤생. 대표적인 육성난종이며 잘 육성시켰을 때의 아름다움과 만족감이 각별하다. 틀림없이 레이아웃의 얼굴이 되는 존재다. 어려운 육성조건을 바꾸지 않고 계속 유지하는 것이 중요하다. 육성이 쉬운 같은 속 다른 종에게 밀려 볼 기회가 줄어든 것은 아쉽다. 실력에 자신감이 생겼을 때 한 번 도전해보기 바란다..

전주물꼬리풀
Pogostemon yatabeanus

꿀풀과
분포 : 한반도, 일본
광량 : 🟨　　CO_2양 : 🔵　　저상 : 🔺🔺

잎의 길이 3~8cm, 폭 5mm 전후이며 밝은 녹색. 스텔라투스와 달리 포복하는 줄기가 옆으로 뻗어나가며 증식한다. 육성도 동속 중에서는 비교적 쉬운 편이고 환경이 크게 변하지 않는다면 잎이 오그라드는 일도 적다. 화려함은 없지만 소박한 분위기가 본종의 매력. 녹색 수초와의 상성이 좋다. 포타모게톤과 무르다니아, 엘레오카리스와 조합하면 시골의 하천 분위기를 연출할 수도 있다.

하이그로필라 발사미카
Hygrophila balsamica

쥐꼬리망초과
분포 : 인도 , 스리랑카
광량 : ◻ CO_2양 : ● 저상 : ▲▲

1980년대에 독일에서 유통, 독이 있는 수초라고 해서 화제를 모았다. 마니아들이 노리던 희귀종이었지만 지금은 일반적으로 유통되고 있다. 수상의 잎과 줄기를 찌부러뜨리면 점성이 있고 향기가 나는 액체가 분비되며 그것이 물고기에게 해를 입힌다고 알려져 있다. 침수엽에서는 무해화되므로 실제로 영향을 미칠 일은 없다. 침수엽은 길이 10cm, 폭 7cm이며 가늘고 빗처럼 생긴 모습이 희귀하다.

하이그로필라 코림보사 '콤팩트'
Hygrophila corymbosa 'Compact'

쥐꼬리망초과 / 별명 : 템플 플랜트 콤팩트 , 미니 템플 / 개량품종
광량 : ◻ CO_2양 : ● 저상 : ▲▲

템플 플랜트의 왜성품종이며 마디와 마디 사이가 매우 짧은 것이 특징. 잎도 작아서 길이 5cm, 폭 3cm 정도다. 생장도 느려서 아담하게 만들기 쉽다. 노멀종과 마찬가지로 수질에 까다롭지는 않지만 CO_2는 꼭 첨가해야 한다. 전경에 가까운 중경이나 유목과 돌 앞에 배치하여 분위기를 부드럽게 만드는 경우가 많다. 사이즈감을 살려서 소형수조의 메인으로 사용하는 것도 가능하다.

화이트 위스테리아
Hygrophila difformis 'Variegata'

쥐꼬리망초과
개량품종
광량 : ◻ CO_2양 : ● 저상 : ▲▲

무늬가 들어간 위스테리아 종이며 색이 빠져서 엽맥이 하얗다. 이 특징은 수상엽에서 특히 현저하다. 수중에서는 무늬가 눈에 띄지 않게 되지만 강한 빛, CO_2를 첨가하면 줄기 상부에서 확인할 수 있게 된다. 기본적인 육성방법은 노멀종과 같고 상당히 튼튼하다. 본종 외에도 대리석 무늬가 들어간 마블 위스테리아라는 품종도 존재한다. 둘 다 얼룩무늬를 즐기고 싶다면 빛이 잘 드는 장소에 배치하는 것이 좋다.

위스테리아
Hygrophila difformis

쥐꼬리망초과 / 별명 : 하이그로필라 디포르미스
분포 : 인도 , 미얀마 , 타이 , 말레이반도
광량 : ◻ CO_2양 : ● 저상 : ▲▲

환경에 따라 잎의 형태를 바꾸는 수초 중에서도 특히 그 특징이 현저한 종류. 수상에서는 난형이면서 톱니가 있는 잎이지만 수중에서는 불규칙하게 갈라져 있는데, 얕게 갈라지거나 깊게 갈라지는 차이가 있다. 침수엽의 길이는 10cm, 폭 5cm 정도. 조명과 CO_2 첨가에 대해 크게 요구하는 것이 없고 수질을 포함하여 폭넓은 환경에 대응할 수 있다. 초보자용이지만 아름다워서 레이아웃에서 빼놓을 수 없다.

하이그로필라 오도라
Hygrophila odora

쥐꼬리망초과 / 별명 : 기니안 하이그로
분포 : 서아프리카
광량 : ◻◻ CO_2양 : ●● 저상 : ▲

침수엽은 가늘고 긴 타원형이며 우상심열하고 길이 7~10cm, 폭 1.0~1.5cm. 잎의 색은 위스테리아와 같은 선명한 녹색. 약산성 환경을 좋아하기 때문에 저상으로 소일을 사용하는 것이 좋다. 강한 빛, CO_2 첨가는 필수다. 미량영양소뿐만 아니라 종합적인 영양분의 비료도 유효하다. 물고기의 뼈를 연상시키는 특이한 모습을 가지고 있어 군생시켰을 때 무척 개성적인 공간을 만들어낼 수 있다.

하이그로필라 폴리스페르마
Hygrophila polysperma

쥐꼬리망초과
분포 : 인도 , 스리랑카 , 미얀마 , 타이 등
광량 : ◻ CO_2양 : ● 저상 : ▲▲

저상은 소일, 흑사, 어느 쪽이건 상관이 없고 강한 빛, 비료도 필요 없어서 초보자에게 딱 알맞은 튼튼한 종이다. CO_2 첨가를 하면 지나치게 성장해서 보기에 좋지 않을 정도로 웃자라게 된다. 또한 잎의 색도 강한 빛, 고영양 환경에서는 갈색 빛을 띠게 되어 선명한 녹색을 잃어버린다. 본종의 아름다움을 만끽하고 싶다면 반대로 수초용 설비가 없는 편이 좋다. 단독으로 군생시키기만 해도 아름다운 레이아웃이 된다.

하이그로필라 폴리스페르마 '로잔네르빅'
Hygrophila polysperma 'Rosanervig'

쥐꼬리망초과
개량품종
광량 : ▢ CO_2양 : ● 저상 : ▲▲

플로리다의 수초 묘목장에 등장한 아름다운 무늬종. 유럽의 농장에서 판매되어 널리 보급되었다. 육성이 쉬운 적색계열 수초로서 현재는 전 세계에서 사랑받고 있다. 참고로 폴리스페르마종의 유지, 재배가 금지되어버린 본고장 미국에서는 키울 수 없는 수초가 되어버렸다고 한다. 핑크색으로 발색하게 하려면 강한 빛, CO_2 첨가, 비료가 유효하다.

하이그로필라 타이거
Hygrophila polysperma 'Tiger'

쥐꼬리망초과
분포 : 타이
광량 : ▢ CO_2양 : ● 저상 : ▲▲

자생지는 타이 북부의 소가 물을 마시는 장소 같은 웅덩이이며 빈영양 클리어워터이고 약간 나무그늘이 진 장소. 수조 안에서도 광량, 비료를 절제하면 잎의 색은 녹색인 채로 호피 무늬를 즐길 수 있다. 조건을 상향시키면 갈색계로 물들고 갈색 얼룩무늬도 진해지는데, 이것도 아름답다. CO_2를 첨가해도 많이 웃자라지 않아서 본격적인 레이아웃에 사용하기 편한 종이라 인기가 많다.

물잎풀
Hygrophila ringens

쥐꼬리망초과
분포 : 한국(제주도), 일본, 동남아시아
광량 : ▢▢ CO_2양 : ●● 저상 : ▲

제주도 물가에서 자라는 재래 하이그로필라의 일종. 좁은 타원형, 피침형 또는 선형인 잎은 길이 4~12cm, 폭 0.5~2.2cm. 수조에서는 길이 7cm, 폭 0.7cm 정도. 강한 빛과 CO_2 첨가가 유효. 생장은 느리지만 육성이 그다지 어렵지 않다. 회녹색인 잎은 보랏빛을 띠는 경우도 있으며 화려하지는 않지만 차분한 아름다움이 있다. 단독보다 다른 수초와 조합하면 존재감을 발휘한다.

스트로징 스파츌라타
Staurogyne spathulata

쥐꼬리망초과
분포 : 인도, 말레이시아
광량 : ▢▢ CO_2양 : ●● 저상 : ▲

잎은 어긋나기를 하고 주걱모양이거나 장방형, 길이 2~6cm, 폭 1~1.8cm. 회녹색. 비슷하게 생긴 킴벌리 하이그로 *Staurogyne leptocaulis*(스파츌라타의 시노님이라는 설도 있다)보다는 까다롭지 않아서 키우기 쉽다. CO_2 첨가는 필수. 흑사에서도 키울 수는 있지만 소일 쪽이 무난할 것이다. 생장이 느리므로 전경과 중경용. 경사지게 심어서 더치계 레이아웃으로 활용하는 것도 가능하다.

로벨리아 카디날리스
Lobelia cardinalis

초롱꽃과 / 별명 : 붉은숫잔대
분포 : 북미
광량 : ▢ CO_2양 : ● 저상 : ▲

스트리트라고도 불리는, 슬로프 형태로 심은 식물들의 군생미가 유명한 더치 아쿠아리움의 키 아이템. 생장을 컨트롤하기 쉬워서 전경으로부터 이어지는 완만한 경사면을 만들기 쉽다. 본종이 있는 것만으로 더치풍이 될 정도로 중요한 아이템이다. 침수엽은 장방형이거나 도란형. 대형화되지 않도록 빽빽하게 심고 비료를 절제하면 평소에 많이 볼 수 있는 작은 원형 잎이 된다.

로벨리아 카디날리스 '웨이비'
Lobelia cardinalis 'Wavy'

초롱꽃과
개량품종
광량 : ▢ CO_2양 : ● 저상 : ▲▲

이름 그대로 잎 가장자리가 물결치는 것이 특징. 카디날리스에는 이 외에도 스몰과 미니라 불리는 소형종, 꽃의 색이 다른 원예품종이 여러 종 존재한다. 수상에서는 높이가 1m 이상 자라고 건조만 조심하면 마당에 심는 것도 가능하다. 꽃의 색도 화려하고 수도 많아서 관상가치가 높다보니 개량품종도 많아졌다. 수반에서 추수육성도 가능해서 멀티 플레이어라는 이름에 어울리는 식물이다.

수염가래꽃
Lobelia chinensis

초롱꽃과
분포 : 한반도, 일본, 중국, 동남아시아
광량 : 🟨🟨 CO_2양 : 🔵🔵 저상 : 🔺

논 주위에 자라는 소형 추수~습생식물. 생장이 왕성하여 논두렁을 가득 뒤덮어도 논농사를 전혀 방해하지 않는다. 논이나 저수지 안에서 침수생활을 하는 모습도 많이 볼 수 있다. 수조재배도 가능하고 소형화되기는 하지만 좁은 피침형 잎이 어긋나기로 천천히 위로 자란다. 강한 빛과 CO_2 첨가, 소일 사용이 포인트. 보라색으로 물든 잎을 전경에 섞으면 재미있다.

그린 로벨리아
Physostegia purpurea

초롱꽃과 / 별명 : 피소스테지아 퍼퓨레아
분포 : 북미
광량 : 🟨 CO_2양 : 🔵 저상 : 🔺🔺

수중에서는 10cm 정도의 높이가 되고 엽신은 피침형부터 도피침형, 잎자루는 길다. 특징적인 것은 내한성인데, 수반재배를 하다보면 겨울철에 침수엽을 형성하여 월동하는 모습을 볼 수 있다. 수면에 얼음이 얼어도 파릇파릇할 정도로 저온에 강하다. 여름에는 완전히 다른 모습이 되어 추수엽으로 생활. 강한 빛과 풍부한 영양분도 좋아한다. 히터 없이 수조에서 겨울철 한정으로 재배를 해봐도 재미있을 것이다.

바나나 플랜트 🟨
Nymphoides aquatica

조름나물과
분포 : 북미남동부
광량 : 🟨 CO_2양 : 🔵 저상 : 🔺🔺

비대한 번식아의 형태가 바나나 같아서 인기가 높고 볼 기회도 많다. 수중엽이 몇 장 자라지만 이윽고 부엽이 자라게 된다. 수반에서 재배하여 여름철부터 가을사이에 생긴 번식아의 일부를 수조 안에서 즐기는 사이클을 만들어도 재미있을 것이다. 일본을 포함한 세계 각지에서 귀화했다는 보고가 있다. 더 확대되는 것을 방지하기 위해서라도 실외로 나가는 것에는 주의가 필요하다.

님포이데스 히드로필라
Nymphoides hydrophylla

조름나물과 / 별명 : 타이완 가가부타, 님포이데스 sp. '타이완', 님포이데스 sp. '플리퍼'
분포 : 대만부터 남아시아
광량 : 🟨 CO_2양 : 🔵 저상 : 🔺🔺

부엽이 잘 자라지 않아서 수조재배에 적합한 님포이데스 종류이며 1990년대에 대만에서 독일로 건너가 유통되었다. 부드럽고 밝은 녹색을 띤 원심형 잎을 전개한다. 이 특이한 모습이 악센트로 활용하기에 딱 좋다. 잎의 폭 10cm, 잎자루의 길이 10~13cm. CO_2를 제대로 첨가하여 광합성을 할 때의 모습은 무척 아름답다. 군생시키면 메인을 담당하는 주연 클래스의 수초이기도 하다.

아크멜라 레펜스
Acmella repens

국화과
분포 : 미국 동부, 중미, 남미
광량 : 🟨 CO_2양 : 🔵 저상 : 🔺🔺

국화과 수생식물이고 수조에서 육성이 가능. 약한 톱니가 있는 난형 잎은 길이 2~4cm, 폭 1~3.5cm. 침수화하면 소형이 된다. 기본적으로 튼튼해서 흑사에서 CO_2 첨가 없이도 자라지만 아름답게 키우고 싶다면 소일을 사용하고 CO_2를 첨가하는 편이 좋다. 줄기 상부에 있는 잎에 빛이 잘 닿으면 잎자루와 주맥의 근원부분이 붉게 물들어 좋은 악센트가 된다. 고둥 종류에게 먹히는 것에는 약하므로 주의.

아마존 치도메구사 🟨
Hydrocotyle leucocephala

두릅나무과
분포 : 멕시코 남부부터 아르헨티나 북부
광량 : 🟨 CO_2양 : 🔵 저상 : 🔺🔺

원형 또는 하트형인 잎은 기부에서 깊게 갈라지고 잎의 가장자리는 얕게 갈라져 물결친다. 잎은 어긋나기로 자라고 줄기는 보통은 비스듬하게 위로 자라기 때문에 후경 가장자리에 식재하기에 딱 좋다. 유목과 조합하여 배치하기만 해도 자연감이 훨씬 강해져서 아마존의 수중풍경을 간단히 만들 수 있다. 조명과 CO_2 첨가에 관해 높은 요구는 없고 폭넓은 환경에 대응할 수 있는, 초보자에게도 추천할 수 있는 수초다.

피막이
Hydrocotyle sibthorpioides

두릅나무과 / 별명 : 히드로코틸레 시브토르피오이데스 / 분포 : 한반도 남쪽, 일본, 동남아시아
광량 : ■■   CO₂양 : ●●   저상 : ▲

잎의 직경이 0.5~2cm인 소형종. 마리티마라는 이름으로 이전부터 유통되었었지만 호주 노치도메와 히드로코틸레 미니라는, 키우기 쉽고 높이도 낮게 억제하기 쉬운 종류가 대두되면서 볼 기회가 줄어든 것이 아쉽다. 강한 빛을 비춰도 위로 자라기 쉽고 잎이 현저하게 갈라져 있어서 야생의 느낌이 풍부하게 느껴진다. 그런 점을 이용하여 심플한 레이아웃에서 활용해보는 것도 좋다.

카롤리나 코브라 글라스
Lilaeopsis carolinensis

미나리과 / 별명 : 릴라에옵시스 카롤리넨시스
분포 : 미국 남부, 남미 남부
광량 : ■■   CO₂양 : ●●   저상 : ▲

잎의 길이 4~20cm, 폭 3~4mm. 전경초에서 소개한 브라질리엔시스의 두 배 정도 되는 사이즈의 대형종이다. 끝부분의 폭은 넓지만 완만하게 구부러진다. 땅속줄기를 옆으로 뻗으면서 분지를 반복하여 증식. 육성의 기본은 브라질리엔시스와 같지만 본종 쪽이 육성은 쉽다. 수조 안에서는 소형화되지만 사이즈를 보면 전경보다는 중경에 적합하다. 낮은 석조 뒤에 사용해도 재미있을 것이다.

릴라에옵시스 폴리안사
Lilaeopsis polyantha

미나리과 / 별명 : 오스트레일리안 코브라 글라스
분포 : 오스트레일리아
광량 : ■■   CO₂양 : ●●   저상 : ▲

잎은 선형이고 좁으며 단면은 원형 또는 타원형, 길이 1~35cm, 폭 0.5~5mm. 황록색. 수조에서는 그렇게까지 커지지는 않는다. 오스트레일리아 남부에 널리 분포. 길이에 비해 잎의 폭이 좁아서 마클로비아나(P95)에 비해 화사한 인상이 느껴진다. 육성방법은 브라질리엔시스와 같다. 자생지에서도 약간 그늘 진 장소에 있기 때문에 수조에서도 키우기 쉽다. 단, 아름답게 키우려면 강한 빛이 필요하다.

이소에테스 라쿠스트리스
Isoetes lacustris

물부추과
분포 : 유럽, 북미
광량 : ■   CO₂양 : ●   저상 : ▲▲

줄기의 단면은 2열이고 잎을 다수 총생시켜서 녹색 잎의 길이는 25cm다. 잎 내부는 비어있고 부력이 있다. 심을 때는 바깥쪽 잎을 몇 장 1cm 정도 남기고 닻 역할을 하도록 심어서 근원부분을 가볍게 누르듯이 심으면 잘 떠오르지 않게 된다. 뿌리를 내릴 때까지는 주의해야 한다. 단단할 것 같지만 사실은 부드러운 것이 물부추과 특유의 질감이다. 커지면 그루를 둘로 나눠서 증식시킬 수 있다.

워터 스프라이트
Ceratopteris cornuta

봉의꼬리과
분포 : 아프리카, 중동, 남아시아, 오스트레일리아
광량 : ■   CO₂양 : ●   저상 : ▲▲

물고사리 종류에는 두 가지 형태의 잎이 있는데, 하나는 평소에 우리가 자주 봐서 친숙한 영양잎, 또 하나는 번식에 이용되는 포자잎이다. 본종의 영양잎은 길이가 7~27cm, 포자잎은 길이가 47cm까지 자란다. 침수, 부엽, 습생까지 다양한 모습으로 육성할 수 있다. 오래전부터 관상어용 수초로 사랑받아왔다. 구피 수조에서 많이 사용되고 치어의 은신처로도 최적이다.

타이완 펀
Hymenasplenium obscurum

꼬리고사리과 / 별명 : 아스플레니움 cf. 노르말 / 분포 : 아프리카, 마다가스카르, 아시아 열대지역
광량 : ■   CO₂양 : ●   저상 : ▲▲

음습한 삼림의 계류 옆 바위 위에서 자란다. 항상 물보라가 쏟아지는 반수생적인 장소에 있는 종류는 잎이 약간 투명하지만 수조 안에서는 줄기부터 모두 투명한 느낌이 나는 침수형으로 변화한다. 같은 속 수초 중에서 아쿠아리움 플랜트로 이용된 것이 본종이 처음이다. 기존의 수생 양치식물에게는 없는 분위기가 매력이다. 생장은 느리지만 육성 자체는 어렵지 않다

새로운 수초를 도입하자
~자신만의 레이아웃을 목표로~

레이아웃 제작/
Noriyuki Shito(An aquarium.)
촬영/Toshiharu Ishiwata

수조사이즈/60×30×45(H)cm
사용한 수초/화이트 위스테리아, 산타렝 체인 로터스, 기니안 드워프 암브리아, 라트나기리 물별, 아마존 하이그로 퍼플, 로벨리아 카디날리스, 로탈라 마크란드라 '그린 라지리프', 로라이마 바코파, 라오스 파인리프 스프라이트, 기니안 루드위지아, 기니안 하이그로(위스테리아), 캄보디안 왈리키, 에이크호르니아 '판타날', 림노필라 sp. '캄보디안 내로우', 포타모게톤 sp. '테페', 하이그로필라 비올라세라, 무늬 레이네키, 라지 펄글라스, 로탈라 마크란드라 '내로우', 판타날 바코파, 레드 핀네이트, 그린 로탈라

최근에 소개된 수초를 중심으로 식재한 수조. 레이아웃에서 사용하는 방법을 알기 위한 최고의 교과서

미지의 수초를 사용하는 것의 의의

새로운 모스를 레이아웃에서 활용할 수 있도록 구체적인 형태로 소개한다는, 싱가포르에서 일어난 움직임은 순식간에 전 세계로 확산되었다. 현재, 모스를 사용한 레이아웃은 새로운 장르를 만들어낼 정도로 발전하고 진화했다.

불꽃모스로 일어서는 수목을 표현하고, 위핑 모스로 반대로 축 늘어진 모습을 표현하고, 리카르디아 그라에페이로 이끼가 낀 돌이나 유목을 표현하는 등, 새로운 모스가 소개될 때마다 새로운 표현 스타일이 탄생했다. 당연히 이것은 현재진행형으로 계속 이어지고 있으며 아시아권의 레이아웃터를 중심으로 극히 적은 모스 종류로

크립토코리네 알비다 레드(타이산, 조직배양주)
Cryptocoryne albida 'Red'
타이의 수초 농장에서 입하되는 쇼킹 핑크의 바리에이션

하이그로필라 트리플로라 *Hygrophila triflora*
우상천열하고 적색 빛을 띠고 있는 인도산 하이그로필라의 뉴페이스

만들어낸 심플하면서도 깊이가 있고 그윽한 세계는 수초 레이아웃의 개념을 확장시키고 있다.

한편 일본에서는 어떤가 하면, 자신도 모르게 이름이 있는 잘 알려진 종류만 사용하고 있는 것이 아닐까? 그 쪽이 더 간단하고 가능한 한 실패하지 않고 끝내고 싶다는 지금의 풍조에는 맞는 것일지도 모른다. 하지만 새로운 수초를 적극적으로 도입하지 않으면 혁신적인 레이아웃은 만들어지지 않는다. 지금까지도 그래왔고 앞으로도 그렇지 않으면 발전은 없을 것이다.

실패를 하지 않고 새로운 수초를 레이아웃에 도입하려면 사용하기 전에 각각의 특성을 알아둘 필요가 있다. 의식 있는 레이아웃터는 레이아웃 수조와는 별개로 "밭수조"라는 수조를 따로 만들어서 레이아웃의 재료가 될 새로운 수초를 증식시키면서 육성실험을 하여 어떤 모습이 되는지, 사이즈와 생장 스피드, 증식 방법 등도 파악한

레이아웃 제작/
Yoshitaka Morohashi(Grow Aquarium)
촬영/Naoyuki Hashimoto

수조사이즈/60×30×36(H)cm
사용한 수초/로탈라 sp. '에니', 루드위지아 인클리나타, 토니나 sp. '마나우스 내로우', 림노필라 sp. '칼리만탄', 로탈라 왈리키, 루드위지아 '토네이도', 에리오카우론 sp. '소셜 페더 더스터', 판타날 크리스파 '레드', 아라과이아 레드 크로스 플랜츠, 아마존 하이그로, 하이그로필라 피나티피다, 스트로징 레펜스, 에키노도루스 sp. '롱리프 레드', 루드위지아 필로사, 스타레인지, 로탈라 마크란드라 '스몰리프', 미크로소리움 sp. '란작엔티마우산', etc.

더치 아쿠아리움의 수법은 수초의 특징을 강조하는 스타일이므로 새로운 수초를 즐기기 위한 방법으로도 적합하다.

제작·촬영/
Kuniyuki Takagi(Ichigaya Fish Center)

수조사이즈/90×45×45(H)cm
사용한 수초/에리오카우론 브레비스카품, 네차만드라 알터니폴리아, 플로스코파 스칸덴스, 워터 오키드, 그라티올라 오피시날리스, 그라티올라 페루비아나, 림노필라 인디카, 민구와말, 물잎풀, 수염가래, 로탈라 히푸리스, 가는마디꽃, 우트리쿨라리아 마크로리자, 민나자스말

"밭수조"는 수초의 특성을 알 수 있는 아주 좋은 배움의 장이다. 자신의 손으로 키워봐야만 얻을 수 있는 것은 많다.

다음 레이아웃에 도입하고 있다.

그리고 이와 같은 밭수조를 발전시켜 새로운 수초만 사용하는 레이아웃으로 만들어 육성하는 스타일도 사랑받고 있다. 이와 같은 수조는 샵에서 볼 기회도 많고 거기에서 새로운 수초 도입의 힌트를 얻는 것도 한 방법일 것이다.

로운 종류와 다르지 않을 것이다.

키워본 적이 없는 종류에 한 번 도전해보면 어떨까? 고정관념에 얽매이지 않고 새로운 장르를 만들어내겠다는 정도의 마음가짐으로 자신만의 레이아웃을 만들어보기 바란다.

온고지신으로 레이아웃

평소에도 인터넷 검색 등으로 새로운 수초의 동향을 알아보는 것도 어렵지 않다. 최근에는 플랜트 헌터라 불리는 사람이 이벤트 등에서 미지의 수초를 직매하는 케이스도 있지만 그와 같은 기회를 이용하지 못하더라도 샵에서 새로운 수초를 입수하는 것은 충분히 가능하다. 널리 알려져 있지 않을 뿐, 농장에서도 새로운 종류가 입하되고 있다.

이 책에 게재할 종을 선정하기 위해 근래의 레이아웃 작품을 많이 봤는데, 최근에 사용되고 있지 않은 종류가 많다는 사실에 놀라고 말았다. 이대로라면 기존의 일반종도 사용빈도가 적다는 이유로 유통되지 않게 되는 것이 아닐까 걱정이 되었다. 예전부터 잘 알려져 있던 종류라고 해도 젊은 사람들이나 그것을 몰랐던 사람에게는 새

타이완 개연꽃 *Nuphar shimadae*
대만 고유종.

후경에 적합한 수초

뒤쪽 공간을 감추는 것뿐만 아니라 레이아웃의 윤곽을 명확하게 만들기 위해 테이프 모양의 수초로 세로선, 유경초로 가로선을 강조할 수 있다. 생각보다 빠른 생장 속도가 중요하며 중경초보다 생장 스피드가 느리면 모처럼 심은 보람이 없어지므로 요주의

레이아웃 제작 / Mitsuki Nitta(H2)　촬영 / Toshiharu Ishiwata

후경에 적합한 여러 종류의 수초로 화려하게 2

우측의 볼륨이 적지만 색조로 어떻게든 커버, 화려한 생육물도 도움이 되고 있는 것을 보면 제작자의 종합적인 능력을 느낄 수 있다. 초보자에게 본보기가 될 만한 호감이 느껴지는 작품.

DATA

수조사이즈／60×30×36(H)cm
조명／Solar I (150W 메탈할라이드／ADA), ZENSUI LED PLUS+스트롱 화이트60(14.5w) 1일 11시간 점등
여과／Eheim Classic Filter 2215
저상／라플라타 샌드(ADA), 원예용 컬러 샌드, 어드밴스 소일 플랜츠
CO_2／1초에 3방울
첨가제／나노 데일리 퍼틸라이저, NPK 부스터, S7 비타믹스를 2일에 1번 5방울
환수／1주에 1회 1／2

수질／26℃
생물／구피, 레드 팬텀 테트라, 오토싱 네그로, 니지이로보우즈하제, 야마토새우, 기수갈고둥
수초／포고스테몬 에렉투스, 실론 로탈라, 로탈라 왈리키, 워터 위스테리아, 그린 로탈라, 윌로모스, 레드 밀리오필룸, 로탈라 마크란드라 '그린', 루드위지아 sp. '슈퍼 레드', 암마니아 그라실리스, 워터 바코파, 호주 노치도메

레이아웃 예

레이아웃 제작 / Koji Nakamura
촬영 / Toshiharu Ishiwata

각양각색의 수초로 후경을 만드는 것은 난이도가 높지만 잘 만들어지면 기쁨도 크다.

후경초를 효과적으로 사용한 레이아웃 1

크게 자라는 후경초를 마음껏 키울 수 있는 것은 대형수조를 사용한 레이아웃의 묘미. 레이아웃의 아름다움뿐만 아니라 그 박력에도 압도되는 기분이다. 이렇게 즐기는 것도 하나의 방법이다.

DATA
- 수조사이즈 / 180×80×60(H)cm
- 조명 / 32W 형광등 1일 11시간 점등
- 여과 / Eheim 2260, Eheim 2222
- 저상 / 파워 샌드, 아쿠아소일 아마조니아(ADA)
- CO_2 / 1초에 2방울×2 1일에 11시간
- 첨가제 / 환수할 때 ECA(ADA)를 적당량
- 환수 / 1주에 1회 1/2
- 생물 / 와일드 스칼라레 엔젤, 라미노즈 테트라, 오토싱클루스, 시아미즈 플라잉폭스, 아노마로크로미스 토마시, 야마토새우
- 수초 / 판타날 래빗 이어 로투스, 미크로소리움, 윌로우모스, 아누비아스 나나, 발리스네리아 나나

후경초로 인공물을 감춰서 말끔하게 3

잘 보이지 않을지도 모르지만 우측 후경초 뒤쪽에 배관 파이프가 감춰져 있다. 히터의 코드선 등, 보이지 않게 하고 싶은 인공물을 감추는 식의 사용방법도 후경초에게 있다는 것을 알려주는 좋은 예다.

레이아웃 제작 / Yuu Fujimori(Paupau Aqua Garden)   촬영 / Toshiharu Ishiwata

DATA
- 수조사이즈 / 90×40×50(H)cm
- 조명 / 39W 형광등×3 1일 8시간 점등
- 여과 / Eheim 프로페셔널 3e2076
- 저상 / 삽 오리지널 파우더 소일, 아쿠아샌드 브라운, 천연 강모래
- CO_2 / 1초에 2방울
- 첨가제 / 수초의 런치, 극비 추비를 저상비료로 사용. 플로라 셀, 페로 셀을 일주일에 한 번 적당량
- 환수 / 2주에 1회 1/2
- 수질 / 미계측
- 수온 / 26°C
- 생물 / 레드라인 토피도 바브, 새뱅이, 오토싱클루스
- 수초 / 라지 펄글라스, 브릭샤 쇼트리프, 글롯소스티그마, 엘레오카리스 비비파라, 그린 로탈라, 호주 노치도메

후경을 아름답게 꾸며주는 수초 카탈로그

보이지 않는 멋부림이 중요하다는 말을 많이 듣는데, 레이아웃의 후경초도 마찬가지다. 후경초의 유무에 따라 전체적 인상이 완전히 달라진다. 최근에는 전경, 중경초에 맞춰서 잎이 자잘한 종류, 작은 종류의 인기가 높아지고 있다.

게재 수초 144 종류 : 268 ~ 411/500 종

타이거 발리스네리아

Vallisneria nana

자라풀과
별명 : 발리스네리아 sp. '레오파드', 발리스네리아 sp. '스트라이프'
분포 : 오스트레일리아
광량 : ☐ CO_2 양 : ●
저상 : ▲ ▲

이름 그대로 잎에 적갈색 호피무늬가 자잘하게 들어간다. 특히 새로운 잎이 아름다워서 관상가치가 높다. 전체적으로 거무스름하고 야무지게 보이기 때문에 후경에 사용해도 인상이 희미해지지 않고 앞에 있는 수초를 아름답게 보이게 만드는 효과도 있다. 발리스네리아는 전반적으로 튼튼하다고 할 수 있지만 본종은 특히 튼튼해서 초보자도 취급하기 쉽다. 또한 일반종에 비해 잘 커지지 않아서 세밀하게 공을 들인 레이아웃에도 사용할 수 있다.

옐로우 카붐바
Cabomba aquatica

순채과(어항마름과)
별명 : 골든 카붐바
분포 : 남미 북부부터 중부
광량 : ■■ CO_2양 : ●●
저상 : ▲

크면서도 섬세함을 겸비한, 남미산다운 아름다운 종. 크기가 카롤리니아나종의 2배 이상인 잎은 특징적인 황록색을 띠고 있고 열편이 상당히 가늘고 매끈매끈한 촉감. 꽃은 황색. 육성에는 강한 빛, CO_2 첨가 외에 소일계 저상재 사용이 요구된다. 약산성을 좋아하기 때문에 pH 강하제도 유효하다. 후경의 넓은 범위를 담당하게 꾸밀 수 있으니 대형수조에서 한 번 즐겨보기 바란다.

카붐바 카롤리니아나
Cabomba caroliniana

순채과(어항마름과) / 별명 : 금어조, 어항마름, 술순채, 그린 카붐바
분포 : 북미(유럽, 아시아 등에서 야생화)
광량 : ■ CO_2양 : ●   저상 : ▲ ▲

분지한 실모양의 잎을 부채처럼 펼치고 마주나기를 한다. 전체적으로 술 같은 모양이 되고 잎은 녹색, 꽃은 백색. 너무나 수초스러운 모습이다. "금어조"로서 금붕어의 간식으로도 이용된다. 내한성, 내음성이 뛰어나고 상당히 튼튼해서 실내외 상관없이 육성이 쉽다. 최근에는 메다카의 산란상으로 사용하는 경우도 많아졌다. 전 세계의 넓은 지역, 또한 일본은 각지에서 야생화되고 있다. 실외로 나가는 것에는 주의해야 한다.

카붐바 '실버 그린'
Cabomba caroliniana 'Silver Green'

순채과(어항마름과)
개량품종
광량 : ■ CO_2양 : ●   저상 : ▲ ▲

각 열편이 뒤틀려져 뒷면의 백색이 단편적으로 엿보임에 따라 은색으로 빛나는 것처럼 보이는 개량품종. 독일의 고 한스 배스씨의 농장에서 작출된 것이며 원종이 카롤리니아나종이기 때문에 육성은 그다지 어렵지 않지만 빛은 충분히 비춰주는 것이 좋다. 녹색과의 상성이 좋고 기포가 보이는 리시아나 펄글라스와 조합하는 것을 추천한다. 후경은 물론 중경에서도 요긴하게 쓰인다.

레드 카붐바
Cabomba furcata

순채과(어항마름과)
분포 : 중미부터 남미
광량 : 🟨🟨 CO₂양 : 🔵🔵 저상 : 🔺

붉은색 잎과 적자색 꽃에는 누구나 시선이 갈 것이다. 강을 뒤덮은 그 야생의 모습은 환상적일 정도로 아름답다. 사이즈는 카롤리니아나종과 같지만 3윤생하기 때문에 잎이 빽빽하게 자란다는 차이가 있다. 강렬한 색채는 매력적이지만 튼튼하다고는 할 수 없다. 육성 방법은 옐로우 **카붐바**와 같고 비료를 주면 좋다. 녹색과의 대비 외에, 갈색 유목과의 상성도 좋다.

카붐바 팔라에포미스
Cabomba palaeformis

순채과(어항마름과)
분포 : 중미
광량 : 🟨 CO₂양 : 🔵 저상 : 🔺🔺

잎은 마주나기를 하고 카롤리니아나종보다 약간 작은 사이즈. 그린 타입과 레드 타입이 있으며 둘 다 갈색 빛을 띠고 있다. 다른 종에 비해 약간 칙칙한 인상이 느껴져서인지 유통량은 적다. 하지만 굉장히 튼튼하고 경도가 높은 물을 좋아하며 CO₂를 첨가하지 않아도 잘 자란다. 산지와 수질이 같은 플레티나 구피와 조합하면 분위기가 훨씬 좋아진다.

개연꽃
Nuphar japonica

수련과
분포 : 한반도, 일본
광량 : 🟨 CO₂양 : 🔵 저상 : 🔺🔺

얇은 막질이고 투명한 느낌의 녹색 잎은 다른 종에게는 없는 매력을 가지고 있다. 길이 20cm, 폭 10cm 이상이라 존재감도 충분. 뼈 같은 하얀색 땅속줄기가 부력이 강하기 때문에 뿌리를 제대로 내릴 때까지는 주의해야 한다. 비료가 부족해지면 곤란하므로 저상 속에 묻는 타입의 비료를 정기적으로 주면 좋다. 23~26℃가 적절한 온도. 산뜻하게 아름다워서 레이아웃에서는 무엇이든 조합시킬 수 있다.

긴잎개연꽃
Nuphar japonica

수련과
분포 : 한반도, 일본
광량 : 🟨 CO₂양 : 🔵 저상 : 🔺🔺

개연꽃과 같은 종이지만 전체적인 표현이 가늘고 길어서 원예적인 가치를 인정받아 일본에서는 오래전부터 사랑받아왔다. 주로 북일본에서 볼 수 있는 표현이며 서일본에서는 짧은 장란형이 되는 경향이 강하다. 세로방향으로 뻗어나가기 때문에 레이아웃에 방해가 되지 않는다. 사진의 개체는 홋카이도산. 북방계이기는 하지만 일반적인 25℃ 수온에서 문제없이 육성할 수 있다.

붉은개연꽃
Nuphar japonica f. rubrotincta

수련과
원예품종
광량 : 🟨 CO₂양 : 🔵 저상 : 🔺🔺

기본종의 꽃이 황색인 것에 비해 이 품종은 서서히 색이 달라지다가 최종적으로는 붉게 변하는 것이 특징. 연못 등에서는 비교적 대중적으로 재배되고 있다. 침수엽도 적색 빛을 띠고 있어 수조 안에서 이 아름다운 모습을 즐길 수 있다. 막질의 부드러운 질감은 다른 적색계 수초에서는 볼 수 없는 매력. 키우는 방법은 기본종과 같다. 밝은 녹색으로 둘러싸서 본종의 차분하고 고운 아름다움을 강조하면 좋다.

아누비아스 기간티아
Anubias gigantea

천남성과 / 분포 : 기니, 시에라리온, 라이베리아, 코트디부아르, 토고
광량 : 🟨 CO₂양 : 🔵 저상 : 🔺🔺

엽신은 미늘창 모양의 천열이거나 때로는 3심열에 가까워진다. 정렬편은 피침형부터 좁은 난형. 측렬편은 길이 9~28cm, 폭 3~10cm. 하스티폴리아와 많이 닮은, 멋진 측렬편을 가진 "귀 달린" 아누비아스의 대형종. 최대 83cm. 본종 쪽이 2배 정도 뿌리줄기가 두껍고 꽃줄기도 길게 자란다. 또한 수중재배는 본종 쪽이 더 적합하며 야성미가 넘치는 레이아웃을 연출하는 것이 가능하다.

아누비아스 길레티
Anubias gilletii

천남성과
분포 : 나이지리아 , 카메룬 , 가봉 , 콩고공화국 , 콩고민주공화국
광량 : ☐ CO_2양 : ● 저상 : ▲ ▲

엽신은 약간 둥글고 어린 잎은 하트형 또는 귀 모양, 서서히 화살촉이나 미늘창 모양으로 변한다. 정렬편은 좁은 장방형 또는 장방형, 길이 30cm, 폭 15cm. 측렬편은 길이 13cm 정도까지. 작은 "귀"가 붙어 있는 독특한 형태이며 하스티폴리아 등과는 분위기가 다른 대형종. 현지에서는 주로 강가에 자생하고 있지만 침수한 모습도 볼 수 있어 수조에서도 작아지기는 하지만 수중재배가 가능하다.

아누비아스 하스티폴리아
Anubias hastifolia

천남성과
분포 : 가나 , 나이지리아 , 카메룬 , 가봉 , 콩고민주공화국
광량 : ☐ CO_2양 : ● 저상 : ▲ ▲

멋진 측렬편을 가진 "귀 달린" 아누비아스의 대표적인 종류. 엽신은 3심열에 가까운 미늘창 형태부터 짧은 측렬편을 가진 하트형이나 귀 모양이 되는 등, 변이의 폭이 넓다. 측렬편은 길이 26cm, 폭 8cm까지라서 존재감이 넘친다. 꽃자루는 8~24cm. 잎자루는 9~67cm. 오픈 아쿠아리움에서 잎이 밖으로 나오게 하는 등, 대형종만의 모습을 마음껏 즐기고 싶다. 수중생활도 가능하지만 생장은 상당히 느리다.

아누비아스 헤테로필라
Anubias heterophylla

천남성과
분포 : 카메룬 , 적도기니 , 가봉 , 콩고공화국 , 콩고민주공화국 , 앙골라
광량 : ☐ CO_2양 : ● 저상 : ▲ ▲

이른바 "귀"가 없는 대형종. 육생형은 60cm 이상 자란다. 엽신은 좁은 타원형부터 피침형, 잎의 가장자리는 매끄럽거나 강하게 물결친다. 아름다운 잎의 주름도 본종의 특징 중 하나다. 잎의 기부가 미늘창 모양이 되는 경우도 있지만 측렬편은 거의 눈에 띄지 않는다. 사이즈와 형태에 비해 수중생활이 특기라 수조재배에 적합하다. 수중에서는 육상에 있을 때처럼 커지지는 않는다. 대형수조의 후경에서 유경초와 얽히게 해도 좋다.

크립토코리네 아포노게티폴리아
Cryptocoryne aponogetifolia

천남성과
분포 : 필리핀
광량 : ☐ CO_2양 : ● 저상 : ▲ ▲

100cm나 되는 대형종. 잎의 폭은 2~4cm, 엽신이 현저하게 울퉁불퉁하고 이름 그대로 아포노게톤을 방불케 하는 모습이 특징이다. 수조 안에서는 사이즈가 반 정도로 줄어드는 경우가 많다. 크기를 제외하면 수조재배도 어렵지 않다. 경도가 높은 수질을 좋아한다. 뿌리를 단단히 내리게 하기 위해서는 청결한 모래를 5cm 이상, 약간 두껍게 깔아두면 좋다.

크립토코리네 킬리아타
Cryptocoryne ciliata

천남성과
분포 : 인도~뉴기니
광량 : 🟨   CO₂양 : 🔵   저상 : 🔺🔺

하천의 하류역에 생육하는 대형종. 기수역에도 분포해 있으며 염성습지의 진흙에 자생하는 경우도 있다. 큰 개체는 1m에 달하는 경우도 있지만 수조에서는 50cm 정도. 잎은 약간 두툼하고 피침형, 끝부분이 뾰족하고 밝은 녹색이다. 잎의 폭이 좁은 기본종 외에 폭이 넓은 변종이 필리핀에서 생산된다. 추위에 주의하면 테라리움에서도 재배할 수 있으며 특징적인 꽃을 즐기는 것도 가능하다.

크립토코리네 코그나타 '마하라슈트라 레드'
Cryptocoryne cognata 'Maharashtra Red'

천남성과 / 분포 : 인도
광량 : 🟨   CO₂양 : 🔵   저상 : 🔺🔺

잎은 넓은 피침형이며 길이 15~20cm, 잎자루는 8cm, 녹색 또는 적색 빛을 띤 색조이며 가장자리가 매끄럽거나 물결친다. 러너를 만들지 않는다. 수심이 얕고 수류가 빠른 작은 강에서 서식하며 수중생활을 잘한다. 수조 안에서도 마찬가지라서 기본만 제대로 파악해두면 상처로 인해 녹는 경우 말고는 재배를 하면서 애먹을 일은 없다. 빛을 충분히 비춰주면 적색 빛이 진해지고 갈색 줄무늬가 자잘하게 들어가 무척 아름다워진다.

크립토코리네 플라시디폴리아
Cryptocoryne crispatula var. *flaccidifolia*

천남성과
분포 : 타이남부
광량 : 🟨   CO₂양 : 🔵   저상 : 🔺🔺

침수엽은 길이 20~50cm, 폭 0.5~1.2cm. 잎의 가장자리가 강하게 물결치고 가는 발란세 느낌이지만 엽신은 울퉁불퉁하지 않다. 잎의 중심을 세로로 관통하는 중앙맥이 잎이 가는 것에 비해서는 두꺼워서 눈에 잘 띄고 좋은 악센트가 된다. 레트로스피랄리스나 크리스파츌라라는 이름으로 입하되는 농장개체는 거의 본종이다. 잎의 폭이 좁기 때문에 방해가 되지 않고 가는 가지유목과의 상성도 뛰어나다.

크립토코리네 발란세 🟨
Cryptocoryne crispatula var. *balansae*

천남성과 / 분포 : 인도차이나반도
광량 : 🟨   CO₂양 : 🔵   저상 : 🔺🔺

가는 잎 계열의 크립토코리네를 대표하는 튼튼한 종이며 볼 기회도 많아서 초보자에게 적합하다. 엽신이 강하게 물결치고 수조 안에서는 50cm 정도까지 자라는 경우가 있다. 밝은 환경과 풍부한 양분을 좋아하고 조건을 잘 갖추면 아름답게 성장한다. 칼슘이 부족하면 상태가 나빠지므로 소일을 사용하면서 연수인 경우에는 주의가 필요하다. 자연에서도 강한 수류 속에서 볼 수 있는 종류이므로 필터에서 나오는 수류를 받아들이는 후경에 잘 어울린다.

크립토코리네 발란세 '브라운'
Cryptocoryne crispatula var. *balansae* 'Brown'

천남성과
분포 : 인도차이나반도
광량 : 🟨   CO₂양 : 🔵   저상 : 🔺🔺

진한 갈색 표현의 바리에이션. 잎자루와 엽맥이 붉게 물드는 경우도 있어 관상가치가 높다. 기본적인 육성방법은 노멀종과 같지만 진하게 발색시키고 싶다면 강한 빛을 준비하고 비료는 저상 속에 묻어두는 타입을 사용하는 것이 좋다. 양치식물, 모스를 다용한 차분한 레이아웃은 물론이고 유경초를 메인으로 사용한 밝은 색조의 레이아웃에서 악센트로 활용해도 재미있을 것이다.

크립토코리네 휴도로이
Cryptocoryne hudoroi

천남성과 / 별명 : 크립토코리네 후도로이
분포 : 인도네시아 칼리만탄
광량 : 🟨   CO₂양 : 🔵   저상 : 🔺🔺

높이가 20~50cm인 수중재배용 종류. 잎의 폭은 2~5cm, 좁은 타원형, 한쪽 면이 심하게 울퉁불퉁한 것이 특징이다. 비슷하게 생긴 우스테리아나와 거의 같은 사이즈이거나 약간 작다. 잎의 뒷면은 표면과 마찬가지로 녹색이고 약간 갈색 빛을 띠는 경우도 있다. 석회질 토양을 좋아하기 때문에 흑사에서도 키우기 쉽고 또한 입하기회도 많아서 울퉁불퉁한 크립토코리네 중에서는 가장 즐기기 쉽다.

후경

크립토코리네 스피랄리스
Cryptocoryne spiralis

천남성과
분포 : 인도
광량 : 🟨 CO_2양 : 🔵 저상 : 🔺🔺

가는 잎 계열의 대형종이며 인도 서부에 널리 분포해 있다. 50cm에 달하는 경우도 있으며 잎의 가장자리는 완만하게 물결친다. 잎의 색은 밝은 녹색. 비슷하게 생긴 발란세에 비해 말끔한 인상이 느껴진다. 더 자주 레이아웃에 이용되어도 좋은 아름다운 수초이다. 와일드 품종을 비롯하여 인도, 유럽, 일본 등, 다양한 지역에서 재배된 품종이 입수된다. 그 폭넓은 변이에도 놀라게 된다.

크립토코리네 우스테리아나
Cryptocoryne usteriana

천남성과
분포 : 필리핀
광량 : 🟨 CO_2양 : 🔵 저상 : 🔺🔺

휴도로이와 비슷하게 생긴 울퉁불퉁한 크립토코리네이며 잎의 뒷면이 붉어진다는 점이 다르다. 70cm로 약간 크다. 잎의 폭도 넓어서 최대 8cm까지 된다. 몇 가지 바리에이션이 알려져 있고 잎의 표면이 갈색 빛을 띠는 타입, 잎 뒷면이 붉어지지 않는 타입도 존재한다. 경도가 높은 수질을 좋아하고 키우는 것은 쉽다. 농장개체의 유통이 많아서 입수도 어렵지 않으므로 적극적으로 활용하고 싶다.

라게난드라 오바타
Lagenandra ovata

천남성과
분포 : 인도, 스리랑카
광량 : 🟨 CO_2양 : 🔵 저상 : 🔺🔺

자생지에서는 높이 100cm 이상 자라는 대형 수초지만 수조 안에서는 반 정도의 사이즈. 그래도 수심 45cm 수조 정도는 사용해야 한다. 잎은 좁은 난형부터 피침형, 장방형, 밝고 아름다운 녹색을 띠고 있다. 크기에 신경쓰지 않는다면 육성은 쉽다. 잎의 색이 연해지는 것 같다면 저상비료를 사용해보자. 동속 종류 중에서는 유일하게 인도와 스리랑카, 양쪽에 분포해 있다. 테라리움에 사용하여 특이한 꽃을 즐기는 것도 재미있다.

라게난드라 '루빈 하이 레드'
Lagenandra 'Rubin Hi Red'

천남성과
분포 : 인도
광량 : 🟨 CO_2양 : 🔵 저상 : 🔺🔺

개성적인 깊은 적동색이 특징인 라게난드라의 일종. 아마도 톡시카리아종의 동색 잎 타입이라 생각된다. 이런 색을 띠고 수조 안에서도 대형화되는 품종은 달리 없다. 조합방법에 따라서 지금까지 없었던 새로운 레이아웃이 가능해지는 귀중한 재료가 될 것이다. 육성은 쉽다. 빛을 충분히 비춰주고 저상비료를 사용하여 제대로 된 색을 끌어내보자.

라게난드라 톡시카리아
Lagenandra toxicaria

천남성과
분포 : 인도
광량 : 🟨 CO_2양 : 🔵 저상 : 🔺🔺

잎은 장방형 또는 난형, 길이 15~35cm. 폭 6~12cm, 전체 높이 70~80cm. 수조 안에서는 약간 가늘어지고 높이는 30~40cm. 아누비아스 글라브라와 비슷한 모습이 된다. 수조재배에 적합하며 CO_2를 첨가하지 않아도 자랄 정도로 튼튼해서 육성은 쉽다. 토란처럼 줄기와 잎에 옥살산칼슘이 있어서 심을 때 잎이나 줄기의 단면에 닿으면 통증을 느낄 수 있으므로 주의하자.

에키노도루스 데쿰벤스
Echinodorus decumbens

택사과
분포 : 브라질 동부
광량 : 🟨 CO_2양 : 🔵 저상 : 🔺🔺

우루과이엔시스와는 분위기가 다른 가는 잎 계열의 에키노도루스이며 약간 단단하고 직선적인 이미지라서 와일드한 느낌을 강하게 내뿜는다. 침수엽은 길이 10~20cm, 폭 0.5~1.5cm이며 긴 잎자루를 가지고 있어 높이 50cm, 그 이상이 되는 경우도 있다. 잎을 펼치지 않고 닫은 채로 위로 자라기 때문에 높이는 높지만 사이즈에 비해 방해가 되지 않는다. 비교적 고온에 강하고 중성 전후에서 잘 자란다.

아마존 소드 플랜트
Echinodorus grisebachii 'Amazonicus'

택사과
분포 : 브라질 아마존
광량 : ▫ CO_2양 : ● 저상 : ▲ ▲

높이 30~50cm, 수조에서는 통상적으로 40cm이며 엽신의 길이 30cm, 폭 1.5~3cm, 잎자루는 10cm 정도. 수심 50~100cm에서 자생하기 때문에 약한 조명에도 적응한다. 하지만 블레헤리에 비하면 왕성하게 생장하는 타입은 아니므로 특히 수상에서 수중으로 이행하는 기간만이라도 조명을 강하게 비춰주면 좋다. 예전부터 수초의 왕이라 불렸던 만큼 20장 이상 뭉쳐서 나면 멋진 장식이 된다.

브로드 리프 아마존 소드 플랜트
Echinodorus grisebachii 'Bleherae'

택사과 / 별명 : 에키노도루스 '블레헤리'
분포 : 불명
광량 : ▫ CO_2양 : ● 저상 : ▲ ▲

높이 60cm 이상이며 엽신은 길이 50cm 정도, 폭 4~9cm. 3배체이고 아마조니쿠스보다 폭이 넓고 대형으로 자라는 튼튼한 종. 육성은 아마조니쿠스와 마찬가지로 CO_2 등의 특별한 설비는 필요하지 않다. 포인트는 한 번 심었으면 옮기지 않는 것과, 저상에 비료를 주는 것이다. 수온이 낮으면 영양흡수가 둔해져서 저상비료를 줘도 잎의 색이 연해진다. 찬찬히 시간을 들여 크게 키우면 굉장히 멋지다.

에키노도루스 마요르
Echinodorus major

택사과 / 별명 : 러플 소드 플랜트
분포 : 브라질
광량 : ▫ CO_2양 : ● 저상 : ▲ ▲

밝은 녹색의 침수엽은 가장자리가 크게 물결치고 높이 45~60cm다. 독특하게 투명한 느낌이 나고 질감은 단단할 것 같다. 기본적으로 튼튼하지만 아마조니쿠스에 비하면 생장은 느리다. 비료가 부족해지면 생장불량으로 인해 소형화되기 쉽기 때문에 저상비료가 중요한 포인트가 된다. CO_2 첨가도 효과를 발휘한다. 오래전부터 유통되는 일반종이지만 귀중한 녹색계열 에키노도루스로서 높은 인기를 유지하고 있다.

에키노도루스 우루과이엔시스
Echinodorus uruguayensis

택사과
분포 : 북동아르헨티나, 파라과이, 우루과이, 남브라질
광량 : ▫ CO_2양 : ● 저상 : ▲ ▲

침수엽의 길이는 30~60cm, 폭 2~3cm, 진한 녹색. 비료가 부족하면 바로 연한 녹색이 되므로 비료가 유효하다. 온도 허용범위가 넓어서 18~28℃다. 가늘고 긴 잎은 그다지 옆으로 펼쳐지지 않고 세로방향으로 전개하기 때문에 공간을 많이 차지하지 않는다. 녹색계열 에키노도루스 중에서는 상당히 높은 인기를 자랑한다. 최근의 분류에서 호레마니 등의 몇몇 종들이 같은 종으로 합쳐졌지만 의견은 다양하다.

에키노도루스 호레마니
Eleocharis uruguayensis
(*Echinodorus horemanii*)

택사과 / 분포 : 브라질 남부
광량 : ▫ CO_2양 : ● 저상 : ▲ ▲

우루과이엔시스의 잎을 넓게 만든 것 같은 모습이며 40cm가 넘는 대형종. 독특하게 투명한 느낌이 나는 잎의 색은 진한 올리브그린부터 검은색에 가까운 적색. 진한 녹색계열 에키노도루스가 많이 소개된 후에도 대표적이라면 본종을 지목하며 여전히 에키노도루스의 최고봉에 군림하고 있다. 육성자체는 어렵지 않다. 크기에서 느껴지는 압도적인 존재감 때문에 레이아웃의 주역 이외에는 생각하기 어렵다.

브릭샤 아우버티
Blyxa aubertii

자라풀과 / 별명 : 올챙이자리 / 분포 : 한국(중부이남), 일본, 인도, 스리랑카, 오스트레일리아
광량 : ▫ ▫ CO_2양 : ● ● 저상 : ▲

근생하고 잎은 피침형, 길이 10~30cm, 폭 3~9mm이며 밝은 녹색 또는 적색 빛을 띠는 경우도 있다. 종자는 방추형이고 양쪽 끝에 미상돌기는 없다. 비슷하게 생긴 에키노스페르마종은 종자의 양 끝에 미상돌기가 있다는 점이 다르다. 두 종류의 잎의 형태가 같기 때문에 과실을 확인하지 않고 잎만 봐서는 식별이 불가능하다. 둘 다 유통되는 개체는 거의 외국산. 센터를 맡을 수 있는 아름다운 수초이기도 하다.

후 경

아나카리스
Egeria densa

자라풀과 / 별명 : 에게리아 덴사
분포 : 남미
광량 : 🟨　　CO$_2$양 : 🔵　　저상 : 🔺🔺

잎은 넓은 선형이고 길이 1.5~4cm, 폭 2~4.5mm, 잎의 가장자리에 자잘한 톱니가 있지만 눈에 띄지 않는다. 각 마디에서 3~5윤생, 최대 8윤생, 통상적으로 4윤생한다. 일본에서는 예전에 실험식물로서 수입된 것이 일본 각지에 귀화했다. 전 세계에서 널리 귀화하고 있어 문제시되고 있다. 추위에도 강하고 튼튼하며 키우기 쉬운 수초인 만큼 실외로 나가 야생화되지 않도록 주의해야 한다. 금어조로 사용되기도 한다.

검정말
Hydrilla verticillata

자라풀과 / 별명 : 히드릴라 버티실라타
분포 : 아시아, 유럽, 아프리카에 널리 분포
광량 : 🟨　　CO$_2$양 : 🔵　　저상 : 🔺🔺

잎은 선형 또는 선상피침형이고 잎의 길이 1~2cm, 폭 1~3mm, 최고 12윤생한다고 하지만 각 마디에서 3~8윤생, 보통은 6윤생이고 톱니가 눈에 띄는데, 위와 같은 점에서 엘로데아나 에게리아와 구별은 가능하지만 생육상황에 따라 헷갈리는 경우도 많다. 산지에 따른 형태 차이도 적지 않다. 국내산, 외국산 둘 다 유통되고 있으므로 주의. 국내산이라고 해도 실외로 나가게 해서는 안 된다.

라가로시폰 마요르
Lagarosiphon major

자라풀과 / 별명 : 쿠로모모도키
분포 : 아프리카 남부
광량 : 🟨　　CO$_2$양 : 🔵　　저상 : 🔺🔺

유럽에서는 100년 이상 전부터 이용되어온 전통적인 아쿠아리움 플랜츠. 잎은 선형이고 길이 1.1~2cm, 폭 1.5~3mm. 진한 녹색을 띠고 있고 줄기에서 나선형으로 자라면서 현저하게 뒤로 젖혀지는 것이 가장 큰 특징. 환경적응력이 높고 수조에 적응하면 상당히 튼튼하다. 영양번식에 능해서 왕성하게 분지하며 증식한다. 추위에도 강하기 때문에 메다카 수반 등에도 사용할 수 있지만 실외로 나가는 것에는 주의해야 한다.

네차만드라 알터니폴리아
Nechamandra alternifolia

자라풀과
분포 : 인도, 방글라데시
광량 : 🟨🟨　　CO$_2$양 : 🔵🔵　　저상 : 🔺

잎은 선형이고 길이 1.5~6cm, 폭 2~6mm, 전체 길이는 100cm 정도지만 유경형이므로 어느 정도 트리밍으로 컨트롤할 수 있다. 유통되는 개체는 투명한 느낌이 나는 녹색을 띠는 경우가 많지만 필드 리포트에서는 매력적인 적색도 보고되고 있다. 고광량과 낮은 pH, 풍부한 영양분이 키포인트. 육성방법은 브릭샤와 같다. 마디와 마디 사이가 길어서 많이 심어놓으면 보기에 좋다.

네차만드라 앙구스티폴리아
Nechamandra alternifolia subsp. *angustifolia*

자라풀과 / 별명 : 브릭샤 비에티
분포 : 미얀마, 중국 남부, 타이 북부 (베트남, 캄보디아, 라오스?)
광량 : 🟨🟨　　CO$_2$양 : 🔵🔵　　저상 : 🔺

전에는 브릭샤 비에티로 불렸지만 2014년에 네차만드라 알터니폴리아의 아종으로 기재되었다. 잎은 선형이고 끝부분이 날카로우며 잎의 길이는 3~5cm, 폭 0.7~2mm, 잎의 가장자리에 자잘한 톱니가 있다. 발리스네리아 콜렛센스처럼 러너를 뻗어서 증식한다. 육성방법 등은 알터니폴리아와 같고 특징인 가는 잎이 레이아웃에 사용하기에 적합하다. 유통되고 있는 것은 베트남 중부 다낭 근교산.

아마존 오텔리아
Ottelia brasiliensis

자라풀과
분포 : 브라질, 파라과이, 아르헨티나
광량 : 🟨🟨　　CO$_2$양 : 🔵🔵　　저상 : 🔺

잎은 선형, 또는 도피침형, 타원형, 주걱형 등이며 전체 높이가 최대 200cm가 되는 경우도 있지만 수조에서는 그렇게까지 커지지는 않는다. 잎의 색은 녹색 또는 적색 빛을 띤 갈색, 적갈색의 짧은 줄무늬가 들어가는 경우도 있다. 남미를 대표하는 재배난종. 고광량, CO$_2$ 첨가, 부지런한 환수, 낮은 pH가 유효하다. 현지정보에 의하면 수류가 있는 장소에 자생하고 있다고 하니 그런 점도 참고하기 바란다.

아프리칸 오텔리아
Ottelia ulvifolia

자라풀과
분포 : 아프리카 , 마다가스카르
광량 : 🟨🟨   CO₂양 : 🔵🔵   저상 : 🔺

자주 볼 수 있는 가늘고 긴 형태이고 호피무늬가 들어간 타입과 오발리폴리아와 비슷한 타원형 타입이 있으며 유통되는 것은 전자. 잎의 길이 30~45cm, 폭 6~10cm, 잎자루가 10~30cm이며 전체 높이는 75cm 정도. 밝은 녹색에 적갈색 호피무늬가 들어간다. 유통되는 동속의 종류 중에서는 가장 육성이 쉽다. 세로방향으로 자라기 때문에 레이아웃에 사용하기 편하고 대형수조의 후경에 많이 사용된다.

나사말
Vallisneria asiatica

자라풀과
분포 : 아시아
광량 : 🟨   CO₂양 : 🔵   저상 : 🔺🔺

잎의 길이 10~80cm, 폭 0.3~0.9cm, 잎의 끝부분은 뾰족하거나 둔하다. 잎의 상부 가장자리에 톱니가 있다. 지표면에서 나온 가지에는 돌기가 없고 까칠하지 않다. 일본의 최근 연구에서 본종이라 생각되는 개체들 대부분에 교잡종이 섞여 있다는 보고가 있었다. 이 교잡종은 덴세세룰라타종과 스피랄리스종의 잡종이며 해외에서 교잡한 것이 어떤 원인에 의해 일본에 들어와서 정착한 것이라 여겨진다.

발리스네리아 아시아티카 비와엔시스 🔰
Vallisneria asiatica var. biwaensis

자라풀과 / 별명 : 스크류 발리스네리아
분포 : 일본 킨키지방
광량 : 🟨   CO₂양 : 🔵   저상 : 🔺🔺

나사말의 변종이며 종명의 유래인 비와호수와 같은 수계의 하천에 자생하는 일본 고유종이다. 길이 10~60cm, 폭 0.5~0.8cm이며 잎은 나선형으로 뒤틀려 있다. 잎의 가장자리 전체에 톱니가 들어가 눈에 띄는 것도 특징이다. 수조에서는 높이 20~40cm이고 후경에 적합. 잎이 뒤틀리는 것은 본종만의 특징은 아니고 해외의 다른 종에서도 볼 수 있으며 수초로서 몇 타입이 유통되고 있다.

발리스네리아 마모르
Vallisneria australis 'Marmor'

자라풀과 / 별명 : 뉴 타이거 발리스네리아
분포 : 개량품종
광량 : 🟨   CO₂양 : 🔵   저상 : 🔺🔺

잎의 길이 200cm, 폭 3cm나 된다고 하지만 수조 안에서는 그 반 정도다. 잎 전체가 적색 빛을 띠고 있고 적갈색의 호피무늬가 빽빽이 들어가 있는 아름다운 종류다. 싱가포르의 농장에서 'Rubra' 타입 사이에서 출현한 것이라고 알려져 있다. 광량이 많을수록 잎의 색과 무늬가 진해지므로 후경에 적합하지만 제대로 빛을 비춰줘야 한다. 다른 호피무늬를 가진 수초와 조합해도 재미있을 것이다.

오스트레일리아 나사말
Vallisneria australis

자라풀과 / 별명 : 자이언트 발리스네리아
분포 : 오스트레일리아
광량 : 🟨   CO₂양 : 🔵   저상 : 🔺🔺

2008년에 발표된 연구에서 V.gigantea는 V.nana와 같은 종일 가능성이 상당히 많다는 것이 밝혀졌다. 이때 신분류군으로 만들어진 V.australis가 "gigantea"로 일부 유통되고 있다는 사실을 알게 되었다. 또한 2016년 일본 내에서 실시된 연구에서도 유통개체 중 일부가 일치되는 개체를 발견하게 되었고, 동시에 오스트레일리아 나사말이라는 유통명이 제안되었다. 사진의 개체는 싱가포르에서 입하된 그린 타입이다.

발리스네리아 덴세세룰라타
Vallisneria denseserrulata

자라풀과
분포 : 일본 , 중국
광량 : 🟨   CO₂양 : 🔵   저상 : 🔺🔺

같은 속에 속한 종류 중에서 유일하게 번식아를 형성한다는 특이한 생태를 가지고 있다. 잎은 길이 10~60cm, 폭 0.5~1.1cm, 끝부분이 뾰족하거나 둔하고 잎의 가장자리부터 러너까지 눈에 띄는 톱니가 들어가 있다. 가을이 되면 월동모드에 들어가 번식아를 형성하고 잎을 떨어뜨려버리므로 계절을 느끼지 못하도록 조명의 조사시간을 길게 하고 수온을 올리고 CO₂ 첨가를 제대로 하는 등, 사전에 대응책을 마련해보기 바란다.

후경

발리스네리아 나나 '리틀 야바 크릭'
Vallisneria nana 'Little Yabba Creek'

자라풀과
분포 : 오스트레일리아
광량 : 🟨　CO₂양 : 🔵　저상 : 🔺🔺

나나는 오스트레일리아의 각 주에 걸쳐 널리 분포해 있기 때문에 지역차가 있다. 잎의 길이와 폭도 변이가 다양하고 잎의 색과 무늬가 들어가는 방식도 다양하다. 본종은 퀸즐랜드주의 작은 강에 있는 타입이며 암녹색의 가는 잎에 진한 스팟 무늬가 들어가는 것이 특징이다. 같은 장소에 서식하는 네오케라토두스나 메리 리버 거북 대신에 뱀목거북과 종류와 조합해도 재미있을 것이다.

발리스네리아 나나
Vallisneria nana

자라풀과
분포 : 오스트레일리아
광량 : 🟨　CO₂양 : 🔵　저상 : 🔺🔺

폭 0.1~0.25cm의 가는 잎이 특징. 길이는 120~200cm지만 수조 안에서는 60~80cm 정도에서 멈추는 경우가 대부분이다. 광량이 많을수록 높이가 낮아지는 경향이 강하다. 끝부분이 뾰족하고 선단 부근에 작은 톱니가 들어가 있다. 적갈색의 짧은 호피무늬가 있고 광량이 많으면 현저하게 나타난다. 육성이 쉬운데다 가느다란 모습이 스타일리쉬해서 후경용 발리스네리아 중에서 가장 인기가 높은 종류다.

발리스네리아 '루브라'
Vallisneria natans 'Rubra'

자라풀과
별명 : 발리스네리아 스피랄리스 레드
개량품종
광량 : 🟨　CO₂양 : 🔵　저상 : 🔺🔺

자이언트 발리스네리아의 루브라와는 다른 종류이며 일반적으로 판매되고 있는 발리스네리아 중에서는 가장 붉게 물든다. 수조 안에서는 녹색을 띠고 있어도 자생지의 얕고 빛이 잘 드는 환경에서는 진한 적색 빛을 띠는 종류는 적지 않지만 본종은 수조 안에서도 적색으로 발색한다. 잎의 끝이 샤프하고 가장자리에 눈에 띄는 톱니가 들어가 있다. 육성의 기본은 다른 종과 같지만 빛은 강한 편이 좋다.

슬렌더 발리스네리아
Vallisneria 'Slender'

자라풀과
분포 : 불명(일본?)
광량 : 🟨　CO₂양 : 🔵　저상 : 🔺🔺

비슷하게 생긴 나나와는 다른 계통의 극세종. 본종에는 호피무늬가 들어가지 않고 나나처럼 잎 끝으로 갈수록 점점 샤프해지는 것이 아니라 선단 가까이에서 갑자기 뾰족해지는 등의 차이로 구별할 수 있다. 나나가 유통되기 전부터 일본 내에서 유통되고 있던 "미니 미니 테이프"와 같은 종이라 생각된다. 이것은 일본 토쿠시마현 원산이라는 정보도 있어 상당히 흥미롭다. 아름다운 녹색을 띠고 있어 청량감을 연출할 수 있다.

발리스네리아 콘토쇼니스트
Vallisneria spiralis 'contortionist'

자라풀과 / 별명 : 코르크스크류 발리스네리아 / 개량품종
광량 : ■ CO_2양 : ● 저상 : ▲ ▲

잎의 길이 60~70cm, 폭 0.3~0.5cm. 스크류 타입의 발리스네리아 중 하나다. 잎의 부드러움은 같은 속 종류 중에서 최고일 것이다. 만져보면 바로 알 수 있을 정도로 특징적이다. 그래서인지 수송 중에 상처를 입기 쉬운 것이 난점이다. 수조에 적응한 개체는 노멀 종류와 마찬가지로 간단히 키울 수 있다. 잎이 가늘어서 레이아웃에 사용해도 촌스러운 느낌이 들지 않는다. 광량이 많을수록 강하게 뒤틀린다.

발리스네리아 스피랄리스
Vallisneria spiralis

자라풀과 / 분포 : 아프리카, 유럽
광량 : ■ CO_2양 : ● 저상 : ▲ ▲

리본모양의 잎은 선형이고, 길이 50~200cm, 폭 0.5~1.5cm. 수조 안에서는 길이 50cm 정도. 상당히 튼튼해서 저상재는 오이소 모래이건 소일이건 상관이 없고 수질도 경수, 연수를 따지지 않는다. 밝기, 연색성, 색온도가 낮아서 수초에 유효한 파장이 약한 일반적인 관상어용 조명으로도 키울 수 있다. CO_2 첨가와 비료도 기본적으로는 필요하지 않다. 그야말로 초보자용 수초의 대표라고 할 수 있다.

아포노게톤 보이비니아누스
Aponogeton boivinianus

아포노게톤과
분포 : 마다가스카르
광량 : ■ CO_2양 : ● 저상 : ▲ ▲

덩이줄기는 색, 형태 모두 밤과 비슷한 찌부러진 구형이고 직경 3cm. 털은 없고 매끄럽다. 잎자루는 13~22cm, 잎의 길이 30~60cm, 폭 1.5~8cm, 잎의 색은 투명한 느낌의 다크그린이며 엽맥을 따라서 울퉁불퉁한 것이 특징. 70cm 정도인 꽃자루 끝에 길이 20cm 정도의 수상화서가 2개, 드물게 3개 나온다. 화피편은 백색 또는 핑크색. 현지에서는 밤과 비슷한 맛을 가진 덩이줄기를 먹는다고 한다.

아포노게톤 카푸로니
Aponogeton capuronii

아포노게톤과
분포 : 마다가스카르
광량 : ■ CO_2양 : ● 저상 : ▲ ▲

덩이줄기의 길이는 10cm, 직경 2~3cm. 잎자루는 7~20cm, 잎의 길이는 20~40cm, 폭 3~4.5cm, 잎의 색은 다크그린 또는 올리브그린이며 잎의 가장자리가 크게 물결치고 뒤틀려있는 것처럼 보인다. 40~60cm 정도인 꽃자루 끝에 길이 14cm 정도의 수상화서가 2개, 드물게 3개 나온다. 화피편은 백색. 심기 전에 저상이 청결한지 주의를 기울이면 잘 자라게 된다.

아포노게톤 크리스푸스 '레드'
Aponogeton crispus 'Red'

아포노게톤과 / 개량품종
광량 : 🟨　CO_2양 : 🔵　저상 : 🔺🔺

크리스푸스 중에서 선별고정된 것이라 생각되는, 잎이 적색 빛을 띠고 있는 레드 타입. 덴마크의 농장에서 입하된 인기종이다. 잘 키우면 진한 와인레드로 물들어 다른 종에게는 없는 아름다움을 내뿜는다. 그러려면 강한 빛, CO_2 첨가 외에 소일계 저상재 사용이 유효하다. 볼비티스 같은 진한 녹색 양치식물과 조합하면 화려함이 두드러지지 않고 자연스러운 악센트로 사용할 수 있다.

아포노게톤 크리스푸스
Aponogeton crispus

아포노게톤과 / 분포 : 인도 , 스리랑카
광량 : 🟨　CO_2양 : 🔵　저상 : 🔺🔺

덩이줄기는 길이 5cm이며 전체에 털이 있다. 잎자루는 10cm, 잎의 길이는 50cm, 폭 4.5cm, 잎의 색은 라이트그린 또는 적갈색이며 가장자리는 자잘하게 주름져 있다. 부엽은 길이 20cm, 폭 5cm. 75cm 정도로 자라는 꽃자루 끝에 길이 13cm 정도의 수상화서가 1개 나온다. 화피편은 핑크, 연한 보라색. CO_2를 첨가하지 않아도 수중엽을 유지하기 쉽고 육성이 쉬워서 아포노게톤의 입문종으로 최적이다.

아포노게톤 '랑카'
Aponogeton 'Lanka'

아포노게톤과 / 개량품종
광량 : 🟨　CO_2양 : 🔵　저상 : 🔺🔺

스리랑카산 크리스푸스와 야콥세니의 교잡종. 잎의 형태와 색 등에 야콥세니의 형질이 진하게 드러나 있다. 덩이줄기는 짧고 잎자루는 15~50cm, 잎의 길이 15~25cm, 폭 3~8cm, 좁은 난형이고 연한 갈색 또는 적갈색, 잎의 가장자리는 자잘하게 물결친다. 70cm 정도인 꽃자루 끝에 수상화서가 1개 나온다. 화피편은 백색. 육성 자체는 어렵지 않지만 빛이 약하면 잎자루가 길어진다.

아포노게톤 롱기플루물로서스
Aponogeton longiplumulosus

아포노게톤과 / 분포 : 마다가스카르
광량 : 🟨　CO_2양 : 🔵　저상 : 🔺🔺

덩이줄기는 구형 또는 타원형이고 직경 2cm. 잎자루는 18cm, 잎의 길이는 40~60cm, 폭 1.5~4cm, 잎의 색은 약간 진한 그린이며 카푸로니만큼은 아니지만 잎의 가장자리가 크게 물결친다. 꽃자루는 길이 150cm까지 자라는 경우가 있고 그 끝에 길이 12.5cm 수상화서가 보통은 2개, 드물게 1개 또는 3개, 4개 나온다. 화피편은 핑크 또는 보라색이며 드물게 하얀색도 있다. 산지가 같은 종류들 중에서는 키우기 쉬운 편에 속한다.

마다가스카르 레이스 플랜트 (성긴 그물 타입) fenestralis

Aponogeton madagascariensis 'fenestralis'

아포노게톤과
분포 : 마다가스카르, 모리셔스
광량 : ■ CO₂양 : ● 저상 : ▲ ▲

잎의 엽맥만 남고 구멍이 뚫려 있는, 그물처럼 레이스 모양인 것이 최대 특징이며 가장 유명한 수초 중 하나. 본종은 그물코가 크고 규칙적인 성긴 그물 레이스 플랜트 타입이다. 이전에는 페네스트랄리스나 마요르라고 불렸지만 현재는 마다가스카리엔시스로 통일되었다. 모든 타입이 빈번한 환수를 좋아해서 부지런히 환수하면 60cm 수조에서도 많은 잎이 달린 멋진 모습으로 자란다.

마다가스카르 레이스 플랜트 (가는 잎 타입)

Aponogeton madagascariensis

아포노게톤과
분포 : 마다가스카르, 모리셔스
광량 : ■ CO₂양 : ● 저상 : ▲ ▲

잎의 폭이 좁고 그물코가 작은, 가는 잎 레이스 플랜트 타입. 이전에는 베르니에리아누스나 길로티로 불린 적도 있었지만 현재는 마다가스카리엔시스로 통일되었다. 현재도 예전 이름으로 판매되는 경우가 있는데, 농장에서 출하되는 시점부터 혼란이 일어나기도 하므로 너무 이름에 휘둘리지 말고 잎의 형태를 확인하는 편이 좋다.

마다가스카르 레이스 플랜트(넓은 잎 타입) henkelianus

Aponogeton madagascariensis 'henkelianus'

아포노게톤과 / 분포 : 마다가스카르, 모리셔스
광량 : ■ CO₂양 : ● 저상 : ▲ ▲

덩이줄기는 원통형이고 길이 10cm, 직경 2~3cm. 잎자루는 10~20cm, 잎의 길이는 60~100cm, 폭 1.5~18cm, 잎의 색은 라이트그린 또는 갈색, 꽃자루가 길어서 130cm까지 자라는 경우가 있고 그 끝에 길이 9~20cm의 수상화서가 1~6개 나온다. 화피편은 하얀색, 핑크 또는 보라색. 사진의 개체는 구 헨켈리아누스종이며 그물코가 불규칙하고 넓은 잎 레이스 플랜트 타입이다.

아포노게톤 토푸스

Aponogeton tofus

아포노게톤과 / 분포 : 오스트레일리아
광량 : ■ CO₂양 : ● 저상 : ▲ ▲

덩이줄기는 길이 1~3cm, 직경 1~2cm. 잎자루는 23~50cm, 잎의 길이는 23~35cm, 폭 1.4~2.5cm, 선형 또는 타원형이고 잎의 가장자리는 평평하거나 약간 물결친다. 부엽은 난형 또는 타원형, 길이 11cm, 잎의 색은 녹색 또는 적갈색을 띠고 잎자루는 64cm. 29~107cm의 꽃자루 끝에 길이 17cm 정도의 수상화서가 1~2개 나온다. 화피편은 황색. 녹색의 잎은 강한 빛을 받으면 적색 빛을 띠게 된다.

아포노게톤 울바세우스

Aponogeton ulvaceus

아포노게톤과
분포 : 마다가스카르
광량 : 🟨　CO_2양 : 🔵　저상 : 🔺🔺

덩이줄기는 직경 2cm. 잎자루는 50cm, 잎의 길이 45cm, 폭 2~8cm, 잎의 색은 라이트그린이며 잎 전체가 크게 물결치는 아름다운 대형종. 80cm의 꽃자루 끝에 길이 15cm 정도의 수상화서가 2개 나온다. 화피편은 백색, 황색, 보라색. 교잡하기 쉬운 성질을 가지고 있어 마다가스카리엔시스, 보이비니아누스, 크리스푸스, 나탄스 등과의 잡종이 보고되고 있다. 육생은 쉬운 부류.

아포노게톤 운둘라투스

Aponogeton undulatus

아포노게톤과
분포 : 남아시아~동남아시아
광량 : 🟨　CO_2양 : 🔵　저상 : 🔺🔺

덩이줄기는 난형 또는 타원형이고 2.5cm. 크리스푸스와 같은 털은 없고 매끄럽다. 잎자루는 35cm, 잎의 길이 20~25cm, 폭 0.8~4.2cm, 잎의 색은 다크그린이며 잎의 가장자리는 완만하게 물결친다. 55cm의 꽃자루 끝에 길이 11.5cm 정도의 수상화서가 1개 나온다. 화피편은 백색 또는 핑크색. 본종은 부정아에 의해 유식물이 형성된다는 특징을 가지고 있어 증식을 즐기는 것도 쉽다.

아포노게톤 스타치오스포루스

Aponogeton undulatus

아포노게톤과
분포 : 불명
광량 : 🟨　CO_2양 : 🔵　저상 : 🔺🔺

스타치오스포루스(*A. stachyosporus*)는 현재 무효한 학명이지만 타이의 농장에서 이 타입이라 생각되는 것이 입하된다. 가장 큰 특징은 엽맥 사이의 곳곳에 색이 빠진 것 같은, 창문이라 불리는 무늬가 생기는 운둘라투스의 성질이 현저하다는 것이다. 수초다운 모습을 만끽할 수 있는 아름다운 종류다. 후경에서 나부끼게 해서 빛을 받는 창문을 즐기고 싶다.

포타모게톤 옥탄드루스

Potamogeton octandrus

가래과 / 별명 : 애기가래
분포 : 일본, 아시아, 아프리카
광량 : 🟨　CO_2양 : 🔵　저상 : 🔺🔺

투명한 느낌이 나는 밝은 녹색을 띠고 있고 길게 뻗어 있는 잎은 선형이며 증식도 쉽다. 후경에 사용하기에 최적인 유경초. 본종은 한국에도 자생하고 있지만 아쿠아리움에서 사용되는 것은 동남아시아의 농장에서 입하된 외국산이다. 이와 같은 사례는 다른 종류에서도 많이 볼 수 있다. 실외로 나가 야생화되면 생태계에 피해를 줄 수 있으므로 주의하도록 하자.

말

Potamogeton oxyphyllus

가래과 / 별명 : 버들말즘, 버들잎가래
분포 : 한반도, 아시아 동부
광량 : 🟨　CO_2양 : 🔵　저상 : 🔺🔺

길이 5~12cm, 폭 2~5mm의 잎은 새우가래와 같은 톱니가 없고 가장자리가 매끄러우며 끝부분은 뾰족하다. 넓은 범위에서 많이 볼 수 있는 보통종. 하수가 흐르는 더러운 강에서도 볼 수 있을 정도로 튼튼하다. 수류가 있는 장소에 서식하며 수조 안에서도 후경의 수류가 닿는 장소에 배치하면 부드러운 잎이 흔들리며 분위기를 좋게 만들어 준다. 밝은 녹색이라 많은 색과 조합하기 쉽다.

포타모게톤 라이티

Potamogeton wrightii

가래과
분포 : 일본, 아시아 동부, 인도, 뉴기니
광량 : 🟨　CO_2양 : 🔵　저상 : 🔺🔺

엽신은 긴 타원형의 선형 또는 좁은 피침형이고 길이 5~30cm, 폭 1~2.5cm, 잎자루도 10cm 이상 자라는 경우도 있지만 수조 안에서는 그렇게까지 크게 자라지는 않는다. 밝은 녹색으로 물드는 잎은 투명한 느낌이 나고 그곳에 선명하게 들어가는 엽맥의 아름다움은 근연종인 좁은잎말이나 인바엔시스에 뒤지지 않는다. 마디와 마디 사이가 넓어서 발리스네리아 나나 등의 다른 후경초와 섞어 심으면 보기에 좋다.

크리넘 칼라미스트라툼
Crinum calamistratum

수선화과
별명 : 크리넘 아쿠아티카 내로우리프
분포 : 카메룬
광량 : 🟨　CO₂양 : 🔵　저상 : 🔺🔺

잎의 길이 70~100cm, 폭 0.2~0.7cm. 가늘고 긴 잎이 자잘하고 강하게 물결치는 특징적인 모습. 진한 녹색을 띠고 있고 크리넘스러운 고운 질감이 보기에 좋다. 생장은 느리지만 크게 키우면 멋지다. 저상비료를 주면 효과적이다. 이끼가 발생하지 않도록 환수를 자주 하는 것이 좋다. 같은 지역에 서식하는 아누비아스와는 외견도, 육성 환경도 상성이 좋다. 더치 아쿠아리움에서도 자주 쓰이는 후경초다.

크리넘 나탄스
Crinum natans

수선화과
분포 : 서아프리카
광량 : 🟨　CO₂양 : 🔵　저상 : 🔺🔺

개성적인 모습이 눈길을 끄는 존재. 양파 같은 덩이줄기는 직경 1~4.5cm, 잎의 길이 140cm, 폭 2~5cm, 엽신은 통상적으로 강하게 물결치지만 드물게 평평한 것도 있다. 이 겉모습의 큰 차이 때문에 이전에는 각각 다른 종으로 취급한 적도 있다. 잎의 색은 진한 녹색. 영양이 부족하면 색이 연해지므로 상시 저상비료를 추가해야 한다. 대형으로 자라는 수초이므로 수심이 깊은 수조에서 즐기기 바란다.

플로스코파 스칸덴스
Floscopa scandens

닭의장풀과
분포 : 동남아시아, 남아시아, 오스트레일리아
광량 : 🟨　CO₂양 : 🔵　저상 : 🔺🔺

침수엽은 피침형이고 길이 8cm, 폭 2cm, 잎의 가장자리가 물결친다. 표면은 녹백색, 뒷면은 핑크색으로 물든다. 가지가 직립 또는 비슷히 자라는 대형 유경초. 잎은 어긋나기, 눈에 띄는 엽초가 있어서인지 대나무를 떠올리기 쉽고 분포역을 포함하여 서양에서는 오리엔털 분위기라고 느끼고 있는 것 같다. 확실히 폴리고눔이나 포타모게톤과의 상성이 좋다. 비슷한 색조의 로탈라 와야나드와 조합하는 것도 추천한다.

에이크호르니아 아주레아
Eichhornia azurea

물옥잠과
분포 : 남미 (열대부터 아열대의 미국대륙)
광량 : 🟨　CO₂양 : 🔵　저상 : 🔺

부유 또는 침수식물. 부유형은 부레옥잠과 비슷하지만 그보다는 작다. 꽃도 작지만 15cm의 총상화서에 2배 정도 되는 꽃이 50개 정도 달린다. 침수형은 길이 10~25cm, 폭 1cm의 선형이고 밝은 녹색의 잎이 어긋나기로 자라면서 평면적으로 달린다. 남미를 대표하는 아쿠아리움 플랜츠이며 개성이 넘치는 모습이라 수초 중에서도 특별한 존재. 한번쯤은 키워보기 바란다.

에이크호르니아 디버시폴리아
Eichhornia diversifolia

물옥잠과
분포 : 중국, 남미
광량 : 🟨　CO₂양 : 🔵　저상 : 🔺

침수 또는 부유식물. 침수엽은 선형이고 길이 9cm, 폭 2~5cm, 부유엽은 길이 2.6cm, 폭 1.6cm, 잎자루가 2~6cm다. 육성할 때는 소일, 강한 빛, CO₂ 첨가가 필수. 환경이 맞지 않으면 잎이 검게 변하고 시들어버린다. 반대로 환경이 잘 맞으면 생장이 빠르다. 침수엽이 수면에 도달하면 부유형으로 변해버리므로 그 전에 짧게 잘라서 옮겨 심어야 한다. 그러려면 수심이 깊은 수조를 사용하는 것이 좋다.

헤테란테라 두비아
Heteranthera dubia

물옥잠과
분포 : 미국 중부, 동부, 멕시코, 쿠바
광량 : 🟨　CO₂양 : 🔵　저상 : 🔺🔺

잎은 어긋나기로 자라고 선형, 길이 15cm, 폭 6mm로 가늘고 길다. 언뜻 보면 포타모게톤 종류처럼 보이지만 물옥잠과 수초이며 조스테리폴리아를 길게 늘린 것 같은 모습을 하고 있다. 화피편이 청색계가 아니라 황색인 것도 재미있다. 비교적 추위에 강하기 때문에 수반에서 개화를 즐기는 것도 가능하지만 월동에는 방한대책이 필요하다. 수조에서는 역시 후경에 사용하는 것이 일반적이다.

마야카
Mayaca fluviatilis

마야카과
분포 : 미국 남부, 남미
광량 : 🟨   CO₂양 : 🔵   저상 : 🔺🔺

튼튼한 수초라서 일반적인 초보자용 수초로 여겨진다. 특별한 설비 없이도 자라지만 약산성, 강한 빛, CO₂를 첨가한 환경을 갖추면 몰라볼 정도로 아름답게 자란다. 침수엽의 길이는 8~12mm, 폭 1mm 이하. 연한 녹색. 비료부족으로 인해 하얗게 변하기 쉽지만 비료를 주면 바로 돌아온다. 철분이 특히 유효. 루드위지아 인클리나타와 조합하면 현지풍 후경을 만들 수 있다.

라지 마야카
Mayaca sellowiana

마야카과
분포 : 남미
광량 : 🟨🟨   CO₂양 : 🔵🔵   저상 : 🔺

마야카보다 크고 침수엽은 1.2~2cm. 육성조건이 마야카보다는 까다롭고 약산성, 강한 빛, CO₂ 첨가가 필수. 수질 급변으로 인해 잎이 오그라지는 것을 방지하기 위해 pH 강하제를 사용할 때는 수조의 수치에 정확하게 맞춰야 한다. 조건이 잘 맞추면 부드럽고 큰 잎을 전개하고 상당히 아름다운 모습을 보여준다. 잎의 색도 진하고 군생미가 압권. 주연이 될 수 있는 수초다.

판타날 드워프 마야카
Mayaca sp. 'Pantanal Dwarf'

마야카과
분포 : 브라질
광량 : 🟨🟨   CO₂양 : 🔵🔵   저상 : 🔺

잎의 길이는 5mm 정도이며 밝은 녹색. 잎의 끝이 아래쪽으로 휘어져 있는 것이 특징인 소형종. 정아가 가지런하면 보기에 좋으므로 꺾꽂이를 해서 새싹을 나오게 하여 같은 높이로 맞추면 좋다. 동시에 꺾꽂이를 통해 수를 늘려서 군생시키면 존재감도 커지고 박력도 느껴지게 된다. CO₂를 첨가하면 생장이 빨라지고 액비도 효과적. 에리오카우론 세타케움, 토니나 sp. 등과 상성이 좋다. 서로를 돋보이게 해준다.

레드 리프 마야카
Mayaca sp. 'Santarem Red'

마야카과
분포 : 브라질
광량 : 🟨🟨   CO₂양 : 🔵🔵   저상 : 🔺

브라질 산타렝산. 주맥이 붉게 물들어, 전체적으로 보면 희미하게 붉은색 빛이 빛나고 있는 것처럼 보인다. 적색계 수초 중에서도 특징적인 배색이며 로탈라 왈리키 등과는 완전히 인상이 다르다. 소일, 강한 빛, CO₂ 첨가, 약산성 수질에서 아름답게 자란다. 본종뿐만 아니라 마야카 종류 전반은 야마토새우나 시아미즈 플라잉폭스에 의해 먹히는 것을 주의해야 한다.

시페루스 헬페리
Cyperus helferi

사초과 / 분포 : 인도, 미얀마, 타이, 캄보디아, 말레이시아
광량 : 🟨🟨   CO₂양 : 🔵🔵   저상 : 🔺🔺

사초과 중에서는 드물게 수조재배가 가능한 종류. 잎은 최대 길이가 60cm, 폭 9mm. 밝은 녹색. 강한 빛, 그에 알맞은 CO₂ 첨가가 유효하고 저상비료를 주면서 적극적으로 생장을 촉진시키면 아름답게 자란다. 수류가 있는 환경, 신선한 물도 좋아한다. 환수도 제대로 정기적으로 하는 것이 좋다. 1991년부터 타이 남부의 품종이 유통된다. 상쾌한 모습이라 다양한 장면에서 활약할 수 있다.

엘레오카리스 몬테비덴시스
Eleocharis montevidensis

사초과 / 별명 : 샌드 스파이크 러쉬
분포 : 미국
광량 : 🟨   CO₂양 : 🔵   저상 : 🔺🔺

플로리다의 농장에서 입하. 러너 없이 짧은 뿌리줄기를 뻗는다는 점에서 Tropica사의 품종과는 다르다. 몬테비덴시스의 표본에는 두 형태가 다 있고 비슷하게 생긴 종도 많아서 진위여부나 자세한 사항은 알 수 없다. 비비파라와 같은 유식물도 만들지 않기 때문에 늘어나지 않았으면 하는 곳에 배치하기에 적합하다. 시간을 들여 키우면 증식은 가능하다. 이끼가 발생하기 쉬우므로 주의하도록 하자.

엘레오카리스 sp.(엘레오카리스 몬테비덴시스)(Tropica 사)
Eleocharis sp. (Eleocharis montevidensis?)

사초과 / 분포 : 미국
광량 : 🟨   CO₂양 : 🔵   저상 : 🔺🔺

플로리다의 농장에서 입하되는 것과 달리 옆으로 뻗어나가는 땅속줄기가 있고 마디에서 잎이 뭉쳐서 나온다. 헤어글라스를 길게 만든 것 같은 모양이며 높이는 20~40cm. 비슷하게 생긴 비비파라와는 잎 끝에 유식물을 만들지 않는다는 점으로 구별이 가능하다. 유식물이 눈에 띄어서 개운치 않은 경우에 딱 어울리는 종류다. 러너 처리 방법 등, 육성방법은 헤어 글라스와 같다.

엘레오카리스 비비파라
Eleocharis vivipara

사초과
분포 : 미국
광량 : 🟨   CO₂양 : 🔵   저상 : 🔺🔺

키가 커진 헤어 글라스 같은 모습이며 잎의 끝에서 유식물이 나온다. 러너는 뻗지 않지만 이 영양번식 구조를 이용하여 유주를 잘라내서 이식하면 증식시킬 수 있다. 후경에 늘어서 있는 모습에서는 상쾌한 인상이 느껴지고 전경초와 본종만 식재한, 심플한 레이아웃이 인기를 얻고 있다. 빛을 차단하므로 유주가 너무 많아지지 않도록 적절한 시기에 잘라내면 좋다.

퍼플 밤부 글라스
Poaceae sp. 'Purple Bamboo'

벼과
분포 : 동남아시아
광량 : 🟨🟨   CO₂양 : 🔵🔵   저상 : 🔺

수조재배가 가능한 벼과 식물의 일종. 물가에 많은 벼과 식물 중에는 일시적인 관수생활에 내성이 있는 종류도 적지 않은데, 본종도 그와 같은 종류 중 하나다. 수중에서는 보라색으로 변화하여 관상가치가 높다. 이런 색을 띠는 종류는 블랙워터 속에서 볼 수 있다. 빈영양 환경에서도 문제없이 자라지만 pH는 억제하는 편이 좋다. 생장이 빨라서 웃자라기 쉬우므로 깊은 수조가 적합하다.

밀리오필룸 디코쿰
Myriophyllum dicoccum

개미탑과
분포 : 오스트레일리아 (중국 , 베트남 , 인도네시아 , 인도 , 파푸아뉴기니)
광량 : 🟨   CO₂양 : 🔵   저상 : 🔺🔺

침수엽은 우상복엽이고 전장 4cm 정도로 크게 자라는 종류다. 오스트레일리아의 품종을 소개했지만 아시아에도 널리 분포해 있다. 황색 또는 갈색 빛을 띤 녹색 잎과 붉은색 줄기가 잘 어울린다. 빛과 영양분이 부족하면 하얗게 색이 바래기 쉽다. 빨리 개선하면 바로 색이 돌아온다. 기본적으로는 육성이 쉽다. 생장이 빨라서 공간을 많이 차지하므로 대형수조의 후경에 적합하다.

밀리오필룸 헤테로필룸
Myriophyllum heterophyllum

개미탑과
분포 : 미국 동부 , 중부 , 캐나다
광량 : 🟨   CO₂양 : 🔵   저상 : 🔺🔺

미국에서 일반적으로 레드 미리오로 유통되는 것은 본종이다. 침수엽은 4~5윤생하고 우상세열, 길이는 5cm 정도. 자연에서는 적색으로 물드는 경우도 있지만 수조에서는 갈색 빛이 도는 차분한 녹색을 띤다. 줄기는 붉게 물들어서 대비가 아름답다. 차분한 분위기의 대형 밀리오필룸이다. 수심 10m에서 자생한다는 설도 있는데, 확실히 어두운 환경에 강하다. 기본적으로 튼튼하고 육성은 쉽다. 액비가 효과적이다.

밀리오필룸 히푸로이데스
Myriophyllum hippuroides

개미탑과 / 별명 : 그린 미리오
분포 : 미국 , 멕시코
광량 : 🟨   CO₂양 : 🔵   저상 : 🔺🔺

그린 미리오라는 이름으로 유통되는 종류 중의 하나. 침수엽은 4~6윤생하고 우상세열, 길이는 5cm 정도다. 잎의 색은 황록색, 강한 빛을 비추면 약간 적색 빛을 띠는 경우도 있다. 적정온도는 18~28℃이며 강한 빛, CO₂ 첨가, 비료 등의 조건을 갖추면 육성은 쉽고 생장도 빨라서 수조 안에서도 잘 자란다. 루드위지아와의 상성이 좋고 후경에서 차분한 분위기를 연출할 수 있다.

밀리오필룸 파필로숨
Myriophyllum papillosum

개미탑과
분포 : 오스트레일리아 남동부
광량 : 🟨　CO₂양 : 🔵　저상 : 🔺🔺

시물란스와 많이 닮았지만 본종 쪽이 대형으로 자란다. 침수엽은 4~6윤생하고 길이 2.5~4.5cm. 기중엽에 작고 뾰족한 톱니가 눈에 띄게 들어가는 점도 차이점이다. 1m 정도의 수심도 기록되어 있지만 보통은 30cm 정도의 수심에서 자생하고 있는 것이 일반적이다. 육성할 때도 밝은 환경을 좋아한다. 육성방법은 시물란스와 같다. 후경에서 단독보다 다른 종류와 조합하여 즐기고 싶은 종류.

밀리오필룸 핀나툼
Myriophyllum pinnatum

개미탑과 / 별명 : 그린 미리오
분포 : 미국 동부
광량 : 🟨　CO₂양 : 🔵　저상 : 🔺🔺

여러 종이 존재하는, 그린 미리오라 불리는 수초 중 하나. 침수엽은 우상세열, 길이는 4cm, 수조 안에서는 2~3cm 정도다. 잎의 색은 진한 녹색 또는 황록색, 약간 진한 녹색인 경우가 많다. 줄기가 붉게 물드는 것이 일반적. 볼 기회가 많은 일반종이지만 육성은 약간 어렵고 수온이 높은 것을 싫어한다. 25℃ 이상이 되면 상태가 나빠지므로 18~24℃ 사이에서 재배하면 좋다.

밀리오필룸 시물란스
Myriophyllum simulans

개미탑과
분포 : 오스트레일리아 남동부
광량 : 🟨　CO₂양 : 🔵　저상 : 🔺🔺

기중엽과 침수엽의 형태가 현저하게 다르다. 기중엽은 바늘 형태의 잎을 3~4윤생. 침수엽은 우상세열, 4~5윤생, 잎의 길이는 1.8~2.5cm, 선명한 녹색이다. 상당히 섬세한 잎을 가지고 있어 재배가 어려울 것 같지만 강한 빛, CO₂ 첨가, 약산성 환경을 준비하면 쉽고 생장도 빠르다. 그래서인지 비료가 부족해지기 쉬우므로 액체비료를 매일 부지런히 주는 것도 효과적이다.

레드 밀리오필룸
Myriophyllum tuberculatum

개미탑과
분포 : 인도, 파키스탄, 인도네시아
광량 : 🟨　CO₂양 : 🔵　저상 : 🔺🔺

일본과 유럽에서 유통되는 레드 미리오라 불리는 수초는 본종이다. 침수엽은 4~7윤생하고 세열, 전장은 2~2.5cm. 잎의 색은 적색. 특히 동남아시아의 농장에서 막 입하된, 진한 적색을 띤 개체의 모습은 일반종으로 늘 봐서 익숙한 모습이지만 미리오 중에서는 특이한 존재다. 육성에는 빛과 영양분이 중요하다. 진한 녹색과의 상성이 좋으므로 후경에서 잘 조합해보기 바란다.

암마니아 크라시카울리스
Ammannia crassicaulis

부처꽃과 / 별명 : 자이언트 암마니아
분포 : 열대 아프리카, 마다가스카르
광량 : 🟨　CO₂양 : 🔵　저상 : 🔺🔺

그라실리스와 비슷하게 생긴 대형종이지만 잎의 색은 녹색 또는 연한 오렌지색이고 진해지지 않는다. 유럽에서 이 이름으로 유통되는 대부분이 그라실리스종이다. 침수엽은 길이 5~11cm, 폭 1~1.6cm. 그라실리스에 필적할 정도로 튼튼한 종이고 같은 방법으로 육성해도 전혀 문제가 없다. 정아가 찌부러지는 일도 거의 없어서 키우기 쉽다. 대형수조의 중경 또는 후경에 많이 심어두면 좋다.

암마니아 그라실리스
Ammannia gracilis

부처꽃과
분포 : 세네갈, 감비아
광량 : 🟨　CO₂양 : 🔵　저상 : 🔺🔺

튼튼한 대형종이고 대범한 아름다움을 가지고 있어 적은 수만 심어도 볼만하다. 침수엽은 길이 4~12cm, 폭 0.7~1.8cm, 약간 어두운 오렌지색을 띤다. 중성 전후의 수질에서 강한 빛과 CO₂ 없이도, 수중엽의 상태가 좋다면 육성이 가능하다. 더 아름답게 키우고 싶으면 약산성 수질, 강한 빛, CO₂를 첨가하면 된다. 환수를 통해 질산염 수치를 낮게 억제하면서 액체비료를 첨가하면 적색 빛이 강해지기 쉽다.

암마니아 세네갈렌시스
Ammannia senegalensis

부처꽃과
분포 : 열대 아프리카
광량 : 🟨   CO₂양 : 🔵   저상 : 🔺

그라실리스보다 약간 작고 적색 빛이 강하게 발색한다. 소일을 사용하고 pH가 너무 낮아지지 않도록 주의하면서 강한 빛, 그에 알맞은 CO₂를 첨가하면 좋다. 약한 빛에서는 상태가 나빠지고 잎이 검게 변하며 시들어버려서 잘 자라지 않게 되므로 주의하자. 질산염 수치를 낮게 억제하기 위해 환수를 정기적으로 하고 미량영양소를 주면 아름답게 발색한다.

로탈라 '빅 베어'
Rotala 'Big Bear'

부처꽃과
별명 : 로탈라 sp. '신두듀르크'
분포 : 인도
광량 : 🟨   CO₂양 : 🔵   저상 : 🔺🔺

대형으로 자라는 가는 잎 로탈라. 줄기의 적색과 밝은 황록색의 잎이 대비되는 모습이 아름답다. 레이아웃에 많이 사용되는 로툰디폴리아와의 친화성이 높고 후경에 함께 식재했을 때의 위화감이 없기 때문에 로툰디폴리아가 더 선명하게 보인다. 색조도 절묘해서 적색계열, 녹색계열, 어느 쪽도 방해하지 않기 때문에 사용범위가 넓다. 육성방법은 마크란드라와 같고 약간 웃자라기 쉬우므로 빛을 잘 비춰주어야 한다.

로탈라 '콤팩트'
Rotala 'Compact'

부처꽃과
별명 : 로탈라 마크란드라 '시모가'
분포 : 인도
광량 : 🟨🟨   CO₂양 : 🔵🔵   저상 : 🔺

크게 자라는 옐로우계열 마크란드라. 잎의 색은 밝은 그린 또는 옐로우, 환경에 따라서는 적색 빛을 띠는 경우도 있다. 약간 길게 자라는 잎도 폭이 넓지 않기 때문에 압박감이 느껴지지 않는다. 대형수조에 많은 수가 군생하고 있으면 무척 아름답다. 꺾꽂이를 해도 되지만 큰 잎을 즐기기 위해서는 자주 되심기를 하고 항상 정점의 잎이 쑥쑥 건강하게 자라도록 유의하면 좋을 것이다.

로탈라 히푸리스
Rotala hippuris

부처꽃과
분포 : 일본
광량 : 🟨🟨   CO₂양 : 🔵🔵   저상 : 🔺

침수엽은 선형이고 길이 1~3cm, 폭 0.3~0.4mm, 줄기의 마디 하나마다 5~12장의 잎이 윤생한다. 일본 고유종이라고 알려져 있지만 최근에 대만과 베트남, 그 외의 동남아시아 각국에서 비슷하게 생긴 종류가 발견되고 있다. 실외에서는 붉게 물드는 경우도 있지만 수조에서는 밝은 녹색이다. 트리밍으로 분지시켜서 후경에서 군생하게 하면 그린 수초만의 상쾌한 아름다움을 만끽할 수 있다.

로탈라 마크란드라 '그린'
Rotala macrandra 'Green'

부처꽃과
분포 : 인도
광량 : 🟨   CO₂양 : 🔵   저상 : 🔺

표면은 라이트그린이고 뒷면은 핑크색인, 상당히 아름다운 색의 바리에이션. 잎의 사이즈가 약간 작아서 레이아웃에도 조합하기 쉽다. 노멀종보다는 튼튼하지만 방심해서는 안 된다. 육성의 기본조건은 같다. 비료가 부족하면 잎의 색이 연해지기 쉽고 초라해지므로 액체비료를 적절한 시기에 주도록 하자. 리시아와 워터론 등, 밝은 녹색과의 상성이 좋다.

로탈라 마크란드라
Rotala macrandra

부처꽃과 / 별명 : 레드리프 바코파
분포 : 인도
광량 : 🟨🟨   CO₂양 : 🔵🔵   저상 : 🔺

침수엽은 피침형 또는 난형, 길이는 2~4cm, 폭 1.5~2.5cm, 폭이 넓고 부드러운 새빨간 잎을 전개하는, 아름다운 대형종이다. 약산성 연수를 좋아하고 소일에서도 잘 자란다. 그 외에 CO₂ 첨가와 고광량도 효과가 있다. 특히 적색을 진하게 만들고 싶다면 강한 조명을 준비하기 바란다. 또한 액체비료 첨가도 효과를 발휘한다. 고둥종류에게 먹히거나 하면 약해지므로 고둥종류가 너무 늘어났을 때는 주의해야 한다.

로탈라 마크란드라 '내로우리프'
Rotala macrandra 'Narrow'

부처꽃과 / 개량품종
광량 : ■■ CO$_2$양 : ●● 저상 : ▲

잎의 폭이 좁은 내로우리프 타입. 기본적인 육성방법은 노멀과 같지만 약간 까다롭기 때문에 조건을 제대로 갖춰야 한다. 특히 도입 직후에는 주의하도록 하자. 환수할 때 pH 강하제를 사용하면 효과적이다. 일단 적응하면 노멀과 다를 바 없이 키울 수 있다. 역시 아름다운 심홍색을 즐기려면 고광량이 포인트. 후경에 사용하면 누구에게나 인정받는 레이아웃을 만들 수 있다.

로탈라 '미니 골드'
Rotala 'Mini Gold'

부처꽃과 / 분포 : 인도
광량 : ■■ CO$_2$양 : ●● 저상 : ▲

소형 옐로우계 마크란드라. 작고 둥근 잎이 자라고 끝으로 갈수록 적색 빛을 띠는 황색 표면과 연한 홍색을 띤 뒷면과의 대비가 화려하다. 같은 계통의 종류보다 전혀 다른 형태와 질감을 가진 종류와 조합하면 더 개성이 두드러지게 된다. 고광량, 비료, CO$_2$를 첨가하고 잎 끝이 위축되지 않도록 급격한 수질변화는 피하도록 하자. 환수를 할 때 pH 조정제를 사용하면 효과적이다.

로탈라 sp. '베트남'
Rotala sp. 'Viet Num'

부처꽃과 / 분포 : 베트남
광량 : ■ CO$_2$양 : ● 저상 : ▲

바늘 형태의 잎을 가진 로탈라 중 하나. 잎의 길이는 1~3cm, 폭 0.3~0.4mm, 잎의 색은 황록 또는 오렌지. 눈에 잘 띄기 때문에 악센트로 활용하기에 최적의 줄기의 적색이 가장 큰 매력이다. 레이아웃의 후경에서 세로선을 강조할 때도 요긴하게 쓰인다. 육성방법은 로탈라 왈리키와 같지만 본종 쪽이 더 싹이 찌부러지지 않는 편이다. 환수할 때 pH 강하제를 사용하고 항상 약산성을 유지하면 더욱 안심할 수 있다.

로탈라 왈리키
Rotala wallichii

부처꽃과 / 별명 : 다람쥐꼬리 / 분포 : 인도부터 말레이시아, 중국 등
광량 : ■■ CO$_2$양 : ●● 저상 : ▲

귀여운 별명으로 유명하다. 별명에 딱 어울리는 모습을 가지고 있어 오래전부터 인기가 높았다. 침수엽을 막 전개한, 끝부분만 붉게 물들어 있을 때가 특히 귀엽다. 잎의 길이는 2.5cm이고 바늘 형태의 잎을 가진 로탈라 중에서는 소형이다. 소일, CO$_2$를 첨가하면 아름답게 자란다. 강한 빛을 비추고 액체비료를 자주 주면 진한 적색으로 발색하게 만들 수 있다. 수질 급변은 싹을 찌부러지게 하는 원인이 되므로 주의하자.

루드위지아 그랜듀로사
Ludwigia glandulosa

바늘꽃과 / 별명 : 레드 루브라
분포 : 미국 남동부
광량 : 🟨🟨   CO₂양 : 🔵🔵   저상 : 🔺🔺

강렬한 색채가 사람을 매료시키지만 육성은 쉽지 않다. 빛이 약하면 잎의 색이 칙칙해지고 서서히 녹아서 시들어버린다. 가장 중요한 것은 강한 빛을 준비하는 것이다. 그 다음으로 약산성을 유지하기 위해 소일을 깔고 환수를 할 때 pH 강하제를 사용하면 사육이 용이해 진다. 물론 CO₂는 첨가해야 한다. 철분은 필요하지만 다른 적색계열 수초처럼 비료가 중요한 포인트는 아니다.

루드위지아 인클리나타
Ludwigia inclinata

바늘꽃과 / 별명 : 루드위지아 인클라타
분포 : 남미
광량 : 🟨   CO₂양 : 🔵   저상 : 🔺

남미산 루드위지아하면 본종을 말하는 것일 정도로 아쿠아리움 플랜츠로서 굉장히 친숙하다. 장방형 또는 좁은 도란형인 잎은 길이 1~5.5cm, 폭 0.3~1.5cm. 밝은 적갈색을 띤 부드러운 침수엽이 수류에 의해 흔들리는 모습에서 다른 종에게는 없는 야성적인 아름다움이 느껴진다. 본종의 매력을 더 살리려면 위에서 볼 수 있는 얕은 수조에서 판타날 물가를 재현하는 것이 가장 좋은 방법일 것이다.

루드위지아 인클리나타 '그린'
Ludwigia inclinata 'Green'

바늘꽃과 / 별명 : 루드위지아 인클라타 '그린'
분포 : 남미
광량 : 🟨   CO₂양 : 🔵   저상 : 🔺

인클리나타에는 산지에 따른 잎의 형태, 색의 바리에이션이 여러 개 알려져 있는데, 그 중에서 가장 일반적인 것이 본종이다. 브라질의 아라과이아강 수계산이며 황록색의 잎이 특징. 빛이 잘 들어오는 수면 근처에서는 희미하게 오렌지색을 띠는 경우도 있다. 노멀 타입보다 잎의 폭이 넓고 생장도 빠르다. 후경에 심으면 바로 수면에 도달하고 옆과 앞으로 퍼져나가서 밝은 레이아웃을 만들 수 있다.

루드위지아 쿠바
Ludwigia inclinata var. *verticillata* 'Cuba'

바늘꽃과 / 별명 : 루드위지아 sp. '쿠바', 쿠바 핀네이트
분포 : 쿠바
광량 : 🟨   CO₂양 : 🔵   저상 : 🔺

쿠바산 핀네이트의 지역변이종이며 "보물섬"과 "피터팬"의 소재로 쓰인 후벤투드섬이 산지다. 침수엽이 오렌지색을 띠는 것이 특징. 레드, 그린에 비해 가장 육성이 쉽다. 어느 한쪽으로 치우친 부분이 없어서 레이아웃에도 사용하기 쉽다. 수상엽이 나오지 않도록 수면에 도달하기 전에 되심기를 한다. 너무 짧게 만들면 시들어버리므로 주의. 몇 번 반복하면 줄기가 두꺼운 큰 개체로 성장하여 아름답다.

판타날 레드 핀네이트
Ludwigia inclinata var. verticillata 'Pantanal'

바늘꽃과 / 분포 : 브라질
광량 : 🟨🟨 CO_2양 : 🔵🔵 저상 : 🔺

침수엽은 선형이고 길이 2~4cm, 폭 1~2.5m, 8~12윤생. 변종이기는 하지만 너무 기본종과 다르게 생겨서 다른 종이라고 오해할 정도다. 하지만 기중엽과 꽃을 보면 납득이 간다. 첫 입하 때는 육성이 쉽지 않았지만 지금은 조건을 갖추면 어렵지 않게 되었다. 강한 빛과 그에 알맞은 CO_2 첨가, 소일, 철분과 미량영양소 비료가 포인트. 커다란 붉은색 꽃처럼 눈길을 끈다.

루드위지아 토네이도
Ludwigia inclinata var. verticillata 'Tornado'

바늘꽃과 / 별명 : 루드위지아 인클리나타 토네이도, 토네이도 핀네이트 개량품종
광량 : 🟨🟨 CO_2양 : 🔵🔵 저상 : 🔺

침수엽 하나 하나가 강하게 뒤틀리면서 자라는 특이한 모습. 인클리나타의 넓은 변이 폭에는 혀를 내두르게 된다. 베트남에서 쿠바 루드위지아를 증식시키던 중 변이된 잎을 가진 개체를 발견했고 그 후에 싱가포르의 대형 농장에 의해 전 세계로 확산되었다. 토네이도 외에 칼라라고도 불린다. 육성방법은 노멀과 같으며 비교적 튼튼하다. 약간 가늘게 키워서 군생시키면 아름답다.

루드위지아 인클리나타 바리에가타
Ludwigia inclinata var. verticillata 'Variegata'

바늘꽃과 / 개량품종
광량 : 🟨🟨 CO_2양 : 🔵🔵 저상 : 🔺

백색에 가까운 연한 녹색을 띠고 있고 강한 빛 아래에서는 연한 핑크색도 들어가 상당히 아름답다. 물 위에서도 잎 가장자리의 하얀색 얼룩무늬에 핑크색이 들어가 관상가치가 높다. 육성방법은 다른 핀네이트와 같다. 강한 빛과 그에 알맞은 양의 CO_2를 첨가, 소일, 철분과 미량영양소의 비료가 포인트. 엽록소가 적은 만큼 부족한 것이 없도록 주의해야 한다. 밝은 녹색과 조합하면 자연스러운 인상이 느껴지게 된다.

루드위지아 팔루스트리스
Ludwigia palustris

바늘꽃과 / 분포 : 전 세계에 널리 분포
광량 : 🟨 CO_2양 : 🔵 저상 : 🔺🔺

전 세계에 널리 분포해 있는 루드위지아. 비슷하게 생긴 레펜스종과는 잎자루가 길다는 점, 잎의 가장자리와 줄기, 엽맥이 붉게 물드는 경우가 많다는 점으로 구별할 수 있지만 육성환경에 따라 크게 달라지기도 하므로 꽃을 보고 꽃잎이 없는 것을 확인하는 것이 가장 확실하다. 육성이 쉬워서 초보자에게 적합하다. 바리에이션이 풍부해서 후경초 선택의 폭을 넓혀주는 재미있는 종류다.

루드위지아 레펜스
Ludwigia repens

바늘꽃과 / 별명 : 레드 루드위지아 , 아메리카눈여뀌바늘 / 분포 : 미국 , 멕시코
광량 : 🟨 CO₂양 : 🔵 저상 : 🔺🔺

침수엽은 타원형이고 길이 2~3.5cm, 폭 0.5~1.4cm. 잎의 색은 올리브그린 또는 적색. 잎의 뒷면도 녹색 또는 와인레드. 흑사에서 CO₂ 없이 간단히 자랄 정도로 상당히 튼튼해서 초보자에게 적합하다. 적색계열 수초의 입문종으로서 오래전부터 사랑받아왔다. 튼튼한데다 내한성도 있고 번식력도 왕성해서 야생화의 위험성이 크다. 실외로 나가 야생화 되는 것에 주의하자.

루드위지아 '루빈'
Ludwigia 'Rubin'

바늘꽃과
개량품종
광량 : 🟨 CO₂양 : 🔵 저상 : 🔺🔺

다크레드로 물드는 대형종. 잎의 길이는 5cm, 폭 3cm 정도다. 전체적으로 레펜스를 닮았지만 잎 끝부분은 약간 뾰족하고 좁다. 레드 루브라의 영향으로 잎이 어긋나기를 하는 경우가 많다. 육성은 레드 루브라보다 훨씬 쉽고 생장도 빠르다. 그야말로 레펜스 느낌으로 키울 수 있지만 색을 진하게 만들려면 역시 강한 빛을 비추는 편이 좋다. 후경, 특히 구석에서 앞이나 옆으로 뻗어 나오게 하는 방법이 일반적이다.

루드위지아 세네갈렌시스
Ludwigia senegalensis

바늘꽃과 / 별명 : 기니안 루드 , 루드위지아 sp. 기니 / 분포 : 열대 아프리카
광량 : 🟨🟨 CO₂양 : 🔵🔵 저상 : 🔺

기니에서 입하. 침수엽은 아래쪽으로 휘어져 있거나 약간 오그라들어 있고 길이 2cm, 폭 0.8cm. 현지에서도 침수생활을 주로 하며 수조재배는 비교적 쉽다. 벽돌색의 잎에 들어가 있는 엽맥이 독특한 아름다움을 내뿜고 있는, 수조에 적합한 루드위지아다. 비료를 많이 필요로 하므로 비료를 빼놓지 않고 주도록 하자. 강한 빛도 육성의 포인트. 마찬가지로 아프리카 대륙이 산지인 아누비아스와의 상성이 좋으니 조합해보기 바란다.

카다민 리라타
Cardamine lyrata

십자화과
분포 : 한반도 , 일본 , 중국 , 시베리아
광량 : 🟨 CO₂양 : 🔵 저상 : 🔺🔺

봄에 청초한 백색 꽃을 피우는 습생식물이며 용수 안에서는 아름다운 침수엽을 전개한다. 저온을 좋아하지만 유통되는 개체들은 여러 나라의 농장에서 재배된 것이라 수온 25℃ 전후의 수초수조에서도 문제없이 육성할 수 있다. 2cm 정도의 잎자루에 3cm 정도의 원심형 잎이 달린다. 생장이 빨라서 중~후경에 적합. 소량을 악센트로 사용해도 좋고 많이 심어서 군생미를 즐겨도 좋다.

알테란테라 레이넥키
Alternanthera reineckii

비름과 / 별명 : 알터난테라 레이넥키
분포 : 남미
광량 : 🟨 CO₂양 : 🔵 저상 : 🔺🔺

적색계열 수초의 입문종 같은 존재. 폭넓은 환경에서 육성할 수 있는 튼튼한 종이다. 침수엽은 좁은 피침형이고 길이 7.5cm, 폭 1.5cm, 약간 갈색 빛을 띤 적색. 소일에서라면 CO₂를 첨가하지 않아도 어느 정도 아름답게 자란다. 소일을 깐 약산성 수질에 강한 빛, CO₂를 첨가하고 비료를 주면 최고의 발색을 보여준다. 이 종류 전반이 새우가 먹기 쉬우므로 청소용 생물을 선택할 때는 주의가 필요하다.

알테란테라 '카디날리스'
Alternanthera reineckii 'Cardinalis'

비름과
분포 : 불명 (남미)
광량 : 🟨 CO₂양 : 🔵 저상 : 🔺🔺

레이넥키 종류 중에서는 가장 크게 자라는 타입이고 피침형 침수엽은 길이 10.5cm, 폭 3.5cm다. 또한 적색도 가장 진하고 잎의 표면과 뒷면의 차이가 없을 정도로 선명한 발색을 보여준다. 잎의 가장자리도 확실하게 물결쳐서 장식적이다. 수조 안에서 주연을 담당할 수 있는 존재감은 충분하다. 기본적인 육성방법은 레이넥키와 같지만 역시 가장 좋은 환경을 준비해야 그 매력을 만끽할 수 있을 것이다.

알터난테라 '릴라치나'
Alternanthera reineckii 'Lilacina'

비름과
분포 : 불명 (남미)
광량 : 🟨 CO_2양 : 🔵   저상 : 🔺🔺

레이넥키보다 잎의 폭이 넓고 대형. 침수엽은 피침형이며 길이 7.5~9cm, 폭 2.5~3cm. 잎의 표면은 칙칙한 홍갈색이고 뒷면이 선명한 홍색. 뒷면의 발색이 좋은 것은 레이넥키 종류 전반의 특징인데, 이 부분을 두드러지게 하기 위해 높게 생장시켜서 후경에 사용한다는 테크닉이 오래전부터 많이 사용되었다. 잎에 발생하는 실 모양의 이끼 등을 제거하기 위해서는 시아미즈 플라잉폭스를 사용하는 것이 유효하다.

바코파 라니게라
Bacopa lanigera

질경이과 / 별명 : 옐로우 바코파 / 분포 : 브라질
광량 : 🟨🟨 CO_2양 : 🔵🔵   저상 : 🔺🔺

원형에 가까운 광난형인 잎은 길이 2~3.2cm, 폭 1.7~2.8cm. 선명한 황록색을 띠고 있어 옐로우 바코파라는 별명도 있다. 또한 색이 빠져나가 엽맥이 하얗게 보이는 것 때문에 바코파 바리에가투스라는 별명도 있다. 부력이 강하다는 특징이 있는데, 잎을 자른 후 일부를 남겨놓고 닻처럼 활용하면 저항력이 생겨 잘 떠오르지 않게 된다. 육성은 비교적 어렵고 설비를 충실하게 갖춰야 하며 충분한 영양분도 필요하다. 후경에서 밝게 눈길을 끄는 존재로서 활약할 수 있다.

바코파 미리오필로이데스
Bacopa myriophylloides

질경이과 / 분포 : 브라질
광량 : 🟨 CO_2양 : 🔵   저상 : 🔺

마치 미리오필룸과 같은 특이한 모습. 1cm 정도인 바늘 모양의 잎을 10장 전후 윤생시키고 밝은 녹색을 띤다. 약산성 물을 좋아하고 저상은 소일이 적합하다. 강한 빛, CO_2 첨가도 필수. 조건을 갖추면 육성은 어렵지 않다. 투명한 느낌이 나기 때문에 에키노도루스 같은 잎의 면적이 큰 종류와 대비시키면 독특한 존재감을 내뿜게 되고 동시에 상대도 잘 보이게 할 수 있다.

히드로트리케 호토니플로라
Hydrotriche hottoniiflora

질경이과
분포 : 마다가스카르
광량 : 🟨 CO_2양 : 🔵   저상 : 🔺🔺

잎은 10~20윤생, 길이 3.5cm, 폭 1mm 정도. 약간 다육질의 선형이고 잎의 색은 적색이 들어가지 않은 밝은 녹색. 마다가스카르섬에만 분포해 있는 특이한 수초다. 아름다운 꽃도 매력 중 하나다. CO_2를 첨가하면 육성은 쉽다. 생장도 빠르다. 수심이 깊은 수조에서 크게 키우면 굉장히 멋지다. 원산지가 가까운 아프리카계 수초들과 조합하면 레이아웃의 분위기에 일관성이 생긴다.

자이언트 암브리아
Limnophila aquatica

질경이과
분포 : 인도 , 스리랑카
광량 : 🟨 CO_2양 : 🔵   저상 : 🔺🔺

침수엽은 17~22윤생, 우상전열, 실 모양의 열편으로 갈라지고 전체의 길이는 2.5~6cm. 녹색이며 적색 빛을 띠는 경우도 있다. 정아가 수면에 도달할 즈음에 기중엽으로 변화해버리므로 그 전에 잘라낸 후 다시 심어서 침수형을 유지하도록 하자. 지나치게 짧게 자르지 않도록 주의하면서 자주 트리밍을 하면 줄기가 두꺼워지고 잎의 직경도 10cm 이상으로 자라나 멋진 모습을 즐길 수 있게 된다.

림노필라 시넨시스
Limnophila chinensis

질경이과 / 분포 : 중국 , 타이 , 인도네시아 , 인도 , 오스트레일리아 등
광량 : 🟨🟨 CO_2양 : 🔵🔵   저상 : 🔺

소엽풀 타입의 광역분포종이며 침수생활에도 잘 적응하기 때문에 수조재배에 적합한 수초다. 잎은 마주나기를 하거나 3~4윤생하고 무늬가 없으며, 난상피침형, 길이는 2~4cm. 수조 안에서는 가늘고 길게 변하는 경우가 많다. 잎의 색은 녹색이거나 적색 빛을 띠는 타입까지 산지에 따라 다양하다. 소일을 사용하고 강한 빛을 비추고 CO_2를 첨가하면 육성은 쉽다. 부력이 강하므로 아래쪽 잎을 자른 후 조금 남겨서 닻처럼 심으면 좋다.

기니안 레드 암브리아
Limnophila dasyantha

질경이과
분포 : 기니, 말리, 가봉, 시에라리온 등
광량 : 🟨 CO_2양 : 🔵 저상 : 🔺🔺

아프리카산 암브리아 종류이며 물 위에서는 마주나기를 하고 꽃부리가 황색인 것이 큰 특징. 침수엽의 열편은 좁은 실 형태인데, 이 점이 같은 기니산 드워프 암브리아와의 큰 차이점이다. 잎은 연한 녹색을 띠고 있고 줄기의 일부가 붉게 물들어서 좋은 악센트가 되어준다. 약간 까다로워서 소일을 깐 산성물보다는 흑사를 깐 중성에 가까운 물에서 육성하는 편이 결과가 좋다. 영양번식도 하지만 싹이 터서 번식하기도 한다.

서양 구와말
Limnophila heterophylla

질경이과 / 분포 : 중국, 타이, 방글라데시, 말레이시아 등
광량 : 🟨 CO_2양 : 🔵 저상 : 🔺🔺

침수엽은 8~14윤생, 잎의 길이는 2.5~3.0cm. 암브리아와 비슷하게 생겼지만 열편이 가늘고 줄기의 털이 눈에 띤다는 점, 기중엽이 갈라지지 않고 장방형이며 마주나기를 하거나 윤생한다는 점, 꽃이 달리는 방식이 다르다는 점 등, 수상화되면 확실하게 구별이 가능해진다. 육성은 CO_2를 첨가하면 쉽다. 아름답게 키우기 위한 포인트는 자이언트 암브리아와 같다. 잘 키우면 레이아웃에서도 특히 눈에 띠는 존재가 된다.

림노필라 인디카
Limnophila indica

질경이과 / 분포 : 동남아시아, 오스트레일리아, 아프리카 등
광량 : 🟨🟨 CO_2양 : 🔵🔵 저상 : 🔺

침수엽은 6~20윤생, 실 모양의 열편으로 갈라지고 전체 길이는 10~40mm. 현재 민구와말과 구별하고 있다. 비슷하게 생겼지만 전체적으로 크고 소포의 길이가 2~4mm인 것이 가장 큰 차이점이다. 열편이 상당히 가늘고 섬세한 것이 매력이며 레이아웃의 메인을 담당할 수 있는 아름다움이 있다. 연한 녹색을 띠는 경우가 많다. 약산성 수질, CO_2 첨가가 육성의 포인트다.

림노필라 루고사
Limnophila rugosa

질경이과
분포 : 일본, 대만, 필리핀, 보르네오 등
광량 : 🟨🟨 CO_2양 : 🔵🔵 저상 : 🔺

잎은 타원형이고 길이는 9cm, 폭이 4cm까지 자라는 대형종이다. 같은 속의 종류들과는 다른 독특한 모습을 하고 있어 수초로는 보이지 않는다. 육성은 약간 어렵고 강한 빛과 CO_2 첨가가 필수다. 간신히 키워내도 웃자라고 잎도 탄력을 잃는다. 현지에서 봤을 때는 습지라고 해도 더 건조한 육지와 가까운 쪽에서 볼 수 있었으며 수조에서 사용하기 쉬운 인상은 느껴지지 않았다. 겨울 이외에는 수반에서 즐기는 것도 좋을지 모른다.

암브리아 🟢
Limnophila sessiliflora

질경이과
분포 : 일본, 베트남, 인도네시아, 인도 등
광량 : 🟨 CO_2양 : 🔵 저상 : 🔺🔺

침수엽은 실 모양의 열편으로 갈라지고 전체 길이는 15~40mm, 9~12윤생, 잎의 색은 밝은 녹색, 빛이 강한 정아 부근이 붉게 물드는 경우도 있다. 상당히 튼튼하고 CO_2를 첨가하면 반대로 지나치게 자라서 보기에 좋지 못할 정도로 웃자라게 된다. 소일, 흑사, 어느 쪽이건 상관이 없고 강한 빛, 비료도 필요하지 않기 때문에 초보자에게는 딱 알맞은 종이다. 부드러운 분위기를 연출하고 물고기도 돋보이게 해준다.

상파울로 레드 암브리아
Limnophila 'Sao Paulo'

질경이과
분포 : 브라질
광량 : 🟨 CO_2양 : 🔵 저상 : 🔺🔺

소엽풀 종류가 분포해 있을 리가 없는 남미에 자생하고 있던 암브리아의 일종. 본종 이외에도 이런 예는 있지만 왜 브라질에 있는지 정확한 이유는 알 수 없다. 하지만 본종이 독특한 매력을 가진 수초라는 점은 틀림이 없다. 정아가 붉게 물드는 것이 특징. 진한 녹색 잎과의 대비가 훌륭하다. pH를 낮게 억제하면 아름답게 키울 수 있다.

민구와말
Limnophila trichophylla

질경이과 / 별명 : 타이완 구와말
분포 : 한국, 일본, 대만, 중국
광량 : 🟨🟨　CO₂양 : 🔵🔵　저상 : 🔺

이전에는 같은 종으로 여겨졌던 인디카종과는, 꽃받침 기부의 소포가 없거나 1mm 이하, 과실에 무늬가 있고 길이는 2~10mm, 침수옆의 길이 1.5~2.5cm라는 본종의 특징으로 구별이 가능하다. 수조 안의 모습은 많이 비슷하지만 본종 쪽이 더 작다. 열편의 끝부분이 가늘고 섬세한 아름다움을 가지고 있는 것은 동일하다. 군생미가 놀라울 정도로 아름답다. 낮은 pH를 유지하고 환수를 할 때 변하지 않게 하는 것이 포인트.

린데르니아 히소포이데스
Lindernia hyssopoides

밭뚝외풀과
분포 : 동아시아부터 남아시아까지 널리 분포
광량 : 🟨🟨　CO₂양 : 🔵🔵　저상 : 🔺

Gratiola sp.로서 스리랑카에서 입하되었다. 잎과 줄기의 질감에서 투명한 느낌이 나서 그렇게 보일만 하다는 생각이 들고 시노님에 그라티올라가 있었기 때문에 꼭 심각한 실수라고 말하기도 어렵다. 습지 등에서 생육하는 꽃이 아름다운 식물이다. 피침형의 잎은 마주나기를 하고 무늬가 없으며 길이는 5~15mm, 폭 4mm. 약간 웃자라기 쉬운 경향이 있기는 하지만 야생의 느낌이 넘치는 아름다운 수초다.

포고스테몬 데카넨시스
Pogostemon deccanensis

꿀풀과
분포 : 인도
광량 : 🟨🟨　CO₂양 : 🔵🔵　저상 : 🔺

잎은 6~8윤생, 선형 또는 피침형이고 길이 5~12mm, 폭 1~3mm. 수중화되면 낭창낭창 길게 자란다. 꽃의 색은 진한 보라색. 수상화서의 길이는 에렉투스종보다 짧지만 본종 쪽이 더 눈에 띈다. 강한 빛과 그에 알맞은 CO₂ 첨가, 소일 사용이 유효. 길게 키워서 후경에서 군생하게 하면 아름답다. 잎이 가는 수초와의 친화성이 좋고 로탈라 난세안과의 상성이 발군이다.

오란다 플랜트 '다센'
Pogostemon sp. 'Dassen'

꿀풀과
개량품종
광량 : 🟨🟨　CO₂양 : 🔵🔵　저상 : 🔺

1998년에 네덜란드의 농장에서 입하된 오란다 플랜트 종류. 키우기 쉬워서 최근에 레이아웃에서 사용하고 있는 오란다 플랜트는 대부분이 본종이다. pH가 너무 높아지지 않도록 주의하면 흑사에서도 키울 수 있지만 급격한 수질 변화가 일어나면 정아가 찌부러져버리므로 환수를 할 때는 주의해야 한다. 가는 잎 로탈라와의 상성도 좋으므로 후경에서 요긴하게 쓰인다.

하이그로필라 코림보사
Hygrophila corymbosa

쥐꼬리망초과 / 별명 : 템플 플랜트
분포 : 동남아시아
광량 : 🟨　CO₂양 : 🔵　저상 : 🔺🔺

침수엽은 폭이 넓은 피침형이거나 난형, 길이는 10cm, 폭 5cm 정도. 잎의 색은 녹색이거나 약간 갈색을 띠기도 한다. 폭이 넓고 존재감이 큰 대형종. 육성에는 CO₂ 첨가가 유효. 어두워지면 아래쪽 잎을 떨어뜨리기 쉬우므로 강한 조명도 준비하는 편이 좋다. 코림보사종 전반이 철분이 부족하면 잎의 색이 나빠지는 경향을 가지고 있다. 미량영양소 첨가는 상태를 보면서 적절한 시기에 하면 된다.

하이그로필라 코림보사 '안구스티폴리아'
Hygrophila corymbosa 'Angustifolia'

쥐꼬리망초과 / 별명 : 투 템플
분포 : 동남아시아
광량 : 🟨　CO₂양 : 🔵　저상 : 🔺🔺

침수엽은 폭이 좁은 피침형이고 길이 10~15cm, 폭 0.5~1.2cm. 잎의 색은 밝은 녹색, 잎 뒷면의 녹백색도 포함하여 상쾌한 인상이 느껴진다. 육성의 기본조건은 라지리프 하이그로와 같지만 CO₂를 첨가하는 편이 더 아름답게 자라게 된다. 테이프 모양의 수초처럼 후경의 사이드에서 사용할 수 있다. 로제트가 아니기 때문에 트리밍을 통해 높이를 컨트롤하기 쉽다는 점이 이점이다.

라지리프 하이그로필라
Hygrophila corymbosa 'Stricta'

쥐꼬리망초과
분포 : 동남아시아
광량 : 🟨 CO₂양 : 🔵 저상 : 🔺🔺

침수엽은 피침형이고 길이 8~15cm, 폭 1.5~3cm. 템플 플랜트보다 잎의 폭은 좁지만 이름 그대로 대형으로 자라는 종류다. 생장도 빨라서 대형수조에 적합하다. 조명과 CO₂ 첨가에 관해 까다로운 요구는 없고 수질을 포함하여 폭넓은 환경에 대응할 수 있다. 잎의 색이 연해졌다면 액비가 유효하다. 부드럽고 밝은 녹색의 잎은 센터부터 사이드까지 후경을 다양하게 커버할 수 있다.

뉴 라지리프 하이그로필라
Hygrophila corymbosa (H.stricta from Thailand form)

쥐꼬리망초과 / 분포 : 타이
광량 : 🟨 CO₂양 : 🔵 저상 : 🔺🔺

라지리프보다 잎이 가늘고 밝은 녹색을 띠고 있어 수조 안에서도 빛나는 인기종이며 타이산 바리에이션이다. 잎의 폭이 좁아서 잎이 가는 유경초와도 친화성이 높고 공간도 많이 차지하지 않기 때문에 대형수조가 아니더라도 키울 수 있다. 레이아웃에 사용하기 적합하고 아래쪽 잎이 잘 떨어지지 않는다는 것도 인기의 요인이다. 비료가 부족하면 잎의 색이 연해지기 쉬우므로 정기적으로 비료를 줘야 하지만 기본적으로는 상당히 튼튼한 종류다.

하이그로필라 포고노칼릭스
Hygrophila pogonocalyx

쥐꼬리망초과
분포 : 대만
광량 : 🟨 CO₂양 : 🔵 저상 : 🔺🔺

다년생 추수식물이며 높이 80~150cm인 대형종. 전체에 털이 들어가 있어 눈에 띈다. 잎은 타원형이고 길이는 5~15cm, 폭 2~4cm. 연한 보라색 꽃부리가 크고 길이가 2cm라서 만개하면 굉장히 멋지다. 철새를 통해 씨를 퍼뜨려서 분포를 확대시키고 있을 가능성도 있고 최근에도 인도 북동부에서 발견되었다. 육성에는 CO₂ 첨가가 필요하다. 특히 수중화시킬 때는 강한 빛과 함께 필수. 후경에 적합하다.

하이그로필라 린겐스 ssp. 롱기폴리움
Hygrophila ringens subsp. *longifolium*

쥐꼬리망초과
분포 : 인도
광량 : 🟨 CO₂양 : 🔵 저상 : 🔺🔺

2013년에 발표된 아종이고 피침형인 잎은 기본아종보다 가늘고 길며 길이 9~17cm, 폭 0.5~1cm. 높이 100~120cm로 대형인 꽃은 단생이다. 마찬가지로 인도에서 볼 수 있는 기본아종에 비하면 차이는 있지만 물잎풀에 비하면 차이가 크지 않다. 수조재배는 어렵지 않고 생장이 빠르다. 기중엽으로 돌아가지 않도록 자주 트리밍을 해야 한다. 침수엽은 밝은 녹색이고 적색 빛을 띠고 있다.

하이그로필라 '애플 레드'
Hygrophila 'Quadrivalvis Apple Red'

쥐꼬리망초과
분포 : 인도
광량 : 🟨 CO₂양 : 🔵 저상 : 🔺🔺

둥그스름한 적색 잎이 개성적인 하이그로필라. 인도의 농장에서 입수되었다. 겉모습과 이름의 이미지가 일치하고 있는 좋은 예. 붉게 물드는 다른 대형종도 있지만 잎의 끝이 원형인 점이 독특하다. 크게 키워도 압박감이 느껴지지 않아서 레이아웃에서는 부드러운 분위기를 연출할 수 있다. 도피침형인 잎은 처음에는 적색이 진하다가 서서히 올리브그린으로 변화한다. 유목과의 상성도 좋다.

신네르시아 리불라리스 🟨
Shinnersia rivularis

국화과 / 별명 : 멕시칸 바렌 , 화이트 오크 리프
분포 : 멕시코 , 미국
광량 : 🟨 CO₂양 : 🔵 저상 : 🔺🔺

대가족인 국화과 중에서도 몇 안 되는 수조용 종류. 침수엽은 길이 7.5cm, 폭 3cm, 잎의 가장자리는 둥그스름하고 얕게 갈라져 있다. 생장이 빠르고 튼튼해서 초보자에게 적합하다. 강한 빛을 비추면 잎의 폭이 넓어지고 잘 자라게 된다. 사진의 품종은 무늬가 들어가 있는 화이트 그린(White Green)이라는 품종이며 하얀색 무늬가 강한 빛에 의해 핑크색으로 물들어 관상가치가 높다. 노멀종보다 볼 기회가 많다.

워터 머쉬룸
Hydrocotyle vulgaris

두릅나무과
분포 : 유럽, 북서 아프리카, 코카서스, 이란
광량 : 🟨   CO₂양 : 🔵   저상 : 🔺🔺

잎자루가 최대 70cm까지 자라며 마디와 마디 사이가 15cm다. 수조에서는 그렇게까지 크게 자라지는 않지만 컨트롤하기 어려운 사이즈다. 부엽을 즐긴다고 체념하는 편이 좋을지도 모른다. 생태계 위해 우려종으로 지정되어 있는 서양물피막이풀을 포함하여 피막이풀속 전반이 가지고 있는 강한 증식력으로 인해 국내에서 야생화가 우려되고 있다. 생태계에 피해를 주지 않도록 야생화에 주의하자.

릴라에옵시스 마클로비아나
Lilaeopsis macloviana

미나리과
분포 : 아르헨티나, 칠레, 페루, 볼리비아
광량 : 🟨🟨   CO₂양 : 🔵🔵   저상 : 🔺

30cm 이상 자라는 대형종. 잎은 속이 비어 있다. 부력이 강해 약간 심기 어렵다. 릴라에옵시스속의 특징인 세로 방향으로 들어간 홈이 대형이라서 눈에 잘 띄고 악센트가 되어준다. 육성방법은 다른 종과 같다. 영양이 풍부한 저상에 뿌리를 단단히 내리면 멋진 모습이 된다. 높이가 낮은 수조라면 후경에서 사용하는 것도 가능하다. 소형종도 포함하여 전경부터 후경까지 릴라에옵시스속만 식재한 레이아웃을 만들어도 재미있을 것이다.

케라톱테리스 오블롱길로바
Ceratopteris oblongiloba

봉의꼬리과 / 별명 : 라오스 스프라이트
분포 : 라오스
광량 : 🟨   CO₂양 : 🔵   저상 : 🔺🔺

라오스산 오블롱길로바의 지역 바리에이션. 영양잎을 포자잎으로 착각할 정도로 열편이 현저히 자잘하게 갈라져 있다. 작은 수초, 가는 수초를 선호하는 최근의 레이아웃 조류 속에서 그런 종류와 친화성이 좋은 본종은 인기가 높으며 후경에서 사용되는 모습을 볼 기회도 많다. 촌스럽게 보이지 않는다는 것도 매력이다. 꽤 높이 자라므로 수심 45cm 이상은 필요하다.

아메리칸 스프라이트 🟨
Ceratopteris thalictroides

봉의꼬리과 / 별명 : 아메리칸 워터 스프라이트
분포 : 아시아, 오세아니아, 중미
광량 : 🟨   CO₂양 : 🔵   저상 : 🔺🔺

영양잎의 길이는 10~50cm, 포자잎은 15~80cm. 잎자루가 엽신의 2/3에서 5/3로 길어지는 경우가 있는 것이 특징 중 하나다. 잎은 우상심열. 우편의 분기점에 발생하는 무성아가 떨어져서 정착하면 새로운 식물체로서 즐길 수 있다. 너무 커져서 곤란한 경우에는 이 자주로 바꿔 심으면 된다. 새로운 물을 좋아하고 액체비료 첨가도 유효하다. 수조에 적응하면 육성이 쉽다.

케라톱테리스 '차이나'
Ceratopteris thalictroides 'China'

봉의꼬리과
분포 : 중국
광량 : 🟨   CO₂양 : 🔵   저상 : 🔺🔺

아메리칸 스프라이트치고는 우편의 폭이 상당히 넓고 베트남이나 라오스 품종과는 상당히 분위기가 달라서 형태만 보자면 워터 스프라이트와 닮았다. 육성방법은 아메리칸 스프라이트와 같고 까다롭지 않아서 침수엽으로 키우기 쉬운 것이 특징이다. 대형으로 자라고 폭도 넓어서 강한 존재감을 주장한다. 밝은 녹색을 띠고 있어 같은 색 계열의 유경초와의 상성도 좋고 화려한 레이아웃을 만들기 쉬운 소재다.

케라톱테리스 오블롱길로바 (베트남산)
Ceratopteris oblongiloba

봉의꼬리과
분포 : 캄보디아, 인도네시아, 필리핀, 타이 외
광량 : 🟨   CO₂양 : 🔵   저상 : 🔺🔺

영양잎의 길이는 5~25cm, 포자잎은 10~40cm. 잎자루가 엽신의 1/3~3/4으로 엽신보다 짧아진다. 잎은 우상심열. 아메리칸 스프라이트에 비해 더 깊게 갈라지며 열편은 좁고 길다. 사진의 품종은 베트남 스프라이트라는 별명을 가지고 있다. 베트남산 바리에이션이며 같은 종류 중에서는 널리 유통되고 있는 타입에 속한다. 잎 전체가 약간 꼬여 있는 것처럼 자라는 것이 특징이며 관상가치가 높다

물가의 수초들
~필드에서 찾아내는 레이아웃의 힌트~

포고스테몬 콰드리폴리우스의 군생. 이걸 보면 후경에서 사용하지 않을 수가 없다. 라오스의 방비엥에서 (촬영/Takashi Omika)

필드로 나가자

보르네오섬의 울창한 정글 속, 필자는 크립토코리네를 관찰하면서 세류를 따라 걷고 있었다. 그러다가 갑자기 탁 트인 물가가 나왔다. 도로에 인접해 있었지만 차는 다니지 않았고 새가 지저귀는 소리만 멀리서 들려왔다. 조금 지쳐있던 필자가 앉아서 물속에 발을 담갔더니 휘말려 올라온 모래 속에 먹이가 있었던지 플라잉폭스를 닮은 물고기가 겁 없이 바로 옆까지 다가왔다.

그 강의 안쪽, 딱 햇빛이 비치고 있는 장소를 바라보니 수류에 의해 천천히 흔들리는, 헤어 글라스를 길게 만든 것 같은 엘레오카리스속 수초의 군생이 펼쳐져 있었다. 그곳에는 크립토코리네도 없었고 악센트가 될 만한 붉은색 수초도 보이지 않았다. 그럼에도 이전에 봤던 어떤 레이아웃보다도 아름다웠다.

그 이후로 다양한 장소에서 수초와 만났다. 해외만이 아니라 일본 내에서도, 근처의 도랑 같은 강에 있는 말을 봐도 그

그다지 알려져 있지 않지만 강의 수류 속에 포고스테몬 헬페리도 활착하여 생활하고 있다. 타이의 칸차나부리에서 (촬영/Takashi Omika)

특제 도구로 직접 수초를 채취해주신 Mitsuo Yamasaki 선생님. 비와호수에서 (촬영/Kuniyuki Takagi)

전날 내린 비로 인해 탁해지기는 했지만 본고장 비와호수에서 스크류 발리스네리아를 처음 봤을 때는 크게 감격했다 (촬영/Kuniyuki Takagi)

곳에는 반드시 마음을 끌어당기는 무언가가 존재했다. 자연의 아름다움은 정말이지 위대하다.

대장과의 필드워크

비와호수에서 본 고유종 발리스네리아 아시아티카 비와인시스도 잊을 수 없다. 아쿠아리움 플랜츠로서는 스크류 발리스네리아라는 이름으로 유명한 종류지만 현지에서 본 모습은 역시 각별했고 수조에서는 알아차리지 못했던 새로운 발견도 있었다. 게다가 수초업계의 제일인자, Mitsuo Yamasaki 선생님과 둘이서 필드에 나간다는, 분에 넘치는 행운도 누렸다.

87세의 고령인 선생님이 직접 채취해주신 수초를 관찰, 설명을 듣고 선생님이 빌려주신 장화를 신고 비와호수에 들어가서 스크류 발리스네리아뿐만 아니라 발리스네리아 덴세세툴라타, 대가래, 새우가래 등, 이전에는 의미가 없었던 수초들이 그 날부터 특별한 수초로 변하는 경험을 했다. 그와 같은 추억과 인생의 이야기와 수초가 겹쳐지는 것도 필드의 멋진 점 중 하나일 것이다. 다른 사람에게는 보통종일지라도 자신에게 있어서 특별한 존재라면 그것으로 좋은 것이다.

필드에서 얻은 것

필드 수초와의 만남은 우리에게 다양한 영감을 준다. 배치 방법이나 옆에 있는 종류와 조합하는 방법, 아름답게 보이는 볼륨감, 자연 본래의 색과 형태 등, 레이아웃의 힌트뿐만 아니라 자생하는 환경에서 육성방법도 알 수 있고 수초가 서식하고 있는 환경의 현실을 알게 될 수도 있다.

어떤 훌륭한 레이아웃도 자연의 아름다움에는 절대로 필적할 수 없다, 라는 사실을 마음 속 깊이 실감할 수 있는 것은 필드를 알고 레이아웃을 만드는 사람뿐이다. 이런 점은 자연과 함께 살아가는 삶에 대해 더 자각해야만 하는 요즘 시대에 중요성이 더욱 커질 것이라 생각된다.

이대로 재현할 수 없을까 생각했을 정도로 훌륭한 수초의 세계. 인도 시모가에서 (촬영/Takashi Omika)

97

활착에 적합한 수초
레이아웃 예

최근에 가장 발전한 스타일이며 종류수가 비약적으로 증가했다. 그와 함께 새로운 수초들의 등장과 바리에이션의 풍부함으로 인해 전 세계적으로 새로운 레이아웃 스타일이 계속해서 만들어지고 있다. 여러 종류를 화려하게 조합하여 즐기는 방법도 추천한다.

레이아웃 제작/Mika Baba(H2)
촬영/Toshiharu Ishiwata

활착하는 수초를 효과적으로 사용한 레이아웃

소수의 종류로 차분한 분위기를 만드는 것이 활착계의 세계적인 주류지만 여러 종류를 시끌벅적하게 배치하는 것도 재미있다는 것을 알게 해주는 작품. 더 이것저것 활착시켜도 재미있을 것 같다.

DATA

수조사이즈/45×24×30(H)cm
여과/Eheim Classic Filter 2213
조명/Solar II (36W 트윈 형광등×2)(ADA)
저상/아쿠아소일 아마조니아, 파워샌드S, 메콩샌드(ADA)
CO_2/1초에 1방울
첨가제/브라이티K, 그린 브라이티 STEP2(ADA)를 1일 2푸쉬
환수/일주일에 1회 1/2
수온/26℃

생물/골든 테트라, 레드 코메트 엔들러스, 코리도라스 아쿠아투스
수초/아누비아스 나나, 미크로소리움(노멀, 내로우), 볼비티스, 윌로모스, 호주 노치도메, 니들리프 루드위지아, 루드위지아 브레비페스, 로탈라 마크란드라 그린 내로우 리프, 아마존 프로그비트, 브릭샤 쇼트리프, 헤어 글라스

활 착

선명한 유경초에 의해 돋보이는 모스의 존재감 2

돌 표면이 보이지 않을 정도로 뒤덮은 모스가 주위의 화려한 수초와의 친화성을 높이는 좋은 결과를 가져왔다. 유경초를 다용함에 따라 전체적으로 밝은 인상으로 완성되었다.

레이아웃 제작/Masamitsu Kishishita(Aquarevue) 촬영/Toshiharu Ishiwata

DATA

수조사이즈／90×45×60(H)cm
여과／Super Jet Filter ES-1200(ADA)
조명／Solar RGB(ADA)×2 1일 8시간 점등
저상／아쿠아소일 아마조니아, 그린 브라이티(뉴트럴K, 니트로, 미네랄, 아이언/ADA)
CO_2／1초에 3~5방울
환수／정기적으로 1/3~1/2

생물／블랙 네온 테트라, 다이아몬드 테트라, 레드 테트라, 화이트핀 로지 테트라, 야마토새우
수초／로탈라 난세안, 로탈라 sp. 'Hra', 로탈라 sp. '복건성', 로탈라 와야나드, 그린 로탈라, 뉴 라지 펄글라스, 쇼트 헤어 글라스, 하이그로필라 비올라세아, 글롯소스티그마, 스트로징 레펜스, 아라과이아 레드 샤프 하이그로, 크립토코리네 루켄스, 크립토코리네 '웬티 트로피카', 미크로소리움 '내로우리프', 미크로소리움 '스몰리프', 윌로 모스

바위 표면에 붙어서 뻗어가는 핀나티피다에 주목! 3

요즘 주목 받고 있는 젊은 레이아우터가 제작한 박력 있는 작품. 모스와 부세 파란드라뿐만 아니라 잊어서는 안 되는 것이 활착하는 유경초로 등장한 핀나티피다의 존재다. 새로운 표현을 만들어내는 소재다.

레이아웃 제작/Erika Ota (Aquatailors)
촬영/Toshiharu Ishiwata

DATA

수조사이즈／90×30×36(H)cm
여과／Eheim 2217
조명／Solar RGB(ADA) 1일 9시간
저상／아쿠아소일 아마조니아, 파워샌드 스페셜S(ADA)
CO_2／1초에 1방울
환수／일주일에 2회 1/3

생물／카디널 테트라, 페루 글라스 테트라, 인디언 복어, 오토싱클루스, 시아미즈 플라잉폭스, 새뱅이
수초／글롯소스티그마, 펄 글라스, 아라과이아 레드 샤프 하이그로, 크립토코리네 '웬티 그린', 하이그로필라 핀나티피다, 루드위지아 인클리나타 '쿠바 무닉', 로탈라 sp. 'Hra', 로탈라 sp. '방글라데시', 기니안 루드위지아, 루드위지아 슈퍼 레드, 타이거 로투스 '레드'

활착 하는 수초 카탈로그

유목이나 돌에 뿌리를 붙이고 생장하는 수초는 개성적인 레이아웃을 만들 때 크게 도움이 된다. 활착력의 강약은 종류에 따라 다양하지만 수류가 있는 곳에 자생하고 있는 만큼, 수류를 만들어주면 상태가 좋아지거나 부지런한 환수를 좋아하는 경향이 있다. 이런 포인트들을 파악한 후 레이아웃하도록 하자.

게재 수초 59 종류 : 412 ~ 470/500 종

위핑 모스
Vesicularia ferriei

털깃털이끼과
분포 : 일본, 중국

광량 : ▢ CO_2양 : ● 저상 : ▲▲

약간 입체적인 모습을 형성하고 풍성하고 부드럽게 축 늘어진 것처럼 생장하는 것이 특징이며 높은 위치에 있는 유목에 활착시켜서 늘어뜨리면 효과적이다. 디오라마계 레이아웃에서는 나무를 표현하기 위해 많이 사용된다. 높낮이 차이가 있다면 낮은 위치의 돌에 활착시켜도 보기에 좋다. 육성방법은 자와모스와 같지만 빛은 확실하게 비치도록 하는 것이 좋다. 최근에 일반화되어 볼 기회가 많다.

아누비아스 나나
Anubias barteri var. *nana*

천남성과
분포 : 카메룬
광량 : ■ CO_2양 : ● 저상 : ▲ ▲

해외에서는 "생장하는 모조수초"라고 불릴 정도로 튼튼한 종이고 수초 입문종의 필두다. 1970년에 재배가 개시된 이후 전 세계에서 사랑받아왔다. 강한 빛이나 CO_2, 비료 첨가 없이 보통의 열대어 사육 수조에서도 잘 자라는 점이 매력이다. 높이 5~15cm. 나일론실이나 비닐끈 등으로 유목과 돌에 고정시켜 활착을 즐기는 것도 쉽고 레이아웃에도 폭넓게 활용할 수 있다.

아누비아스 나나 '볼랑'
Anubias barteri var. *nana* 'Bolang'

천남성과
개량품종
광량 : ■ CO_2양 : ● 저상 : ▲ ▲

노멀종의 잎의 폭을 좁게 만든 것 같은 모습이며 엽신은 길이 5~7cm, 폭 2.5cm, 잎자루는 3.5cm. 엽신은 비교적 평평하고 전체적으로 둥근 분위기다. 부자연스러움이 없어서 현지 수경을 재현한 수조에서도 위화감 없이 사용할 수 있다. 원산지가 같은 종류와 조합하면 레이아웃의 분위기에 일관성이 생긴다. 돌에 활착시키는 것도 좋을 것이다. 육성방법은 노멀종과 같아서 쉽다.

아누비아스 나나 '팩싱'
Anubias barteri var. *nana* 'Paxing'

천남성과 / 개량품종
광량 : ■ CO_2양 : ● 저상 : ▲ ▲

엽신은 좁은 타원형, 잎의 끝부분이 뾰족하고 길이는 3~3.5cm, 폭은 1.4~1.6cm, 잎자루는 16~20mm. 잎의 가장자리는 평활하거나 약간 물결치고 위쪽으로 젖혀져 있다. 줄기는 수평방향으로 뻗어나가고 낮게 퍼진다. 소형종 중에서도 비교적 특징적인 모습을 가지고 있다. 육성방법은 노멀종과 같고 활착능력, 튼튼함도 같다. 포복하는 성질을 이용하여 전면에 심어도 좋지만 줄기를 묻을 정도로 깊게 심는 것은 금물.

아누비아스 나나 '본사이'
Anubias barteri var. *nana* 'Bonsai'

천남성과
개량품종
광량 : ■ CO_2양 : ● 저상 : ▲ ▲

약간 크기가 작은 나나의 바리에이션이며 높이는 5cm 정도 낮아진다. 잎의 폭이 좁고 색이 진해서 샤프한 인상이 느껴진다. 소형수조에서 세련되게 사용할 수 있고 대중적인 종에서 느껴지기 쉬운 촌스러운 느낌이 없어서 레이아웃에서도 요긴하게 쓰인다. 튼튼하다는 점은 노멀종과 다르지 않지만 생장속도는 비교적 느리다. 현재 해외의 여러 농장에서 수입되고 있지만 네덜란드 품종이 대표적이다.

아누비아스 나나 '카메룬'
Anubias barteri var. *nana* 'Cameroon'

천남성과
분포 : 카메룬
광량 : 🟨 CO_2양 : 🔵 저상 : 🔺🔺

세계 곳곳의 수초 농장에서 생산되고 있지만 야생종은 카메룬에만 분포해 있다. 잎은 좁은 난형 또는 난형, 녹색이거나 진한 녹색, 잎의 가장자리는 완만하게 물결친다. 잎의 끝부분이 뾰족하고 짧은 돌기가 있다. 바테리 종류는 잎보다 꽃을 높게 올리는 종류가 많은 것이 특징이고 본종도 예외는 아니다. 막 입하된 와일드 개체는 육성환경을 잘 갖추는 것이 중요하다. 적응하면 농장 개체와 마찬가지로 튼튼하다.

아누비아스 나나 '코인 리프'
Anubias barteri var. *nana* 'Coin Leaf'

천남성과
개량품종
광량 : 🟨 CO_2양 : 🔵 저상 : 🔺🔺

중국에서 들어오기 시작하다가 동남아시아, 유럽에서도 입하되고 있다. 이름 그대로 잎이 둥글고 바테리에 나나의 귀여움을 더한 것 같은 분위기다. 소형수조에서 바테리 대신 사용해도 재미있을 것이다. 잎의 색이 진해서인지 개량품종의 부자연스러움이 느껴지지 않아서 레이아웃에서도 사용하기 편하다. 나나의 소형종과 상성이 좋으므로 한 번 시도해보기 바란다.

아누비아스 나나 '아이즈'
Anubias barteri var. *nana* 'Eyes'

천남성과
개량품종
광량 : 🟨 CO_2양 : 🔵 저상 : 🔺🔺

아몬드아이라 불리는, 아름다운 눈동자와 같은 형태를 가진 나나의 개량품종. 약간 두껍고 잎의 색이 진하며 노멀종보다 약간 작다. 상당히 깔끔해서 단독으로도 충분히 보기에 좋고 군생시켜도 아름답다. 차분한 분위기의 레이아웃에 잘 어울린다. 같은 분위기를 가진 아누비아스 가봉과의 상성이 무척 좋다. 유목이나 돌에 문제없이 활착하고 육성방법은 노멀종과 같다.

아누비아스 나나 '골든'
Anubias barteri var. *nana* 'Golden'

천남성과 / 별명 : 골든 나나
개량품종
광량 : 🟨 CO_2양 : 🔵 저상 : 🔺🔺

선명한 옐로우로 물든 잎이 아름다운 나나의 황금잎 품종. 1993년에 대만의 수초 농장에서 태어난 특이한 잎을 가진 개체를 선별하여 증식시킨 것이 2000년부터 판매되어 세계적인 히트 상품이 되었다. 육성방법은 노멀종과 같지만 스팟 모양의 이끼가 발생하기 쉬우므로 질소과다, 장시간의 조명, 물이 고이는 것에 주의하자. 레이아웃에서 가장 먼저 눈길이 가는 포컬 포인트로 최적이다.

아누비아스 나나 '롱 웨이비'

Anubias barteri var. *nana* 'Long Wavy'

천남성과
개량품종
광량 : 🟨　CO₂양 : 🔵　저상 : 🔺🔺

잎의 가장자리가 강하게 물결치는 것이 최대 특징. 잎의 길이 자체는 노멀종과 다르지 않지만 잎의 폭이 좁아서 길게 보인다. 웨이브가 눈에 띄기 때문에 레이아웃의 흐름을 방해하는 일 없이 악센트로 활용할 수 있어 기쁘다. 볼비티스와 부세파란드라와의 친화성이 좋고 통일감이 느껴지는 레이아웃을 만들 수 있다. 육성방법은 노멀종과 같다.

아누비아스 나나 '밀키'

Anubias barteri var. *nana* 'Milky'

천남성과
개량품종
광량 : 🟨　CO₂양 : 🔵　저상 : 🔺🔺

아누비아스 나나 '스타 더스트'를 증식시키는 과정에서 나온 일본산 바리에이션이고 같은 계통이며 하얀색으로 물들어 있는 '알바'의 형제에 해당된다. 이 품종은 잎의 가장자리와 엽맥 등에 희미하게 녹색이 남아있고 잎의 색 자체도 약간이지만 황록색을 띠고 있다. 엽록소의 존재에 의해 진귀하면서도 키우기 쉬운 절묘한 우량품종이 되었다. 잎은 오래될수록 녹색 부분이 늘어난다.

아누비아스 나나 '미니'

Anubias barteri var. *nana* 'Mini'

천남성과
개량품종
광량 : 🟨　CO₂양 : 🔵　저상 : 🔺🔺

정의가 애매해졌지만 원래는 싱가포르의 나나 '쁘띠'(콩나나)와, 네덜란드의 나나 '본사이'의 중간 사이즈인 것이 '미니'이며 대만의 농장에서 입하된 것이 이에 해당된다. 이 소형 3타입의 호칭이 농장마다 다른 것이 애매함의 원인이다. 극히 작지만 적당히 존재감이 있어 활용 범위가 넓다. 노멀종을 그대로 소형화한 형태도 매력적.

아누비아스 나나 '미니 골든'

Anubias barteri var. *nana* 'Mini Golden'

천남성과
개량품종
광량 : 🟨　CO₂양 : 🔵　저상 : 🔺🔺

아누비아스 나나 '골든'의 소형종. '골든'을 작출한 곳과는 다른 대만의 농장에서 작출되었다. 잎의 색은 노멀종보다 덜 밝지만 색조가 자연스러워서 활용범위는 넓다. 좋은 환경에서도 '골든'만큼 커지지는 않는 것도 매력. 큰 유목의 뿌리 부근에 배치하면 나뭇잎 사이로 햇빛이 비쳐서 밝아진 모습을 표현할 수 있다.

콩나나
Anubias barteri var. *nana* 'Petite'

천남성과 / 별명 : 아누비아스 나나 '쁘띠', 아누비아스 나나 퍼티트
개량품종
광량 : 🟨　CO_2양 : 🔵　저상 : 🔺 🔺

잎의 길이 1~1.5cm, 잎의 폭 0.5cm인 나나의 극소품종 중 하나이며 건강하게 자라도 계속 작은 크기를 유지하는 인기종. 세계 각지에서 생산되고 있지만 싱가포르의 농장에서 입하되는 것이 오리지널이고 사이즈도 가장 작다. 잎은 평활하고 말끔한 인상. 유목이나 돌에 활착시켜도 좋고 사이즈감을 이용하여 전경초나 하초로 활용할 수도 있다.

아누비아스 나나 '핀토'
Anubias barteri var. *nana* 'Pinto'

천남성과
개량품종
광량 : 🟨　CO_2양 : 🔵　저상 : 🔺 🔺

독일의 수초 농장에서 판매되고 있는 무늬가 들어간 나나. 전체에 서리가 내린 것 같은 하얀색 얼룩무늬가 들어가 있고, 특히 새로운 잎은 완전히 백색으로 물드는 경우도 있는 우량종. 사이즈는 노멀보다 약간 작고 생장은 느리다. 육성에는 강한 빛, CO_2 첨가 외에 비료가 유효하다. 수초뿐만 아니라 유목이나 돌과 조합할 때도 진한 색과 대비시키면 본종의 아름다움이 더 두드러지게 보인다.

아누비아스 나나 '스타 더스트'
Anubias barteri var. *nana* 'Star Dust'

천남성과
개량품종
광량 : 🟨　CO_2양 : 🔵　저상 : 🔺 🔺

잎에 독특한 얼룩무늬가 들어가 있는 소형 개량품종. 주맥에 유성 같은 하얀색 선이 있고 그 주위에 자잘하게 별들이 뿌려져 있는, 이름 그대로의 멋진 나나다. 육성방법은 노멀과 같고 활착도 가능하다. 잎의 길이가 2cm 정도라서 소형수조에도 사용하기 쉬우며 너무 화려하지도 않아서 다채로운 조합을 즐길 수 있다. 또한 군생미도 훌륭하므로 시간을 들여 키우는 보람이 있다.

아누비아스 나나 '틱 리프'
Anubias barteri var. *nana* 'Thick Leaf'

천남성과
개량품종
광량 : 🟨　CO_2양 : 🔵　저상 : 🔺 🔺

잎의 두께가 특징인 나나의 개량품종. 노멀종보다 명백하게 두껍다. 사이즈는 작고 생장은 느리다. 세로폭이 줄어들고 가로폭이 넓어졌기 때문에 잎의 면적이 오그라들면서 찌부러진 것 같은 이미지가 느껴진다. 잎의 색이 진하다보니 단단할 것 같은 질감. 다른 수초와 분위기를 맞춰도 좋고, 악센트로 사용해도 좋고, 진한 적색과도 잘 어울린다.

아누비아스 나나 '링클드 리프'
Anubias barteri var. *nana* 'Winkled Leaf'

천남성과
개량품종
광량 : 🟨 CO_2양 : 🔵 저상 : 🔺 🔺

잎에 "주름"이 진 독특한 모습의 개량품종. 사이즈는 노멀종보다 작고 높이 5~7.5cm, 잎의 길이는 3~5cm. 표면이 자잘하게 울퉁불퉁하기도 하고 비틀린 부분, 물결, 황록색 얼룩무늬 등, 다양한 표현을 볼 수 있는 것도 특징. 육성방법은 까다롭지 않고 생장은 약간 느리지만 기본적으로 노멀종과 같다. 조연을 맡으면 주연을 돋보이게 해주는 좋은 수초다. 돌과의 상성도 좋다.

아누비아스 나나 '옐로우 하트'
Anubias barteri var. *nana* 'Yellow Heart'

천남성과
개량품종
광량 : 🟨 CO_2양 : 🔵 저상 : 🔺 🔺

밝은 잎의 색이 특징인 소형종. 새로운 잎의 라임그린은 선명해서 눈길을 끈다. 높이는 5cm 정도. 잎의 폭이 좁은 내로우 리프계이고 표면의 주름이 눈에 띄지 않아 평평하고 말끔한 인상이 느껴지며 무거움이 느껴지지 않는다. 밝은 색의 유경초와 상성이 좋고 밝은 조명이 있는 편이 본종도 아름답게 보인다. 육성방법은 노멀종과 같다.

부세파란드라 sp. '그린 웨이비'
Bucephalandra sp. 'Green Wavy'

천남성과 / 별명 : 부세 웨이비그린
분포 : 보르네오(칼리만탄)
광량 : 🟨 CO_2양 : 🔵 저상 : 🔺 🔺

잎은 도피침형이고 가장자리가 완만하게 물결치며 선명한 녹색을 띤다. 차분한 색조가 많은 동속 종류 중에서는 밝고 눈에 잘 띄는 존재. 타이의 농장에서 생산되며 가장 볼 기회가 많은 부세파란드라 중 하나다. 돌이나 유목에 활착시킬 수도 있고 직접 지면에 심을 수도 있다. 하지만 깊게 심는 것에는 주의. 비슷한 색조를 가진 미크로소리움과의 친화성이 높아서 함께 활착시키면 보기에 좋다.

부세파란드라 sp. '그린 웨이비 브로드 리프'
Bucephalandra sp. 'Green Wavy Broad Leaf'

천남성과
분포 : 보르네오(칼리만탄)
광량 : 🟨 CO_2양 : 🔵 저상 : 🔺 🔺

아마도 그린 웨이비와는 다른 종이라 생각되는 대형 부세파란드라. 동속의 대형종은 몇 종류 알려져 있지만 농장에서 생산되어 많이 유통되는 것은 현재 본종이 유일하다. 보이는 모습과는 달리 육성은 쉽지만 생장이 느리고 수조 환경에 적응할 때까지는 약간 주의가 필요하다. CO_2 첨가와 부지런한 환수가 필요하다. 작은 돌 등에 활착시킨 후에 중경에 놓아두면 관리하기 쉽다.

부세파란드라 sp. '케다강'
Bucephalandra sp. 'Kedagang'

천남성과
분포 : 보르네오(칼리만탄)
광량 : ☐ CO₂양 : ● 저상 : ▲ ▲

볼 기회가 많은 부세파란드라의 보급종. 생장이 비교적 빠르고 육성이 쉬우며 돌이나 유목에 활착시키기 쉬워서 레이아웃에서 사용하기 편하다. 자잘하게 물결치는 잎은 진한 적갈색을 띠고 있고 언뜻 보이는 잎자루의 적색도 악센트로 활약한다. 차분한 레이아웃에 어울리며 갈색계 크립토코리네와 같은 포인트에 도움이 된다. 유럽에서도 본종으로 보이는 종류가 유통되고 있는 것 같다.

스키스마토글롯티스 로제오스파타
Schismatoglottis roseospatha

천남성과 / 분포 : 보르네오
광량 : ☐ CO₂양 : ● 저상 : ▲ ▲

잎은 좁은 타원형이고 길이 9~22cm, 폭 1.5~4.5cm, 전체 높이 30cm. 잎자루는 24cm까지 자라지만 물속에서는 3분의 1이하에서 멈춘다. 수중육성이 쉽고 돌 등에 활착시키는 것도 가능. 기질과의 사이에 틈이 생기지 않도록 비닐끈 등으로 고정시키면 좋지만 뿌리줄기에 상처를 입히지 않도록 주의해야 한다. 양치식물, 모스, 부세파란드라와 조합해도 자연감이 느껴져서 좋지만 본종만 군생시키는 것도 볼만한 가치가 있다.

부세파란드라 sp. '테이아'
Bucephalandra sp. 'Theia'

천남성과
분포 : 보르네오(칼리만탄)
광량 : ☐ CO₂양 : ● 저상 : ▲ ▲

잎은 도피침형 또는 도란형이고 광량에 따라 적색이나 진한 녹색으로 변화한다. 발색을 좋게 만들고 싶다면 이끼가 생기지 않도록 주의하면서 조명을 강하게 비추면 된다. 유목에 활착시켜서 조명과의 거리가 가까운 경우에는 새우 등의 힘을 빌려서 이끼 발생을 억제하기 바란다. 바닥에 심는 것도 가능. 만일 주위에 있는 수초로 인해 가려질 것 같다면 작은 돌에 활착시켜서 높게 올리면 건강하게 유지할 수 있다.

부세파란드라 sp. '비블리스'
Bucephalandra sp. 'Biblis'

천남성과
분포 : 보르네오(칼리만탄)
광량 : ☐ CO₂양 : ● 저상 : ▲ ▲

도피침형인 잎은 완만하게 물결치고 막 나온 잎은 연한 갈색을 띠지만 서서히 진한 녹색으로 변하고 때로는 진한 적갈색을 띠기도 한다. 생장이 느려서 이끼가 발생하기 쉬우므로 수질관리를 철저히 하고 자주 환수를 해야 한다. 바닥에 심는 것 보다는 활착시키는 것에 적합하다. 줄기에 상처를 입히지 않도록 주의하며 비닐끈 등으로 흔들리지 않게 고정시키면 새로운 뿌리를 뻗어서 고착한다.

부세파란드라 sp. '레드'
Bucephalandra sp. 'Red'

천남성과
분포 : 보르네오(칼리만탄)
광량 : ▢ CO₂양 : ● 저상 : ▲▲

도피침형인 잎의 길이는 4~6cm, 폭 2~4cm. 잎 가장자리의 물결은 수상엽보다 침수엽 쪽이 현저하다. 잎의 색은 진한 녹색 또는 적색. 줄기의 적색도 수조 안에서는 눈에 띈다. 활착시켜도 좋고 바닥에 심어도 좋지만 줄기에 상처를 입히지 않도록 주의해야 한다. 특히 저상에 너무 깊게 심으면 부패해버리므로 뿌리가 있다면 그것을 사용하여 가볍게 꽂는 정도면 충분하다.

피시덴 모스
Fissidens fontanus

봉황이끼과 / 별명 : 피시덴 폰타누스 , 소봉황모스 , 피닉스모스
분포 : 북미
광량 : ▢▢ CO₂양 : ●● 저상 : ▲▲

아름다운 녹색을 띠고 섬세한 모습을 가진 잎이 매력적인 봉황이끼과 종류. 유목 등에 활착시킨 것 외에 일본 내에서 증식시킨 것이 낱개로 유통된다. 이전에 비하면 쉽게 키울 수 있게 되었다. 육성의 기본은 남미 모스와 같다. 비교적 저수온을 좋아하기 때문에 여름철 고온시에는 쿨러나 팬을 사용하는 것이 효과적이다. CO₂ 첨가량과 환수하는 양을 늘리는 것만으로도 상태가 좋아진다옆

윌로 모스
Taxiphyllum barbieri

털깃털이끼과
분포 : 아시아
광량 : ▢ CO₂양 : ● 저상 : ▲▲

수조에서 육성할 수 있는 수생 이끼식물 중에서는 가장 튼튼하다. 특별한 설비가 없어도 자라기 때문에 물고기의 산란상으로도 사용할 수 있어 메다카 사육자들에게 인기가 높다. 레이아웃에서는 유목이나 돌 등에 고착(활착)하는 성질을 이용할 수 있다. 겹치지 않도록 기질에 얇게 붙이고 무명실이나 낚싯줄로 떠오르지 않도록 감으면 1개월 정도 후에 새로운 잎이 자라기 시작하여 아름다워진다.

불꽃 모스 (주목이끼의 일종)
Taxiphyllum sp.

털깃털이끼과 / 별명 : 플레임 모스
분포 : 불명
광량 : ▢ CO₂양 : ● 저상 : ▲▲

플레임은 "Flame", 즉 불꽃을 말한다. 그야말로 타오르는 불꽃처럼 위쪽으로 솟아오르는 것처럼 뻗어나간다. 납작하고 평평하게 자라는 종류가 많은 와중에, 이 특징적인 모습을 레이아웃에 활용하지 않을 수가 없다. 유목이나 돌에 감아서 무성하게 만드는 것이 일반적이지만 유럽의 레이아우터처럼 침엽수를 표현할 때 사용하는 방식도 재미있을 것 같다.

스파이키 모스
Taxiphyllum sp.

털깃털이끼과
분포 : 불명
광량 : 🟨　CO₂양 : 🔵　저상 : 🔺🔺

자와모스보다 크고 예리한 각도로 끝으로 갈수록 가늘어지는 삼각형으로 자란다. 상태 좋게 완성되면 대형 양치식물과 같은 박력이 느껴진다. 가지와 잎이 성기게 자라기 때문에 약간 두껍게 키우는 편이 보기에 좋다. 단, 너무 두꺼우면 떨어져 버리는 것은 다른 종과 같다. 생장이 느리므로 일찌감치 대처하도록 하자. 약간 어두운 환경에도 적응하기 때문에 유경초의 그늘 등에도 사용할 수 있다.

자와 모스
Vesicularia dubyana

털깃털이끼과 / 별명 : 삼각모스, 자바모스, 남미 윌로 모스, 남미 모스, 크리스마스 모스(Tropica) / 분포 : 열대 아시아
광량 : 🟨　CO₂양 : 🔵　저상 : 🔺🔺

좋은 상태로 키우면 아름다운 삼각형으로 퍼지면서 겹쳐지며 자란다. 수생 이끼식물 중에서도 톱클래스의 아름다움을 자랑한다. 강한 빛과 그에 알맞은 CO₂ 첨가가 필요. 일주일에 1번, 3분의 1 환수라는 기본을 지키면 좋다. 처음에는 가능한 한 얇게 활착시키고, 두꺼워지면 아래쪽부터 시들어버리므로 적당한 시기에 뽑아내서 빛이 잘 들고 물 흐름이 좋아야 한다.

크리스마스 모스
Vesicularia montagnei

털깃털이끼과
분포 : 열대 아시아
광량 : 🟨　CO₂양 : 🔵　저상 : 🔺🔺

잎은 광란형. 잎 끝의 가운데가 볼록 튀어나와 있어서 자와 모스나 위핑 모스와는 다른 날카롭고 단단한 인상이 느껴진다. 전체적으로 크리스마스트리처럼 갸름한 삼각형이 된다. 수조 안에서 조명을 받았을 때 하얗게 반사되는 모습이 까칠까칠하게 마른 것처럼 보인다는 점도 인상을 강하게 만드는 요인이다. 밝은 색의 유경초부터 어두운 색의 양치식물까지, 다른 수초의 매력을 돋보이게 만들어준다.

리버 모스
Fontinalis hypnoides

강물이끼과 / 별명 : 강물이끼
분포 : 북반구에 널리 분포
광량 : 🟨　CO₂양 : 🔵　저상 : 🔺🔺

일본에도 있지만 해외에서 유통되는 것이 수온 적응력이 좋아 키우기 쉽다. 잎은 아름다운 녹색이고 평평하고 접혀 있지 않으며 부드러운 것이 특징. 수류를 좋아하므로 필터의 출수구를 잘 이용해보자. 별도로 수중 펌프를 부착하는 것도 좋다. 밝은 환경을 좋아하므로 모스라고 해서 조명을 약하게 비추면 안 된다. 활착력은 약하기 때문에 낚싯줄 등으로 감아서 활착시켜야 한다.

디스치코필름 마이바래
Distichophyllum maibarae

기름종이이끼과 / 별명 : 디스티조필럼 마이바래
분포 : 중국 , 동남아시아 , 인도
광량 : 🟨　CO₂양 : 🔵　저상 : 🔺🔺

줄기는 2cm 정도이며 비스듬히 위로 자라면서 드문드문 분지한다. 잎은 빽빽하면서 약간 평평하게 달리고 잎 끝은 넓게 뾰족하다. 수중에서는 줄기가 길게 자라고 잎도 넓게 달리기 때문에 마치 작은 유경초를 보는 것 같다. 자연에서는 젖은 바위 위에 군생한다. 그래서인지 돌과의 친화성이 높고 잘 어울린다. 활착력은 강하지 않으므로 고정시킬 때는 낚싯줄이나 스테인리스 망을 사용해야 한다. CO₂ 첨가가 효과적.

스트링기 모스
Amblystegium riparium

버들이끼과 / 별명 : 스트링이 모스 , 버블 모스
분포 : 전 세계에 널리 분포
광량 : 🟨　CO₂양 : 🔵　저상 : 🔺🔺

전 세계에서 볼 수 있는 광역분포종이며 일본에서는 수로 벽면에 빽빽하게 고착되어 있는 모습을 자주 볼 수 있다. 줄기는 가늘고 잎은 피침형이며 끝이 가늘고 길게 뾰족해서 전체적으로 샤프한 인상이 느껴진다. 지수역에도 자생하지만 흐르는 물속에서 더 아름답다. 수조에서도 수류를 만들어주고 고온에 주의하자. 테이프 모양의 수초와 친화성이 높고 광합성으로 인해 발생하는 기포도 본종의 매력이라고 할 수 있다.

자이언트 펄모스
Plagiochila sp.

날개이끼과 / 별명 : 카메룬 모스 , 카메룬 날개이끼
분포 : 카메룬
광량 :   CO$_2$양 :   저상 : ▲ ▲

줄기는 비스듬히 자라고 난형 또는 장방형의 녹갈색 잎이 기와모양으로 달린다. 활착성이 있기 때문에 유목이나 돌에 감아서 즐길 수 있다. 원산지가 같은 아누비아스나 볼비티스와 조합하는 것이 일반적이지만 미크로소리움이나 부세파란드라와의 상성도 상당히 좋다. 길게 자라게 해서 늘어뜨리는 방법도 추천한다. 생장이 느리므로 이끼가 발생하지 않도록 수질관리를 잘 하고 새우 투입 등으로 예방하도록 하자.

가는물우산대이끼
Apopellia endiviifolia

물우산대이끼과
분포 : 한반도 , 북반구
광량 :   CO$_2$양 :   저상 : ▲ ▲

물가뿐만 아니라 절이나 공원, 인가의 마당 등, 건물 북측의 습한 땅에 생육하고 있는 경우도 있다. 엽상체가 홍자색을 띠는 경우가 있다. 아쿠아리움에서는 비교적 오래전부터 이용되어왔고 수중에서는 보통 녹색을 띠고 투명한 느낌이 나서 아름답다. 뿔뿔이 흩어지지 않도록 망에 넣거나 낚싯줄로 빽빽하게 감아서 사용한다. CO$_2$ 첨가가 효과적이다.

프리미엄 모스
Riccardia graeffei

산호우산대이끼과 / 별명 : 코랄 모스 , 리카르디아 그라에페이
분포 : 열대아시아 , 오스트레일리아 , 태평양 제도
광량 :   CO$_2$양 :   저상 : ▲ ▲

수조에서 육성하는 이끼 식물은 남미 모스와 같은 선류가 많고 태류는 많지 않다. 그 몇 안 되는 태류 중 하나이며 현재 세계적으로 퍼진 아쿠아리움 모스 유행의 선구자와 같은 존재 중 하나이기도 하다. 육성은 쉽고 활착도 간단하다. 유목뿐만 아니라 돌과도 잘 어울린다. 겹쳐지듯이 늘어나므로 적당한 시기에 뽑아 내지 않으면 아래쪽이 썩어서 떨어져버리므로 주의하자.

물미역 모스
Monosolenium tenerum

모노솔레니움과 / 별명 : 모노솔레니움 테네룸
분포 : 일본 , 동아시아 , 히말라야 , 자바 , 인도 , 하와이
광량 :   CO$_2$양 :   저상 : ▲ ▲

반투명하고 심녹색을 띤 엽상체가 수중에서 시선을 끈다. 육성은 기본적으로 쉽고 수온, 수질, 빛에 대해 적응하는 폭이 넓다. 하지만 아름답게 키우기 위해서는 CO$_2$ 첨가, 질소분 공급을 포함하여 더 좋은 조건을 준비해두는 편이 유리하다. 뿔뿔이 흩어지지 않도록 활착망에 넣거나 낚싯줄로 빽빽하게 감아서 사용한다. 바로 봉긋하게 자라기 때문에 돌 등에 붙여서 중경에 이용하는 경우가 많다.

리시아
Riccia fluitans

둥근이끼과
분포 : 전 세계에 널리 분포
광량 : 🟨🟨 CO₂양 : 🔵🔵 저상 : 🔺🔺

이끼 식물의 일종. 논 주변 등에서는 육생형도 볼 수 있지만 원래는 부유식물로 생활하고 있다. 수조 안에서는 떠오르지 않도록 활착망 등에 넣어 가라앉혀서 육성한다. 이전에는 전경에서 많이 사용되었지만 최근에는 볼 기회가 줄어들어 아쉽다. 광합성을 할 때 나오는 산소 기포가 무척 아름다워서 식물, 더 나아가서는 자연의 훌륭함을 실감할 수 있는 등, 리시아의 존재의의는 크다.

자와환
Bolbitis heteroclita

면마과 / 별명 : 볼비티스 헤테로클리타
분포 : 일본, 중국, 인도부터 뉴기니
광량 : 🟨🟨 CO₂양 : 🔵🔵 저상 : 🔺🔺

뿌리줄기는 길게 옆으로 뻗어나가고 엽신은 단우상이며 길이가 20cm 전후인 잎자루 끝에 25cm 이상 자라기도 하는 정우편, 길이 10cm 정도인 측우편이 달린다. 측우편은 5쌍 이하이고 통상적으로 유통되는 것은 1쌍인 종류가 많다. 정우편에 무성아가 달리기 때문에 증식은 쉽다. 생장은 상당히 느리지만 투명한 느낌의 아름다운 침수엽을 보여준다. 새로운 물과 수류를 좋아한다. 낮은 pH에는 주의.

자와환 '쿠스피다타'
Bolbitis heteroclita 'cuspidata'

면마과 / 별명 : 볼비티스 헤테로클리타 '쿠스피다타' / 분포 : 필리핀(루손섬)
광량 : 🟨🟨 CO₂양 : 🔵🔵 저상 : 🔺🔺

자와환의 왜성 바리에이션 중 하나이며 수조 안에서는 높이가 10cm 정도다. "베이비 리프" 보다는 크지만 소형이다. 팔루다리움은 물론이고 수중 육성도 가능하다. 같은 그룹에 속한 3종류 중에서는 가장 수중 재배에 적합하다. 신선한 물을 좋아하므로 환수를 부지런히 해야 하고 CO₂ 첨가도 잊지 말기 바란다. 동속의 헤우델로티와는 다른 분위기가 나고 소형수조에도 사용하기 편하다.

볼비티스 '베이비 리프'
Bolbitis heteroclita 'difformis'

면마과 / 별명 : 미니 볼비티스
분포 : 필리핀(네그로스섬)
광량 : 🟨🟨 CO₂양 : 🔵🔵 저상 : 🔺🔺

일반적인 통칭명 외에 미니 볼비티스 등으로도 불리는 왜성 바리에이션. 수조 안에서는 5~7cm 정도까지만 자라는 소형이다. difformis는 라틴어로 "형태가 변했다"라는 의미이며 자와환과 같은 종이라고는 도저히 생각할 수 없을 정도로 형태가 달라서 이전에는 다른 종으로 취급했을 정도다. 육성방법은 기본종과 같지만 수조에서 육성하는 일이 간단하지는 않다. 팔루다리움 등에서는 그 특이한 모습을 쉽게 즐길 수 있다.

볼비티스 헤우델로티
Bolbitis heudelotii

면마과
분포 : 아프리카
광량 : 🟨 CO₂양 : 🔵 저상 : 🔺🔺

아프리카를 대표하는 수생 양치식물. 투명한 느낌이 나는 심녹색 잎이 아름다운 인기종이다. 유목이나 돌 등에 활착시킬 수 있어 레이아웃에서는 빼놓을 수 없는 존재가 되었다. 뿌리줄기에 상처를 입히지 않도록 주의하며 유목과 돌에 고정시키면 몇 주 사이에 뿌리를 내린다. 신선한 물, CO₂ 첨가, 적당한 수류가 유효. 산지가 같은 아누비아스와의 상성이 좋다. 아무쪼록 조합해서 즐겨보기 바란다.

미크로소리움 프테로푸스 🟩
Microsorum pteropus

고란초과
별명 : 미크로소리움
분포 : 아시아 온대지역
광량 : 🟨 CO₂양 : 🔵 저상 : 🔺🔺

잎은 3출엽이거나 아쿠아리움에서 일반적으로 볼 수 있는 단엽. 길이 30cm, 폭 5cm 정도지만 산지에 따라 사이즈와 형태가 다양하다. 어두운 환경에 대한 내성이 강해서 설비와 관련해서는 크게 신경쓰지 않아도 된다. 뿌리줄기에 상처를 입히지 않도록 주의하며 비닐끈 등으로 유목이나 돌에 고정시키면 쉽게 착생시킬 수 있다.

미크로소리움 '선라이즈'
Microsorum pteropus 'APC Sunrise'

고란초과
분포 : 인도네시아
광량 : 🟨　CO_2양 : 🔵　저상 : 🔺 🔺

폭이 넓은 중앙열편의 가장자리에 가늘고 길고 뾰족한 열편이 다수 있으며 드물게 깊게 갈라져 있는 경우도 있는 화려한 인상의 대형종. 해외 열대지역에 자생하는 식물이라고는 해도 울창한 삼림 속 어두운 계류 옆에서 물보라를 맞으며 생활하는 미크로소리움 종류는 더위에 대한 내성이 약하므로 수온이 27℃ 이상 올라가지 않도록 주의해야 한다. 냉각 외에 자주 환수를 하는 것도 효과적.

미크로소리움 '브로드 리프'
Microsorum pteropus 'Broad Leaf'

고란초과
분포 : 동남아시아
광량 : 🟨　CO_2양 : 🔵　저상 : 🔺 🔺

높이 20~50cm로 자라는, 폭이 넓은 대형종. 잎이 얇고 부드러운 것도 특징 중 하나다. 수조생활도 특기이며 양치병에 잘 걸리지 않는 튼튼한 종이다. 미크로소리움은 유목이나 돌에 활착시키는 것이 일반적이지만 본종과 같은 대형종은 직접 지면에 심는 것도 가능하다. 하지만 잎과 뿌리가 뒤섞이면 물이 잘 지나다니지 못해서 양치병이 발생할 수 있으므로 일찌감치 잘라내버리면 좋다.

미크로소리움 '포크 리프'
Microsorum pteropus 'Fork Leaf'

고란초과
분포 : 대만 ?
광량 : 🟨　CO_2양 : 🔵　저상 : 🔺 🔺

이름 그대로 포크처럼 생긴, 잎의 폭이 좁은 측열편을 다수 가지고 있는 중형종. 빛이 너무 강하면 이 측열편의 폭이 넓어져서 특징이 약해진다. CO_2를 첨가하지 않아도 시들지 않지만 역시 있는 편이 상태는 좋아진다. 특히 빛을 강하게 비추고 있는 경우에는 CO_2 첨가가 이끼 발생 예방에 도움이 된다. 잘 생장하고 병에도 강하며 육성이 쉬운 바리에이션 중 하나다.

미크로소리움 '플레이밍'
Microsorum pteropus 'Flaming'

고란초과
분포 : 동남아시아
광량 : 🟨　CO_2양 : 🔵　저상 : 🔺 🔺

잎의 길이 10cm, 폭 1cm 정도의 소형종. 잎 전체가 물결쳐서 불꽃이 흔들거리는 것처럼 보이는 것이 최대 특징이다. 이름의 유래가 같은 플레임 모스나 에키노도루스 레드 플레임 등과 조합하면 재미있다. 작지만 볼륨감이 있어서 소형수조에 사용해도 박력 있는 모습을 즐길 수 있다. 보이는 것 이상으로 튼튼하고 키우기 쉬운 종류다.

미크로소리움 '내로우 미니'
Microsorum pteropus 'Narrow Mini'

고란초과 / 분포 : 동남아시아
광량 : ☐ CO_2양 : ● 저상 : ▲ ▲

이름 그대로 가는 잎을 가진 소형종. 잎의 가장자리는 완만하게 물결치고 엽신에도 약간 웨이브가 들어가 있다. 유목에 붙여도 돌에 붙여도 아름답다. 다른 미크로소리움과 조합할 때 크고 작은 사이즈를 활용하여 원근감을 연출하는 것도 재미있다. 메탈 할라이드를 사용하면 가는 잎을 가진 수초는 잎이 단단해지고 짧아지는 경향이 있다. LED에서는 그런 현상이 나타나지 않으므로 조명기구를 구별해서 사용하는 것이 좋다.

미크로소리움 프테로푸스 '퍼티트'
Microsorum pteropus 'Petite'

고란초과 / 별명 : 미크로소리움 퍼티트
개량품종
광량 : ☐ CO_2양 : ● 저상 : ▲ ▲

잎의 폭이 좁고 노멀의 반 정도 사이즈인 소형품종. 잎의 표면이 눈에 띄게 울퉁불퉁하고 잎 가장자리가 물결치는 개성적인 모습이다. 독일의 농장에서 보다 더 소형인 개체를 선별하고 조직배양으로 증식시켜 생산했다고 한다. 엽신이 약하게 뒤틀리듯이 자라므로 플레임 모스와 조합해보는 것도 재미있을지 모른다. 콜렉션보다 실제 레이아웃에 활용하기 쉽다.

미크로소리움 '필리핀'
Microsorum pteropus 'Philippine'

고란초과
분포 : 필리핀
광량 : ☐ CO_2양 : ● 저상 : ▲ ▲

엽신에 들어간 엽맥이 규칙적으로 늘어서 있는 그물맥인 것이 특징인 중형종. 양치병에 잘 걸리지 않고 키우기 쉽다. 하지만 생장이 느리고 천천히 자라는 미크로소리움 종류는 시간이 경과한 수조환경을 좋아하는 수염이끼가 발생하기 쉬운 것이 난점이다. 야마토 새우나 시아미즈 플라잉폭스를 동거시켜두면 꽤 좋은 예방이 된다.

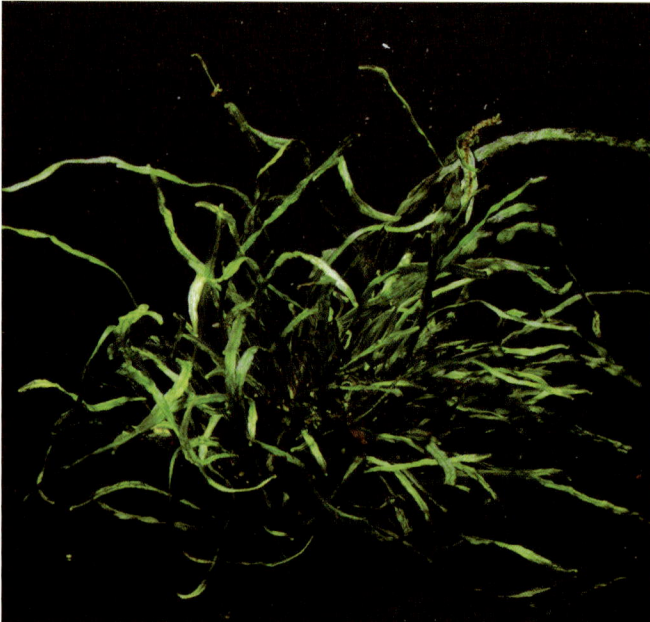

미크로소리움 '리얼 내로우'
Microsorum pteropus 'Real Narrow'

고란초과
분포 : 타이
광량 : ☐ CO_2양 : ● 저상 : ▲ ▲

잎의 폭이 좁은 바리에이션 중에서는 대표적인 존재. 엽신이 물결치고 진한 녹색으로 물드는 점도 본종의 매력 중 하나이다. 주연으로서 단독으로 사용해도 눈길을 끌지만 다른 수초를 돋보이게 해주는 역할도 잘한다. 자잘한 잎을 가진 유경초와 조합할 때는 노멀보다 내로우계가 단연 조합시키기 쉽다. 세미 내로우, 내로우 내로우 등의 다양한 버라이어티가 있으며 용도에 따라 구별해서 사용할 수 있다.

활 착

미크로소리움 '스몰 리프'
Microsorum pteropus 'Small Leaf'

고란초과
분포 : 타이
광량 : 🟨　CO$_2$양 : 🔵　저상 : 🔺🔺

소형종 중에서는 오래전부터 유통되어 대중적인 바리에이션. 사이즈 덕분에 다양한 장소에서 이용이 가능하고 소형부터 대형까지 폭넓은 수조에 사용할 수 있다. 희귀할 뿐만 아니라 사용하기가 쉬워서 인기가 높다. 27℃가 넘으면 양치병에 걸릴 위험성이 높아지므로 무더위가 심한 여름철 몇 개월만이라도 수조용 팬이나 쿨러, 에어컨으로 수온을 조절하는 것이 좋다.

미크로소리움 '소드 리프'
Microsorum pteropus 'Sword Leaf'

고란초과
분포 : 동남아시아
광량 : 🟨　CO$_2$양 : 🔵　저상 : 🔺🔺

노멀 타입 중에서는 잎의 폭이 좁고 샤프한 인상. 녹색 잎이 직립하듯이 자라는, 높이 20~30cm 정도의 중~대형종. 육성은 쉽다. 미크로소리움은 원래 잎이 빽빽하게 자라는 성질이 있으므로 너무 뒤섞이지 않도록 주의해야 한다. 뒤섞이면 물이 잘 지나다니지 못해서 양치병에 걸리기 쉬워진다. 오래된 잎부터 제거하여 물이 정체되지 않도록 주의하자.

미크로소리움 '토르스 해머'
Microsorum pteropus 'Thors Hammer'

고란초과
분포 : 불명
광량 : 🟨　CO$_2$양 : 🔵　저상 : 🔺🔺

북유럽 신화의 신, 토르가 가지고 있는 망치의 이름을 붙인 품종. 마찬가지로 끝부분이 특징적인 윈델롭보다는 선단이 가늘어지지 않고 넓다. 잎의 끝부분만 갈라지는 것이 아니라 기간티아와 많이 비슷한 모습이며 이름 그대로 강한 힘이 느껴지는 이미지가 인상적. 존재감이 있기 때문에 용암석 등에 붙여서 낮은 위치에 포인트로 사용하는 것도 좋다. 예민한 부분은 없고 기본방식으로 키워도 잘 자란다.

미크로소리움 '윈델롭'
Microsorum pteropus 'Windelov'

고란초과 / 별명 : 미크로소리움 웬델롭
분포 : 타이
광량 : 🟨　CO$_2$양 : 🔵　저상 : 🔺🔺

중앙열편의 끝이 자잘하게 갈라져 있는, 이른바 사자엽 종류. 양치식물에서는 많이 볼 수 있는 기형엽이다. 높이 10~20cm 정도의 가는 몸을 가진 중형종이며 취급이 쉽다. 동속 종류들은 음생식물로서 어두운 환경에서 잘 자란다고 여기기 쉽지만 실제로 수조에서 잘 자라는 환경은 밝은 환경이며 일반적인 유경초가 아름답게 자라는 광량과 같게 하는 것이 좋다.

미크로소리움 '윈델롭 크레이지 리프'
Microsorum pteropus 'Windelov Crazy Leaf'

고란초과
분포 : 불명
광량 : 🟨　CO$_2$양 : 🔵　저상 : 🔺🔺

윈델롭과 같은 사자엽 품종. 윈델롭보다 적게 갈라지지만 길게 자라는 것이 특징이고 세련된 느낌이 난다. 내로우계로도 사용할 수 있는 중형종이다. 본종뿐만 아니라 동속 종류 전반이 고수온이나 오래된 물 등, 악조건이 겹치면 잎이 갈색이나 검은색으로 변하고 시들어버리는 양치병 증상을 보인다. 한 번 이 증상이 나타나면 연이어 퍼져버리므로 서둘러 대처할 필요가 있다.

미크로소리움 '링클드 리프'
Microsorum pteropus 'Wrinkled Leaf'

고란초과
분포 : 인도
광량 : 🟨　CO$_2$양 : 🔵　저상 : 🔺🔺

마찬가지로 인도에서 입하되는 그린 놈과는 달리 잎 끝이 뾰족하다. 이름 그대로 주름진 잎이 특징. 사이즈를 제쳐두면 노멀종에 가까운 형태다. 유목이나 돌에 활착시키면 이동시킬 때 편하다. 예를 들어 주위에 유경초가 번성해서 물의 흐름이 나빠진 경우에 간단히 이동시키는 것이 가능하다. 조금이라도 물의 흐름이 좋고 빛이 잘 닿는 장소로 옮기자.

그 외의 수초 카탈로그

예를 들어 기구들이 가리거나 하지 않고 수면이 보이는 오픈 수조에서는 부초 등이 레이아웃 소재가 될 수 있다. 기존 스타일에 얽매이는 일 없이 수초 자체가 가지고 있는 매력을 끌어낼 수 있다면 새로운 레이아웃을 만들어내는 것도 가능하다.

게재 수초 30 종류 : 471 ~ 500/500 종

루드위지아 세디오이데스
Ludwigia sedioides

바늘꽃과
별명 : 워터 다이아
분포 : 중미, 남미

광량 : ■■ CO_2양 : ― 저상 : ▲

별명을 봐도 알 수 있듯이 마름모꼴을 닮은 형태를 가진 특이한 루드위지아다. 1cm 정도의 부엽이 다수 자라나고 직경은 10~15cm 정도다. 녹색이나 진한 적색을 띠고 있어 실로 장식적이다. 수조재배에서는 메탈 할라이드와 같은 강력한 조명기구가 필요하며 가능하다면 더 강한 빛을 준비하는 편이 좋다. 실외에서 태양광선으로 재배하는 것이 가장 좋다. 영양분이 풍부하다면 눈에 잘 띄는 황색 꽃을 관상할 수도 있다.

그 외 수초

란돌티아 펀크타타
Landoltia punctata

천남성과
분포 : 일본 , 동아시아 , 남반구
광량 : ▫ CO_2양 : －   저상 : ▴▴

개구리밥 종류의 잎처럼 보이는 것은 잎과 줄기의 형태가 변한 엽상체다. 광택이 나고 녹색으로 물든 엽상체는 관상가치가 높아서 숫자를 잘 컨트롤할 수 있다면 테라리움 등에서도 즐길 수 있다.

좀개구리밥
Lemna aoukikusa

천남성과
분포 : 한국 , 일본
광량 : ▫ CO_2양 : －   저상 : ▴▴

논 등에서 볼 수 있는 고유의 부유식물. 따뜻하고 밝고 영양이 풍부한 환경을 좋아하고 수조에서도 쉽게 증식, 폭발적으로 번식하는 경우도 있다. 일년생이고 종자로 월동하며 봄이 지날 무렵에 발아한다.

렘나 미노르
Lemna minor

천남성과 / 별명 : 나도좀개구리밥
분포 : 남미를 제외한 전 대륙에 널리
광량 : ▫ CO_2양 : －   저상 : ▴▴

엽상체는 넓은 타원형이고 좌우 대칭. 약간 두꺼운 것이 특징. 뿌리는 하나고 끝부분이 둥글며, 좀개구리밥의 경우 뿌리가 붙어 있는 부분에 날개가 있지만 본종에게는 없다. 상록성이라서 겨울에도 시들지 않고 엽상체 그대로 해를 넘긴다

렘나 미누타
Lemna minuta

천남성과
분포 : 남미(일본, 동아시아, 유럽에 귀화)
광량 : ▫ CO_2양 : －   저상 : ▴▴

추위에 강하고 엽상체인 채로 월동한다. 생장력이 왕성하고 사이즈 때문에 완전히 제거하는 것이 어렵지만 불필요한 양분을 흡수해주거나 과도한 빛을 차단해주는 역할로 사용될 때도 있다.

렘나 트리술카
Lemna trisulca

천남성과
분포 : 세계 각지(남미대륙 제외)
광량 : ▫▫ CO_2양 : ●   저상 : ▴▴

침수성 부유식물. 엽상체는 한자 "品"과 같은 형태를 하고 있고 투명한 느낌이 나서 동속 종류 중에서는 이채로운 존재다. 수조재배가 쉬운 부류이며 CO_2 첨가, 고광량, 소일 사용이 유효

개구리밥
Spirodela polyrhiza

천남성과
분포 : 세계각지(남미와 뉴질랜드 제외)
광량 : ▫ CO_2양 : －   저상 : ▴▴

엽상체의 길이가 3~10mm, 폭 2~8mm로 커서 눈에 잘 띈다. 광택이 나는 잎은 관상가치가 높고 양을 조정하기도 쉬워서 취급이 편하다. 다년생이고 실외 수반에서 쉽게 재배, 증식이 가능하다.

분개구리밥
Wolffia globosa

천남성과 / 분포 : 세계 각지(귀화 포함)
광량 : ▫ CO_2양 : －   저상 : ▴▴

1mm도 되지 않는 극히 작은 부유식물. 뿌리는 없다. 세계에서 가장 작은 종자식물이며 꽃도 세계에서 가장 작다고 알려져 있지만 육안으로는 확인할 수 없다. 수초수조에서 재배하기가 의외로 어렵고 실외 수반 등에서 재배하는 것이 적합하다.

워터 포피
Hydrocleys nymphoides

택사과 / 별명 : 물양귀비 / 분포 : 중미 , 남미
광량 : ▫▫ CO_2양 : －   저상 : ▴▴

잎은 관상가치가 높고 수반이나 오픈 수조에서 즐길 수 있으며 수면 위로 10cm 정도 꽃자루를 뻗어서 꽃잎이 3장인 노란색 꽃을 피운다. 주로 영양번식으로 증식한다. 깊은 수반 등에서는 월동하는 경우도 있으므로 실외에서 야생화되는 것에 주의하자.

아마존 프로그비트
Limnobium laevigatum

자라풀과
분포 : 남미
광량 : ▫▫ CO_2양 : －   저상 : ▴▴

잎의 뒷면이 스펀지처럼 부풀어서 물에 뜨는 부유식물. 조건이 맞으면 러너를 뻗어서 잘 번식한다. 산지에 따라 호피무늬가 현저한 소형종도 있다. 생태계에 미칠 피해를 방지하기 위해서라도 야생화에 주의하자.

스트라티오테스 알로이데스
Stratiotes aloides

자라풀과 / 분포 : 유럽
광량 : ■■ CO₂양 : — 저상 : ▲▲

여름에는 수면까지 올라가지만 겨울에는 바닥에 가라앉아서 월동한다. 약 4800만년 전 화석에서도 발견되어 생태적으로도 흥미진진한 부분이 많은 진귀한 식물이다. 이름 그대로 알로에를 연상시키는 단단한 잎을 가지고 있고 이 잎에는 날카로운 톱니가 있어 관상가치가 높은 스타일리쉬한 모습이다. 유럽에서는 연못이나 수반에서 많이 재배되지만 관엽수초로서 수조에서 재배한다는 새로운 접근법도 가능할 것이다. 잎에 찔리면 아프니 취급할 때 주의하자.

부레옥잠 '얼룩무늬'
Eichhornia crassipes 'Variegata'

물옥잠과
개량품종
광량 : ■■ CO₂양 : — 저상 : ▲▲

부레옥잠은 남미원산 부유식물이다. 높이는 10~80cm, 100cm를 넘기는 경우도 있다. 엽신은 5~20cm, 총상화서로 25개 전후의 꽃을 피운다. 잎자루의 중간부분이 부풀어 올라 부낭 역할을 하면서 물에 뜬다. 얕은 여울 등에서 뿌리를 내렸을 때나 과밀상태가 되었을 때 등에는 이 부낭이 발달하지 않고 키가 커지는 경우도 많다. 잎에 들어가 있는 무늬는 낮은 온도에서 더 선명해지기 쉽다.

하이그로리자 아리스타타
Hygroryza aristata

벼과
분포 : 인도, 스리랑카, 타이, 중국남부
광량 : ■■ CO₂양 : — 저상 : ▲▲

물잔디 등 부엽으로 볼 수 있는 벼과 식물이 여러 종류 있지만 본종은 엽초가 스펀지처럼 부풀어 올라 뜨기 쉽게 되어 있어 부엽생활에 특화된 종류다. 녹백색 잎의 길이는 4~7cm, 폭 1.5~3cm이며 까칠까칠해서 물을 잘 튕겨내는 구조다. 일시적으로 침수화도 가능하지만 바로 줄기를 뻗어서 수면 위로 나와 버린다. 육성에는 강한 빛이 절대적으로 필요하다.

멕시코 붕어마름
Ceratophyllum demersum 'Mexico'

붕어마름과
분포 : 멕시코
광량 : ■ CO₂양 : ● 저상 : ▲▲

잎은 7~11윤생하고 길이는 3~4cm. 본종 이외에, 예를 들어 보통 붕어마름도 줄기가 붉게 물드는 경우가 있지만 본종은 항상 줄기가 붉은색인 것이 특징이다. 진한 녹색 잎과 잘 어울려서 관상가치가 높다. 기본적인 육성조건은 일반적인 붕어마름과 같다. 알칼리성 물에서는 뻣뻣하게 단단히, 산성 물에서는 부드럽게 자란다. 현지에서는 식용 양식 틸라피아의 먹이로 사용된다고 한다.

붕어마름
Ceratophyllum demersum

붕어마름과
분포 : 전 세계에 널리 분포
광량 : ■ CO₂양 : ● 저상 : ▲▲

뿌리가 없고 수면 아래를 부유하며 생활하는 침수성 부유식물. 줄기는 분지하면서, 길 때는 1m 이상 자라기도 한다. 잎은 6~12윤생하고 길이는 2~3.5cm, 선상열편이 1~2회 두 갈래로 나뉜다. 열편의 가장자리에는 눈에 잘 띄는 톱니가 있다. 특별한 설비가 없어도 자라는 튼튼한 종이라서 초보자에게 적합하다. 생장이 빠르므로 세팅 초기의 소일 수조에서 불필요한 영양분을 흡수시켜 이끼를 예방하는 식물로 사용해도 좋다.

케라토필룸 수브메르숨
Ceratophyllum submersum

붕어마름과
분포 : 전 세계에 널리 분포
광량 : ■ CO₂양 : ● 저상 : ▲▲

붕어마름과 닮았지만 본종은 열편이 3~4회, 두 갈래로 나뉜다. 잎 끝부분의 숫자를 비교해보면 붕어마름이 3~4인 것에 비해 본종은 6~8이다. 톱니가 눈에 띄지 않는 경우도 있고 부드럽게 부풀어 있는 붓 같은 인상이 특징적이며 해외에서는 소프트 혼워트라고 불리는 경우도 있다. 독일산이나 페루산이 유통되고 사이즈와 형태, 색 등은 산지에 따라 다르다.

물미모사
Neptunia oleracea

콩과
분포 : (미국 남부와 멕시코?)
광량 : ☐☐ CO$_2$양 : — 저상 : ▲▲

줄기 주위에 스펀지처럼 생긴 하얀색 부낭이 생기고 1~1.5m까지 자라는 부엽성 식물. 우상복엽을 형성하고 긴 타원형의 소엽 8~18쌍이 달린다. 소엽은 길이 0.4~1.8cm, 폭 3mm. 취면운동을 행한다. 꽃은 동그란 형태의 두상화서이고 황색. 어린 싹이나 줄기를 식용으로 이용하기 위해 동남아시아에서 널리 재배되고 있다. 함수초를 닮은 재미있는 겉모습을 가지고 있어 수면의 악센트로 인기다.

필란투스 플루이탄스
Phyllanthus fluitans

여우주머니과 / 분포 : 중남미
광량 : ☐☐ CO$_2$양 : — 저상 : ▲▲

동과 식물 중에서는 상당히 드문 수생식물이며 부유성이다. 잎은 원형이고 1~2cm. 녹색부터 황색, 오렌지색, 갈색, 적색 등, 잎의 색이 다양하다. 여러 가지 색으로 물든 부초로서 귀중한 존재다. 여름철에는 실외에서 잘 자란다. 단, 갑자기 직사일광을 받으면 잎이 타서 시들어버리므로 그늘부터 서서히 적응시키는 것이 좋다. 저온과 습도가 높은 환경을 좋아하지 않으므로 주의. 적절한 온도는 25~28℃. 약산성 수질을 좋아한다.

루드위지아 플로팅 플랜트
Ludwigia helminthorrhiza

바늘꽃과 / 별명 : 부엽 루드위지아 / 분포 : 멕시코부터 파라과이
광량 : ☐☐ CO$_2$양 : — 저상 : ▲▲

부유성이고 스펀지 모양의 물에 뜨는 뿌리를 형성하며 엽맥이 눈에 띄지 않는 둥근 잎을 빽빽이 전개한다. 뿌리는 최대 2cm 정도까지 자라고 하얀색이라 눈에 띄어서 좋은 악센트가 되어준다. 얕은 여울에서는 약간 목질화한 줄기로 기어가듯이 자라는 경우도 있다. 육성에는 고광량은 물론이고 수온과 기온도 높아야 한다. 여름철에 잘 생장한다. 오픈 수조에서 유목 등에 감아서 움직이지 않게 고정시키면 남미 물가의 분위기를 연출할 수 있다수조에서 유목 등에 감아서 움직이지 않게 고정시키면 남미 물가의 분위기를 연출할 수 있다.

벌레먹이말
Aldrovanda vesiculosa

끈끈이귀개과
분포 : 일본 , 유라시아 , 아프리카 , 오스트레일리아
광량 : ☐ CO$_2$양 : ● 저상 : ▲

통발처럼 침수성, 부유성을 가진 수생 식충식물이다. 분류상으로는 통발과 다른 끈끈이귀개과다. 줄기는 길이 5~25cm. 포충기관이 되는 잎을 6부터 9개 윤생시킨다. 잎은 잎자루도 포함하여 9~13mm. 수반재배 외에 수조에서는 약산성, 강한 빛, CO$_2$ 첨가, 비료가 유효하다. 환경이 잘 맞으면 활발하게 증식을 반복한다. 마스코트처럼 띄워두기만 해도 재미있다.

통발

Utricularia australis

통발과 / 분포 : 아시아, 아프리카, 오스트레일리아, 유럽
광량 : ■ CO₂양 : ● 저상 : ▲

전 세계에 널리 분포해 있는 수생 식충식물. 국내에도 전국적으로 분포해 있어 볼 기회는 많다. 부유성이고 전장 1m에 달한다. 잎의 길이는 1.5~4.5cm, 벌레를 잡는 기관인 포충낭이 잎에 다수 달린다. 꽃의 꿀주머니는 짧고 끝부분이 둥그스름하다. 꽃줄기의 단면은 내부가 채워져 있다. 월동을 할 때 형성되는 번식아는 긴 타원형이고 검은색에 가까운 암갈색이다. 통발 종류 중에서는 육성이 쉬운 편이며 수조에서도 수반에서도 오랫동안 즐길 수 있다.

우트리쿨라리아 마크로리자

Utricularia macrorhiza

통발과 / 분포 : 온대 아시아 동부, 북미
광량 : ■ CO₂양 : ● 저상 : ▲

북방계 대형 통발이며 전장은 1m 이상, 잎의 길이는 3~6cm, 포충낭이 여러 개 달린다. 꽃의 꿀주머니는 길고 끝부분이 뾰족하며 약간 위쪽을 향해 있다. 꽃줄기의 단면은 직경의 반에 가깝게 구멍이 나 있다. 이 속이 빈 꽃줄기와 꿀주머니로 근사종과 쉽게 구별할 수 있다. 번식아는 공처럼 둥글거나 타원형이고 암녹색이다. 히터를 사용하여 25℃ 이상으로 보온한 수조에서도 재배는 가능하다. 잎의 색이 연해졌을 때는 액체비료가 유효하다.

실통발

Utricularia minor

통발과
분포 : 북반구의 온대부터 아한대
광량 : ■ CO₂양 : ● 저상 : ▲

학명 그대로 소형종이며 줄기의 길이 5~15mm. 수중에 부유하거나 바닥에 고착한다. 통발 종류는 뿌리를 가지고 있지 않기 때문에 고착하는 경우에는 땅 속으로 자라는 땅속줄기가 활약한다. 수중줄기에는 작고 눈에 띄지 않는 포충낭이 드문드문 달리는 정도지만 땅속줄기에는 커다란 포충낭이 많이 달린다. 재배를 할 때는 땅속줄기 유무가 포인트가 된다. 수중줄기만 있으면 서서히 약해지는 경우가 많다.

북통발

Utricularia ochroleuca

통발과
분포 : 북반구의 온대부터 아한대
광량 : ■ CO₂양 : ● 저상 : ▲

개통발과 굉장히 흡사하지만 수중줄기에서 소수의 포충낭을 볼 수 있다는 점(개통발에는 없다)과 열편의 끝이 뾰족하다는 점(개통발은 둥그스름하다)으로 구별이 가능하다. 개통발보다 색이 연한 노란색 꽃을 피우고 불임이라 과실도 종자도 형성하지 않는다. 사진의 개체는 외국산인데, 소형 통발 중에서는 가장 키우기 쉽다. 땅속줄기를 뻗으면서 아름다운 수중엽을 전개한다.

그 외 수초

워터환
Ceratopteris pteridoides

봉의꼬리과
분포 : 남미 , 중미
광량 : 🟨　CO_2양 : －　저상 : 🔺🔺

대형 부유성 식물. 빛, 수온의 허용범위가 넓어서 육성은 쉽다. 길이 1~19cm의 잎자루 끝에 길이 5~19cm, 폭 5~24cm의 영양잎이 달린다. 잎은 삼출복엽이고 소엽은 얕게 갈라진다. 포자잎은 더 크고 속명의 유래인 사슴뿔이 쉽게 상상되는 모습이라 볼만한 가치가 있다. 흙을 적당히 습하게 유지하면 습생식물로도 재배가 가능하다. 무성아를 많이 만들어서 증식은 쉽다.

살비니아 쿠쿨라타
Salvinia cucullata

생이가래과
분포 : 열대 아시아
광량 : 🟨🟨　CO_2양 : －　저상 : 🔺🔺

부유성 양치식물. 줄기는 수평으로 뻗어나가며 분지하고 뿌리는 없다. 잎의 표면에는 털처럼 생긴 돌기가 있고 뒷면에는 다세포털이 있어 수면에 뜬다. 뿌리 같은 모양인 수중엽이 양분을 흡수한다. 부엽은 깔때기처럼 말린 형태로 늘어서 있어 특징적이다. 단, 실내에서 약한 빛으로 재배하면 자이언트 살비니아처럼 잎이 펼쳐지고 왜소화되어버린다. 강한 빛을 준비할 수 있다면 눈길을 끄는 모습을 즐길 수 있다.

자이언트 살비니아
Salvinia molesta

생이가래과
분포 : 남미(세계 각지의 열대~아열대 지역으로 귀화)
광량 : 🟨🟨　CO_2양 : －　저상 : 🔺🔺

줄기는 길이 5~20cm. 잎은 길이 20~30mm, 폭 20~25cm. 안쪽에서 둘로 접혀 있는 대형 상태와 잎이 펼쳐져 있는 소형 상태는 마치 서로 다른 종으로 보일 정도로 다른 모습을 보여준다. 가을이 되면 뿌리처럼 생긴 수중엽의 기부에서 포도송이 같은 포자낭군이 나온다. 테라리움에서 악센트로 사용해도 좋고 구라미나 베타의 산란상으로 이용할 수도 있다.

생이가래
Salvinia natans

생이가래과
분포 : 한반도 , 아시아 , 유럽 , 아프리카
광량 : 🟨🟨　CO_2양 : －　저상 : 🔺🔺

줄기는 길이 3~10cm. 드물게 분지한다. 뿌리는 없고 3윤생하는 잎의 1장이 가늘게 갈라져서 뿌리처럼 되어 수중에 드리워진다. 남은 2장은 마주나기를 하고 부엽으로서 수면에 떠오른다. 여러 줄을 늘어놓으면 초피나무의 잎처럼 보인다. 일년생이지만 물이 부족해지지 않게 주의한다면 수반 등에서도 포자로 월동하고 다음 봄에 발아한다. 포자는 수중에 부유해 있다고 알려져 있으므로 물과 함께 흘려보내지 않도록 주의하자.

살비니아 오블론기폴리아
Salvinia oblongifolia

생이가래과
분포 : 브라질 동부
광량 : 🟨🟨　CO_2양 : －　저상 : 🔺🔺

부력이 상당히 강한 잎은 1장 사이즈가 길이 6cm, 폭 2.5cm로 대형이다. 최장 50cm까지 자라면 부초의 이미지를 뛰어넘는 부력을 가지게 된다. 늪 등의 물이 움직이지 않는 얕은 장소에 자생하고 있기 때문에 고수온과 부영양을 좋아하고 강한 빛을 준비하면 수조에서도 잘 자란다. 대형수조 안쪽에서 재배하면 남미다운 와일드한 분위기를 즐길 수 있을 것이다.

서양 마리모
Aegagropila linnaei

피토포라과 / 별명 : 유럽 마리모
분포 : 유럽 , 러시아 , 미국
광량 : 🟨　CO_2양 : 🔵　저상 : 🔺

일본의 마리모와 같은 종이고 러시아산 등이 해외 농장에서 입하된다. 직경 2~3cm인 것부터 5cm를 넘기는 큰 것까지 사이즈는 다양하다. 형태가 찌그러져 있을 때는 정기적으로 방향을 바꿔서 서서히 둥글어지도록 키우면 된다. 깨끗한 물과 적당한 빛이 있다면 육성은 가능하다. 강한 빛, CO_2를 첨가하는 레이아웃 수조에서도 이용할 수 있다. 분해한 후 석조에 감아서 사용하는 예도 있다

INDEX 색인

【ㄱ】

가는마디꽃 · 50
가는물우산대이끼 · · · · · · · · · · · · · · · · 109
가이아나 드워프 미리오필룸 · · · · · · · · · · · 48
개구리밥 · 115
개연꽃 · 70
개연꽃의 일종 · 23
검정말 · 75
고이아스 드워프 로탈라 · · · · · · · · · · · · · 17
골든 네사에아 · 49
그라티올라 비스카듈라 · · · · · · · · · · · · · 57
그라티올라 오피시날리스 · · · · · · · · · · · 57
그라티올라 페루비아나 · · · · · · · · · · · · · 57
그린 로벨리아 · 62
그린 로탈라 · 51
그린 암마니아 · 48
글로소스티그마 · · · · · · · · · · · · · · · · · · · 14
기니안 드워프 암브리아 · · · · · · · · · · · · · 58
기니안 레드 암브리아 · · · · · · · · · · · · · · · 92
기니안 크리스파 · · · · · · · · · · · · · · · · · · 46
긴잎개연꽃 · 70

【ㄴ】

나사말 · 76
나자스 과달루펜시스 · · · · · · · · · · · · · · · 44
나자스 인디카 · 44
남미 물별이끼 · 17
네차만드라 알터니폴리아 · · · · · · · · · · · 75
네차만드라 앙구스티폴리아 · · · · · · · · · 75
뉴 라지리프 하이그로필라 · · · · · · · · · · · 94
뉴 오란다 플랜트 · · · · · · · · · · · · · · · · · · 58
뉴 펄글라스 · 57
니그로 워터론 · 18
니들리프 루드위지아 · · · · · · · · · · · · · · · 52
님파 미크란사 · 25
님파에아 글란듈리페라 · · · · · · · · · · · · · 24
님파에아 노우차리 · · · · · · · · · · · · · · · · 25
님파에아 '레드 세사미' · · · · · · · · · · · · · 23
님파에아 마큘라타 · · · · · · · · · · · · · · · · 24
님포이데스 히드로필라 · · · · · · · · · · · · · 62

【ㄷ】

디디플리스 디안드라 · · · · · · · · · · · · · · · 49
디스치코필름 마이바래 · · · · · · · · · · · · 108

【ㄹ】

라가로시폰 마다가스카리엔시스 · · · · · · · 43
라가로시폰 마요르 · · · · · · · · · · · · · · · · · 75
라게난드라 'V.찬드라' · · · · · · · · · · · · · · 36
라게난드라 나이리 · · · · · · · · · · · · · · · · 36
라게난드라 '루빈 하이 레드' · · · · · · · · · 73
라게난드라 미볼디 · · · · · · · · · · · · · · · · 35
라게난드라 미볼디 '레드' · · · · · · · · · · · 35
라게난드라 스와이테시 · · · · · · · · · · · · · 36
라게난드라 오바타 · · · · · · · · · · · · · · · · 73
라게난드라 '케랄렌시스' · · · · · · · · · · · · 35
라게난드라 톡시카리아 · · · · · · · · · · · · · 73
라날리스마 로스트라툼 · · · · · · · · · · · · · 16
라넌큘러스 이눈다투스 · · · · · · · · · · · · · 48
라지 나자스 · 47
라지리프 하이그로필라 · · · · · · · · · · · · · 94
라지 마야카 · 83
라지 펄글라스 · 58
라트나기리 물별 · · · · · · · · · · · · · · · · · · 17
란돌티아 펀크타타 · · · · · · · · · · · · · · · 115
레드 리프 마야카 · · · · · · · · · · · · · · · · · · 83
레드 밀리오필룸 · · · · · · · · · · · · · · · · · · 85
레드 카붐바 · 70
렘나 미노르 · 115
렘나 미누타 · 115
렘나 트리술카 · · · · · · · · · · · · · · · · · · · 115
로벨리아 카디날리스 · · · · · · · · · · · · · · · 61
로벨리아 카디날리스 '웨이비' · · · · · · · · 61
로탈라 sp. '난세안' · · · · · · · · · · · · · · · · 52
로탈라 sp. '베트남' · · · · · · · · · · · · · · · · 87
로탈라 로툰디폴리아 · · · · · · · · · · · · · · · 51
로탈라 로툰디폴리아 '복건성' · · · · · · · · 51
로탈라 로툰디폴리아 '스파이키' · · · · · · · 9
로탈라 로툰디폴리아 '실론' · · · · · · · · · · 51
로탈라 로툰디폴리아 '아삼' · · · · · · · · · · 52
로탈라 로툰디폴리아 '와야나드' · · · · · · 51
로탈라 로툰디폴리아 '인디카 칼리컷' · · 50
로탈라 로툰디폴리아 '인디카 하이 레드' · · 50
로탈라 로툰디폴리아 '핑크' · · · · · · · · · · 51
로탈라 로툰디폴리아 '하라' · · · · · · · · · · · 9
로탈라 마크란드라 · · · · · · · · · · · · · · · · 86
로탈라 마크란드라 '그린' · · · · · · · · · · · 86
로탈라 마크란드라 '내로우리프' · · · · · · 87
로탈라 마크란드라 '미니 버터플라이' · · 50
로탈라 '미니 골드' · · · · · · · · · · · · · · · · 87
로탈라 '빅 베어' · · · · · · · · · · · · · · · · · · · 86
로탈라 왈리키 · 87
로탈라 웰윗치 · 52
로탈라 '콤팩트' · 86
로탈라 '펄' · 52
로탈라 히푸리스 · · · · · · · · · · · · · · · · · · 86
루드위지아 그랜듀로사 · · · · · · · · · · · · · 88
루드위지아 레펜스 · · · · · · · · · · · · · · · · 90
루드위지아 '루빈' · · · · · · · · · · · · · · · · · · 90
루드위지아 브레비페스 · · · · · · · · · · · · · 53
루드위지아 세네갈렌시스 · · · · · · · · · · · 90
루드위지아 세디오이데스 · · · · · · · · · · 114
루드위지아 '슈퍼 레드' · · · · · · · · · · · · · · 9
루드위지아 스파이로카르파 · · · · · · · · · 53
루드위지아 '아틀란티스 다크 오렌지" · · 52
루드위지아 오발리스 · · · · · · · · · · · · · · · 53
루드위지아 인클리나타 · · · · · · · · · · · · · 88
루드위지아 인클리나타 '그린' · · · · · · · · 88
루드위지아 인클리나타 바리에가타 · · · · 89
루드위지아 쿠바 · · · · · · · · · · · · · · · · · · 88
루드위지아 토네이도 · · · · · · · · · · · · · · · 89
루드위지아 팔루스트리스 · · · · · · · · · · · 89
루드위지아 플로팅 플랜트 · · · · · · · · · 117
리버 모스 · 108
리시아 · 110
린도니아 로툰디폴리아 · · · · · · · · · · · · · 58
린데르니아 히소포이데스 · · · · · · · · · · · 93
릴라에옵시스 마우리티아나 · · · · · · · · · 19
릴라에옵시스 마크로비아나 · · · · · · · · · 95
릴라에옵시스 폴리안사 · · · · · · · · · · · · · 63
림노필라 sp. '베트남' · · · · · · · · · · · · · · 58
림노필라 루고사 · · · · · · · · · · · · · · · · · · 92
림노필라 시넨시스 · · · · · · · · · · · · · · · · 91
림노필라 아로마티카 · · · · · · · · · · · · · · · 58
림노필라 인디카 · · · · · · · · · · · · · · · · · · 92

【ㅁ】

마다가스카르 레이스 플랜트(가는 잎 타입) · · · · · · 80
마다가스카르 레이스 플랜트(넓은 잎 타입) henkelianus · 80
마다가스카르 레이스 플랜트 (성긴 그물 타입) fenestralis · 80
마르실레아 드롬몬디 · · · · · · · · · · · · · · · 19
마르실레아 코스툴리페라 · · · · · · · · · · · 19
마야카 · 83
말 · 81
멕시코 붕어마름 · · · · · · · · · · · · · · · · · 116
물미모사 · 117
물미역 모스 · 109
물잎풀 · 61
물질경이 · 44
미리오필룸 마토그로센세 · · · · · · · · · · · 48
미리오필룸 메지아눔 · · · · · · · · · · · · · · · 48
미크란테뭄 sp. · 8
미크로소리움 '내로우 미니' · · · · · · · · · 112
미크로소리움 '리얼 내로우' · · · · · · · · · 112
미크로소리움 '링클드 리프' · · · · · · · · · 113
미크로소리움 '브로드 리프' · · · · · · · · · 111
미크로소리움 '선라이즈' · · · · · · · · · · · 111
미크로소리움 '소드 리프' · · · · · · · · · · · 113
미크로소리움 '스몰 리프' · · · · · · · · · · · 113
미크로소리움 '윈델롭' · · · · · · · · · · · · · 113
미크로소리움 '윈델롭 크레이지 리프' · 113
미크로소리움 '토르스 해머' · · · · · · · · · 113
미크로소리움 '트라이던트' · · · · · · · · · · 10
미크로소리움 '포크 리프' · · · · · · · · · · · 111
미크로소리움 프테로푸스 · · · · · · · · · · 110
미크로소리움 프테로푸스 '퍼티트' · · · · 112
미크로소리움 '플레이밍' · · · · · · · · · · · 111
미크로소리움 '필리핀' · · · · · · · · · · · · · 112
민구와말 · 93
민나자스말 · 44
밀리오필룸 디코쿰 · · · · · · · · · · · · · · · · 84
밀리오필룸 시뮬란스 · · · · · · · · · · · · · · · 85
밀리오필룸 파필로숨 · · · · · · · · · · · · · · · 85
밀리오필룸 핀나툼 · · · · · · · · · · · · · · · · 85
밀리오필룸 헤테로필룸 · · · · · · · · · · · · · 84
밀리오필룸 히푸로이데스 · · · · · · · · · · · 84

【ㅂ】

바나나 플랜트 · 62
바코바 모니에리 '바리에가타' · · · · · · · · 57
바코바 라니게라 · · · · · · · · · · · · · · · · · · 91
바코파 마다가스카리엔시스 · · · · · · · · · 56
바코파 모니에리 · · · · · · · · · · · · · · · · · · 56
바코파 미리오플로이데스 · · · · · · · · · · · 91
바코파 오스트랄리스 · · · · · · · · · · · · · · · 56
바코파 '콤팩타' · · · · · · · · · · · · · · · · · · · 56
바클라야 롱기폴리아 · · · · · · · · · · · · · · · 23
발리스네리아 나나 · · · · · · · · · · · · · · · · 77
발리스네리아 나나 '리틀 야바 크릭' · · · 77
발리스네리아 덴세세룰라타 · · · · · · · · · 76

발리스네리아 '루브라' · · · · · · · · · · · 77	실통발 · 118	
발리스네리아 마모르 · · · · · · · · · · · 76	【ㅇ】	
발리스네리아 '미니 트위스터' · · · · · 45		
발리스네리아 스피랄리스 · · · · · · · · 78	아나카리스 · 75	
발리스네리아 아시아티카 비와엔시스 · · · 76	아누비아스 '가봉' · · · · · · · · · · · · · · 28	
발리스네리아 콘토쇼니스트 · · · · · · 78	아누비아스 그라실리스 · · · · · · · · · · 29	
발리스네리아 콜렛센스 · · · · · · · · · · 44	아누비아스 글라브라 · · · · · · · · · · · 28	
발리스테리아 트리프테라 · · · · · · · · 45	아누비아스 글라브라 '바리에가투스' · · · 28	
벌레먹이말 · · · · · · · · · · · · · · · · · · · 117	아누비아스 기간티아 · · · · · · · · · · · 70	
볼비티스 '베이비 리프' · · · · · · · · · 110	아누비아스 길레티 · · · · · · · · · · · · · 71	
볼비티스 헤우델로티 · · · · · · · · · · · 110	아누비아스 나나 · · · · · · · · · · · · · · 101	
부레옥잠 '얼룩무늬' · · · · · · · · · · · 116	아누비아스 나나 '골든' · · · · · · · · · 102	아포노게톤 크리스푸스 '레드' · · · · · · · · · · 79
부세파란드라 sp. '그린 웨이비' · · · · · 105	아누비아스 나나 '롱 웨이비' · · · · · 103	아포노게톤 토푸스 · · · · · · · · · · · · · 80
부세파란드라 sp. '그린 웨이비 브로드 리프' · · · 105	아누비아스 나나 '링클드 리프' · · · · 105	아프리칸 오텔리아 · · · · · · · · · · · · · 76
부세파란드라 sp. '레드' · · · · · · · · · 107	아누비아스 나나 '미니' · · · · · · · · · 103	알터난테라 레이넥키 '미니' · · · · · · 54
부세파란드라 sp. '비블리스' · · · · · · 106	아누비아스 나나 '미니 골든' · · · · · 103	알터난테라 레이넥키 '알렉스' · · · · 54
부세파란드라 sp. '케다강' · · · · · · · 106	아누비아스 나나 '밀키' · · · · · · · · · 103	알터난테라 '릴라치나' · · · · · · · · · · 91
부세파란드라 sp. '테이아' · · · · · · · 106	아누비아스 나나 '본사이' · · · · · · · 101	알터난테라 '오키푸스' · · · · · · · · · · 55
북통발 · 118	아누비아스 나나 '볼랑' · · · · · · · · · 101	알테란테라 레이넥키 · · · · · · · · · · · 90
분개구리밥 · · · · · · · · · · · · · · · · · · · 115	아누비아스 나나 '스타 더스트' · · · 104	알테란테라 '카디날리스' · · · · · · · · 90
불꽃 모스 (주목이끼의 일종) · · · · · 107	아누비아스 나나 '아이즈' · · · · · · · 102	암마니아 그라실리스 · · · · · · · · · · · 85
붉은개연꽃 · · · · · · · · · · · · · · · · · · · 70	아누비아스 나나 '옐로우 하트' · · · 105	암마니아 세네갈렌시스 · · · · · · · · · 86
붕어마름 · 116	아누비아스 나나 '카메룬' · · · · · · · 102	암마니아 크라시카울리스 · · · · · · · 85
브라질리언 스타레인지(벨렝산) · · · · · 47	아누비아스 나나 '코인 리프' · · · · · 102	암마니아 프라에테르밋사 · · · · · · · 49
브라질리언 코브라 글라스 · · · · · · · · 19	아누비아스 나나 '틱 리프' · · · · · · 104	암브리아 · 92
브로드 리프 아마존 소드 플랜트 · · · · 74	아누비아스 나나 '판골리노' · · · · · · 10	에리오카우론 브레비스카품 · · · · · 46
브로드리프 아마존소드 플랜트 '콤팩트' · · · 38	아누비아스 나나 '팩싱' · · · · · · · · · 101	에리오카우론 세타케움 · · · · · · · · · 47
브릭샤 쇼트리프 · · · · · · · · · · · · · · · 22	아누비아스 나나 '핀토' · · · · · · · · · 104	에리오카우론 '소셜 페더 더스터' · · · · 10
브릭샤 아우버티 · · · · · · · · · · · · · · · 74	아누비아스 '난기' · · · · · · · · · · · · · · 29	에리오카우론 '폴라리스' · · · · · · · · 16
브릭샤 알터니폴리아 · · · · · · · · · · · 43	아누비아스 바테리 · · · · · · · · · · · · · 27	에이크호르니아 디버시폴리아 · · · · 82
【ㅅ】	아누비아스 바테리 '다이아몬드' · · · 26	에이크호르니아 아주레아 · · · · · · · 82
	아누비아스 바테리 '버터플라이' · · · 26	에키노도루스 '그린 카멜레온' · · · · 36
사마귀풀 · 45	아누비아스 바테리 '브로드 리프' · · · 26	에키노도루스 데쿰벤스 · · · · · · · · · 73
사우루스 · 26	아누비아스 바테리 '스트라이프' · · · 27	에키노도루스 '딥퍼플' · · · · · · · · · 37
사우루스 '허트포드 골드' · · · · · · · · 26	아누비아스 바테리 '윙클드 리프' · · · 28	에키노도루스 '레니' · · · · · · · · · · · 40
사지타리아 수불라타 · · · · · · · · · · · 42	아누비아스 '쇼트&샤프' · · · · · · · · · 29	에키노도루스 '레드 다이아몬드' · · · 40
사지타리아 웨더비아나 · · · · · · · · · 43	아누비아스 아프젤리 · · · · · · · · · · · 26	에키노도루스 마요르 · · · · · · · · · · · 74
사지타리아 플라티필라 · · · · · · · · · 42	아누비아스 앙구스티폴리아 · · · · · · 27	에키노도루스 '베스비우스' · · · · · · 42
산타렘 드워프 님파 · · · · · · · · · · · · 15	아누비아스 칼라디폴리아 · · · · · · · 27	에키노도루스 '상크트 엘름스페어' · · · 40
살비니아 오블롱기폴리아 · · · · · · · 119	아누비아스 커피폴리아 · · · · · · · · · 28	에키노도루스 '스몰 베어' · · · · · · · 41
살비니아 쿠쿨라타 · · · · · · · · · · · · · 119	아누비아스 프라제리 · · · · · · · · · · · 28	에키노도루스 '스몰 프린스' · · · · · · 39
상파울로 레드 암브리아 · · · · · · · · · 92	아누비아스 하스티폴리아 · · · · · · · 71	에키노도루스 '스펙트라' · · · · · · · · 41
새우가래 · 45	아누비아스 헤테로필라 · · · · · · · · · 71	에키노도루스 '아르주나' · · · · · · · · 40
샌프란시스코 이레시누 · · · · · · · · · 53	아라과이아 가는마디꽃 · · · · · · · · · 50	에키노도루스 '아파트' · · · · · · · · · · 37
생이가래 · 119	아라과이아 레드 크로스 · · · · · · · · · 49	에키노도루스 '어플레임' · · · · · · · · 36
서양 구와말 · · · · · · · · · · · · · · · · · · 92	아루아나의 석양 · · · · · · · · · · · · · · · 50	에키노도루스 '오리엔탈' · · · · · · · · 39
서양 마리모 · · · · · · · · · · · · · · · · · · 119	아마존 소드 플랜트 · · · · · · · · · · · · 74	에키노도루스 '오셀롯' · · · · · · · · · · 40
쇼트 헤어글라스 · · · · · · · · · · · · · · · 17	아마존 오텔리아 · · · · · · · · · · · · · · · 75	에키노도루스 오시리스 '골든' · · · · 38
수염가래꽃 · · · · · · · · · · · · · · · · · · · 62	아마존 치도메구사 · · · · · · · · · · · · · 62	에키노도루스 오파쿠스 · · · · · · · · · 39
스키스마토글로티스 프리에토이 · · · · · 9	아마존 프로그비트 · · · · · · · · · · · · 115	에키노도루스 우루과이엔시스 · · · · 74
스키스마토글롯티스 로제오스파타 · · · 106	아마존 하이그로 · · · · · · · · · · · · · · · 18	에키노도루스 '인디언 서머' · · · · · · 38
스킨답서스 sp. '파푸아뉴기니' · · · · · 36	아메리칸 스프라이트 · · · · · · · · · · · 95	에키노도루스 '재규어' · · · · · · · · · · 38
스트라티오테스 알로이데스 · · · · · · 116	아크멜라 레펜스 · · · · · · · · · · · · · · · 62	에키노도루스 '카멜레온' · · · · · · · · 39
스트로징 레펜스 · · · · · · · · · · · · · · · 18	아포노게톤 '랑카' · · · · · · · · · · · · · · 79	에키노도루스 코디폴리우스 · · · · · · 37
스트로징 '브라운' · · · · · · · · · · · · · · 19	아포노게톤 롱기플루물로서스 · · · · 79	에키노도루스 '탄젠데 포이페더' · · · 40
스트로징 스파츌라타 · · · · · · · · · · · 61	아포노게톤 보이비니아누스 · · · · · · 78	
스트링기 모스 · · · · · · · · · · · · · · · · 108	아포노게톤 스타치오스포루스 · · · · 81	
스파이키 모스 · · · · · · · · · · · · · · · · 108	아포노게톤 운둘라투스 · · · · · · · · · 81	
슬렌더 발리스네리아 · · · · · · · · · · · 77	아포노게톤 울바세우스 · · · · · · · · · 81	
시페루스 헬페리 · · · · · · · · · · · · · · · 83	아포노게톤 카푸로니 · · · · · · · · · · · 78	
신너르시아 리불라리스 · · · · · · · · · 94	아포노게톤 크리스푸스 · · · · · · · · · 79	

INDEX 색인

에키노도루스 '트리컬러' · · · · · · · · · · · · · · · · 41
에키노도루스 '판타스틱 컬러' · · · · · · · · · · · 37
에키노도루스 포르토알레그렌시스 · · · · · · · · 41
에키노도루스 '하디 레드 펄' · · · · · · · · · · · · · 38
에키노도루스 호레마니 · · · · · · · · · · · · · · · · 74
엘라티네 그라티올로이데스 · · · · · · · · · · · · · 17
엘라티네 하이드로파이퍼 · · · · · · · · · · · · · · · 17
엘레오카리스 sp.(엘레오카리스 몬테비덴시스)
(Tropica사) · 84
엘레오카리스 몬테비덴시스 · · · · · · · · · · · · · 83
엘레오카리스 비비파라 · · · · · · · · · · · · · · · · 84
옐로우 리시마키아 · 55
옐로우 암마니아 · 49
옐로우 카붐바 · 69
오구라 개연꽃 · 23
오란다 플랜트 · 59
오란다 플랜트 '다센' · · · · · · · · · · · · · · · · · · 93
오스트레일리아 나사말 · · · · · · · · · · · · · · · · 76
오텔리아 메센테리움 · · · · · · · · · · · · · · · · · · 44
우트리쿨라리아 마크로리자 · · · · · · · · · · · · 118
워터 나스타치움 · 53
워터 로즈 · 55
워터 머쉬룸 · 95
워터 바코파 · 56
워터 스프라이트 · 63
워터 오키드 · 45
워터 코인 · 19
워터 포피 · 115
워터환 · 119
위스테리아 · 60
위핑 모스 · 100
윌로 모스 · 107
유로피언 클로버 · 19
이소에테스 라쿠스트리스 · · · · · · · · · · · · · · · 63
인디언 크라슐라 (진흙풀) · · · · · · · · · · · · · · · 18
인디언 클로버 · 19

【ㅈ】

자와 모스 · 108
자와환 · 110
자와환 '쿠스피다타' · · · · · · · · · · · · · · · · · · 110
자이언트 살비니아 · · · · · · · · · · · · · · · · · · · 119
자이언트 암브리아 · 91
자이언트 펄모스 · 109
전주물꼬리풀 · 59
좀개구리밥 · 115
준커스 레펜스 · 47

【ㅋ】

카나민 · 59
카다민 리라타 · 90
카롤리나 코브라 글라스 · · · · · · · · · · · · · · · 63
카붐바 '실버 그린' · · · · · · · · · · · · · · · · · · · 69
카붐바 카롤리니아나 · · · · · · · · · · · · · · · · · · 69
카붐바 팔라에포미스 · · · · · · · · · · · · · · · · · · 70
케라토필룸 수브메르숨 · · · · · · · · · · · · · · · 116
케라톱테리스 오블롱길로바 · · · · · · · · · · · · 95
케라톱테리스 오블롱길로바(베트남산) · · · · · 95
케라톱테리스 '차이나' · · · · · · · · · · · · · · · · · 95
콩나 · 104
쿠바펄 · 18

쿠페아 아나갈로이데아 · · · · · · · · · · · · · · · · 49
큐피 아마존 · 38
크리넘 나탄스 · 82
크리넘 칼라미스트라툼 · · · · · · · · · · · · · · · · 82
크리스마스 모스 · 108
크립토코리네 '네빌리' · · · · · · · · · · · · · · · · · 15
크립토코리네 '레그로이' · · · · · · · · · · · · · · · 32
크립토코리네 '루켄스' · · · · · · · · · · · · · · · · · 35
크립토코리네 루테아 · · · · · · · · · · · · · · · · · · 33
크립토코리네 '루테아 호빗' · · · · · · · · · · · · · 15
크립토코리네 링구아 · · · · · · · · · · · · · · · · · · 31
크립토코리네 발란세 · · · · · · · · · · · · · · · · · · 72
크립토코리네 발란세 '브라운' · · · · · · · · · · · 72
크립토코리네 베케티 · · · · · · · · · · · · · · · · · · 30
크립토코리네 베케티 '비리디폴리아' · · · · · · 30
크립토코리네 스피랄리스 · · · · · · · · · · · · · · 73
크립토코리네 시바다사니이 · · · · · · · · · · · · · 10
크립토코리네 아포노게티폴리아 · · · · · · · · · 71
크립토코리네 아피니스 · · · · · · · · · · · · · · · · 29
크립토코리네 알비다 · · · · · · · · · · · · · · · · · · 30
크립토코리네 알비다 '레드' · · · · · · · · · · · · · 30
크립토코리네 왈케리 · · · · · · · · · · · · · · · · · · 33
크립토코리네 우스테리아나 · · · · · · · · · · · · · 73
크립토코리네 운듈라타 · · · · · · · · · · · · · · · · 32
크립토코리네 운듈라타 '레드' · · · · · · · · · · · 32
크립토코리네 운듈라타 '브라운' · · · · · · · · · 32
크립토코리네 운듈라타 '브로드 리프' · · · · · · 32
크립토코리네 웬티 '그린' · · · · · · · · · · · · · · · 33
크립토코리네 웬티 '그린 게코' · · · · · · · · · · · 34
크립토코리네 웬티 '리얼 그린' · · · · · · · · · · · 34
크립토코리네 웬티 '미오야' · · · · · · · · · · · · · 34
크립토코리네 웬티 '브라운' · · · · · · · · · · · · · 33
크립토코리네 웬티 '트로피카' · · · · · · · · · · · 34
크립토코리네 윌리시 · · · · · · · · · · · · · · · · · · 16
크립토코리네 카우디게라 · · · · · · · · · · · · · · 32
크립토코리네 코그나타 '마하라슈트라 레드' · · · · 72
크립토코리네 쿠보타에 · · · · · · · · · · · · · · · · 30
크립토코리네 킬리아타 · · · · · · · · · · · · · · · · 72
크립토코리네 파바 · · · · · · · · · · · · · · · · · · · 15
크립토코리네 '펫치' · · · · · · · · · · · · · · · · · · · 30
크립토코리네 폰테데리폴리아 · · · · · · · · · · · 31
크립토코리네 폰테데리폴리아 '로즈' · · · · · · 31
크립토코리네 폰테데리폴리아 '빅 레드' · · · · 31
크립토코리네 '플라밍고' · · · · · · · · · · · · · · · 34
크립토코리네 플라시디폴리아 · · · · · · · · · · · 72
크립토코리네 '플로리다 선셋' · · · · · · · · · · · 34
크립토코리네 휴도로이 · · · · · · · · · · · · · · · · 72

【ㅌ】

타이거 로투스 '그린' · · · · · · · · · · · · · · · · · · 24
타이거 로투스 '레드' · · · · · · · · · · · · · · · · · · 24
타이거 발리스네리아 · · · · · · · · · · · · · · · · · · 68
타이 님파 · 25
타이완 펀 · 63
토니나 sp. '마나우스' · · · · · · · · · · · · · · · · · 47
토니나 sp. '벨렝' · 47
통발 · 118

【ㅍ】

판타날 드워프 마야카 · · · · · · · · · · · · · · · · · 83
판타날 래빗 이어 로투스 · · · · · · · · · · · · · · · 25

판타날 레드 핀네이트 · · · · · · · · · · · · · · · · · 89
판타날 크리스파 '그린' · · · · · · · · · · · · · · · · 46
판타날 크리스파 '레드' · · · · · · · · · · · · · · · · 46
판타날 핑크 덩굴풀 · · · · · · · · · · · · · · · · · · · 55
판타날 헤미그라피스 · · · · · · · · · · · · · · · · · · 59
퍼플 밤부 글라스 · 84
펄글라스 · 57
페르시카리아 글라브라 · · · · · · · · · · · · · · · · 53
페르시카리아 프라에테르밋사 '루비' · · · · · · 54
펜트룸 세도이데스 · · · · · · · · · · · · · · · · · · · 48
포고스테몬 데카넨시스 · · · · · · · · · · · · · · · · 93
포고스테몬 에렉투스 · · · · · · · · · · · · · · · · · · 59
포고스테몬 콰드리폴리우스 · · · · · · · · · · · · · 10
포고스테몬 헬페리 · · · · · · · · · · · · · · · · · · · 59
포타모게톤 가이 · 45
포타모게톤 라이티 · · · · · · · · · · · · · · · · · · · 81
포타모게톤 옥탄드루스 · · · · · · · · · · · · · · · · 81
폴리고눔 sp. '브로드리프' · · · · · · · · · · · · · · 54
폴리고눔 sp. '핑크' · · · · · · · · · · · · · · · · · · · 54
폴리고늄 sp. '상파울로 레드' · · · · · · · · · · · · 54
프로세르피나카 팔루스트리스 · · · · · · · · · · · 55
프리미엄 모스 · 109
플로스코파 스칸덴스 · · · · · · · · · · · · · · · · · · 82
피그미 체인 사지타리아 · · · · · · · · · · · · · · · 43
피막이 · 63
피시덴 모스 · 107
필란투스 플루이탄스 · · · · · · · · · · · · · · · · · 117

【ㅎ】

하이그로리자 아리스타타 · · · · · · · · · · · · · 116
하이그로필라 린겐스 ssp. 롱기폴리움 · · · · · · 94
하이그로필라 발사미카 · · · · · · · · · · · · · · · · 60
하이그로필라 아라과이아 · · · · · · · · · · · · · · 18
하이그로필라 '애플 레드' · · · · · · · · · · · · · · · 94
하이그로필라 오도라 · · · · · · · · · · · · · · · · · · 60
하이그로필라 코림보사 · · · · · · · · · · · · · · · · 93
하이그로필라 코림보사 '앙구스티폴리아' · · · 93
하이그로필라 코림보사 '콤팩트' · · · · · · · · · · 60
하이그로필라 타이거 · · · · · · · · · · · · · · · · · · 61
하이그로필라 포고노칼릭스 · · · · · · · · · · · · · 94
하이그로필라 폴리스페르마 · · · · · · · · · · · · · 60
하이그로필라 폴리스페르마 '로잔네르빅' · · · 61
하이그로필라 피나티피다 · · · · · · · · · · · · · · 10
헤디오티스 살즈마니 · · · · · · · · · · · · · · · · · · 56
헤란티움 볼리비아눔 '라티폴리우스' · · · · · · 42
헤란티움 볼리비아눔 '앙구스티폴리우스' · · · 42
헤란티움 볼리비아눔 '콰드리코스타투스' · · · 42
헤란티움 테네룸 · 16
헤란티움 테네룸 '레드' · · · · · · · · · · · · · · · · 16
헤어글라스 · 16
헤테란테라 · 46
헤테란테라 두비아 · · · · · · · · · · · · · · · · · · · 82
호주 노치도메 · 8
호토니아 · 55
화이트 위스테리아 · · · · · · · · · · · · · · · · · · · 60
히드로코틸레 '미니' · · · · · · · · · · · · · · · · · · · 19
히드로트리케 호토니플로라 · · · · · · · · · · · · · 91
히드로트릭스 가드네리 · · · · · · · · · · · · · · · · 46

수초도감 용어집

간(秆) - 속빈줄기
벼과 식물의 줄기를 말한다. 마디와 마디 사이의 내부가 비어 있고 마디에 장벽이 있는 줄기를 가리킨다. 사초과에서도 사용하지만 정의에 해당되지 않으므로 원래는 잘못된 것이다.

개량품종(改良品種)
처음에는 작은 변이로부터 작출된, 사람에게 도움이 되는 새로운 성질을 가진 종.

거(距) - 꿀주머니
꽃잎의 기부가 부풀어 오르거나 길어져서 맹관이 되어 꿀을 저장하는 부분

교잡종(交雜種)
유전자적으로 다른 개체끼리 교배하여 만들어진 종. 자연에서도 발생하고 인공적으로도 만들어진다.

근경(根莖)
뿌리줄기. 지하에 있는 알줄기, 덩이줄기 등의 특수한 줄기 이외의 보통 줄기 전부

근생엽(根生葉)
마치 땅 속 뿌리에서 나온 것 같은 잎이며 정확하게는 지상줄기 기부의 마디에 붙어 있는 것이다. 아쿠아리움계에서는 로제트라 불리는 것이 일반적이지만 로제트는 다른 상태를 가리키는 말이므로 원래는 틀린 말이다

꽃자루
하나의 꽃을 지탱하는 자루 형태의 부분

꽃줄기
지표면에서 뻗어 나와 끝에 꽃이나 화서를 피우며 보통잎은 달리지 않는 줄기

나생(螺生) - 나선상
줄기 마디 하나에 1개의 잎이 달리는 모습을 어긋나기라고 하고, 많은 경우 잎의 착점이 줄기 주위에 나선형으로 배열되기 때문에 이렇게 말한다.

대생(對生) - 마주나기
마주나기. 줄기의 마디 하나에서 2개의 잎이 나오는 것. 디디플리스처럼 위에서 보면 십자형으로 잎이 달리는 것은 십자대생이라고 한다.

두상화서(頭狀花序) - 두상꽃차례
곡정초과 등과 같이, 화서축의 끝에 2개 이상의 자루가 없는 꽃이 피는 것.

땅속줄기
지표면보다 아래에 있는 줄기의 총칭. 일반적인 뿌리줄기 외에 알줄기, 덩이줄기, 비늘꼴 줄기 등이 있다.

무성아(無性芽)
부모의 영양체로부터 분리되어 무성적으로 번식하는 세포 또는 작은 다세포체를 말한다.

반(斑)
잎에서 동일색인 부분에 2색 이상의 색이 다른 부분이 무늬를 이루고 있는 것.

번식아(繁殖芽)
형태적 또는 생리적으로 특수화된 영양 번식 기관을 말한다. 일반적으로는 월동기관도 된다. 바나나 플랜츠의 바나나 형태로 보이는 부분이 이것에 해당된다.

부낭(浮囊)
물에 뜨게 해주는 식물체의 일부이며 잎자루의 중앙부 등이 부풀어 올라 다포질이 되면서 튜브 역할을 한다.

부엽(浮葉)
타이 님파나 아마존 프로그비트 등에서 볼 수 있는 수면에 뜨는 잎. 기공은 잎의 표면에 있다.

부유식물(浮遊植物)
뿌리가 바닥에 고착되어 있지 않고 식물체가 수중이나 수면에서 부유하는 식물.

불염포(佛焰苞)
화서를 덮은 1장의 총포엽. 물파초 꽃의 하얀색 부분

수상엽(水上葉)
수초가 물 밖에서 살기 위해 만드는 잎. 보통의 육상 식물과 같은, 발달이 잘 된 기계적 조직을 가지고 있다.

수상화서(穗狀花序)
꽃은 다수, 자루가 없고 화서축에 거의 균등하게 붙는 것

실생묘(實生苗)
종자에서 생육하는 모종

엽맥(葉脈) - 잎맥
잎의 표면에 보이는 줄. 잎의 유관속

엽상체(葉狀體)
줄기와 잎의 구별이 없고 유관속을 가지고 있지 않은 식물체를 말한다.

엽신(葉身) - 잎몸
잎의 본체에서 광합성을 행하는 주요부분

엽초(葉鞘)
닭의장풀과 등에서 볼 수 있으며 잎의 기부가 줄기를 둘러싸고 있는, 칼집처럼 생긴 부분. 양쪽 끝이 겹쳐진 것과 유합하여 통처럼 되어 있는 것이 있다.

영양잎
양치식물에서 포자를 만들지 않고 광합성하는 잎.

원종(原種)
품종을 만드는 토대가 된 야생 식물.

유경초(有莖草)
길어진 지상줄기에 잎이 달리는 종류를 아쿠아리움계에서 이렇게 부른다.

육수화서(肉穗花序)
화서축이 다육질인 것을 말하며 물파초 꽃의 노란색 봉처럼 보이는 부분.

윤생(輪生) - 돌려나기
줄기 마디 하나에 2개 이상의 잎이 달리는 것. 3개가 달리는 경우에는 3윤생, 4개 달리는 경우에는 4윤생, 이런 식으로 말한다.

이형엽성(異形葉性)
1개체의 식물이 2종류 이상의 다른 형태와 성질을 가진 잎을 가지고 있는 상태, 또는 같은 종의 식물이 생육환경의 차이로 인해 잎의 형태가 변화된 것을 가리킨다.

잎자루
엽신과 줄기를 이어주고 엽신을 지탱해주는 자루처럼 생긴 부분.

자웅이주(雌雄異株) - 암수딴그루
단성화 식물이며 수꽃과 암꽃이 각각 다른 그루에 있는 것.

조직배양묘(組織培養苗)
조직배양 기술에 의해 만들어진 모종을 말한다. 한천배지에 재배되기 때문에 이끼나 스네일, 병에 걸릴 걱정이 없고 환경부담도 적어서 최근에 급속하게 보급되고 있으며 인기가 높다.

주두반(柱頭盤)
복합암꽃술의 주두 여러 개가 합착하여 쟁반 모양이 된 것.

주출지(走出枝)
수평으로 지표를 기어서 뻗어나가는 가지. 횡주지라고도 한다. 포복지도 포함하여 아쿠아리움계에서는 러너라고 부르는 것이 일반적.

총상화서(總狀花序)
꽃은 다수, 자루가 있고 화서축에 거의 균등하게 달리며 꽃자루의 길이는 거의 같다.

추수식물(抽水植物) - 정수식물(挺水植物)
이형엽을 만드는 수초가 뿌리는 바닥에 내리고 잎자루와 줄기는 수면보다 위로 뻗어서 추수엽을 전개하는 식물.

취면운동(就眠運動) - 수면운동, 주야운동
야간에 잎의 선단이 위쪽으로 움직여서 전체적으로 닫힌 형태가 되는 것.

침수식물(沈水植物)
적어도 줄기와 잎 전체가 수면 아래에 있으며 뿌리는 바닥에 고착되어 있는 식물.

침수엽(沈水葉)
수초가 물속에서 살기 위해 만드는 특수한 잎. 육상의 잎에 비해 연약하고 기계적 조직은 잘 발달되지 않는다.

폐쇄화(閉鎖花) - 닫힌꽃
꽃봉오리가 열리지 않고 그대로 자가수분하여 결실하는 꽃.

포자잎
양치식물에서 포자가 달리는 잎.

포충낭(捕蟲囊) - 벌레잡이주머니
식충식물에서 벌레를 잡을 수 있도록 변한 잎을 포충엽이라고 한다. 그것이 주머니처럼 생기면 포충낭이라고 말한다. 통발에서는 둥근 알갱이 형태의 포충낭이 잎에 달린다

학명(學名)
라틴어로 기재되어 있는 세계 공통으로 사용하는 이름. 속과 종, 명명자로 나타낸다(본서에서는 명명자는 생략했다)

화서(花序) - 꽃차례
가지의 꽃자루에 꽃이 배열하는 상태. 꽃이 달리는 모양. 꽃이 피는 순서에 따라 무한꽃차례(아래에서 위로)와 유한꽃차례(위에서 아래로)로 나눈다.

활착(活着)
원래는 고착이라고 하며 뿌리 등을 사용하여 물건에 단단히 정착하는 것을 말한다

CO_2
이산화탄소의 화학식. 식물이 광합성을 할 때 필요하지만 수조 안에서는 부족하기 때문에 특히 수초수조에서는 소형 고압 봄베를 사용한 강제첨가가 이루어지는 것이 일반적

마치며

어린 시절에 색상 수가 많은 색연필을 가지고 싶었다. 필자를 포함하여 학교 전체가 가지고 있던 12색 세트가 아니라 백화점에 있었는지 문방구점에서 본 것인지는 잊어버렸지만 도저히 커서 가지고 다니지 못할 것 같은, 50색이나 100색 세트를 가지고 싶었다. 금색과 은색 등의 아이가 좋아할만한 보기 드문 색은 물론이고 적색과 녹색도 다양한 종류가 있었는데, 그 뭐라 말하기 어려운 색들이 각자 이름을 가지고 있다는 점에 놀라고 말았다. 예쁜 용기 안에 가지런히 늘어서 있는 그 아름다운 모습을 보고 있기만 해도 그림실력이 올라갈 것 같은 기분이 들었지만 아이가 손을 댈 수 있는 금액이 아니었고 세뱃돈을 모아서 살 정도로 집착하는 것은 아니어서 언제부터인가 잊어버렸다. 다만, 들어 본적도 없는 많은 색 이름에 강하게 끌렸던 느낌이 왠지 모르게 마음속에 남아있었다.

어른이 되어 60색 세트를 손에 넣었지만 제대로 사용하지 못하고 있다. 너무 늦어버린 것일까? 어린 시절에 가졌다면 어떻게 되었을까? 자연스럽게 자유로운 발상으로 그림을 그렸을까? 지금은 오로지 색의 이름을 알아보는 재미를 느끼는 정도지만, 그것은 그것대로 즐겁고 지금 이렇게 많은 수초의 이름을 늘어놓으며 이 책을 제작하고 있는 것과 무언가 연관이 있을지도 모른다고 생각하고 있다.

본서에 게재할 종류를 선정할 때 참고하고자 아쿠아라이프, 아쿠아플랜츠, 그 외의 잡지에서 최근에 소개된 레이아웃을 죽 훑어보고 정리해보니 사용하고 있는 수초의 종류수가 너무 적다는 사실에 놀라고 말았다. 그와 동시에 큰 위기감을 느꼈다. 이대로 같은 것만 계속 소개하면 수요에도 영향을 미쳐서 샵에서 판매되는 종류도 편향되고 취급하지 않는 수초가 많아져서 샵 멸종종이 늘어나는 것이 아닐까, 하는 걱정이 들었다.

실제로 진귀한 종이 아니지만 모든 샵에서 판매하고 있지 않기 때문에 본 적이 없는, 그런 종류도 적지 않은 것이 아닐까? 이런 현상이 계속 이어지면 농장도 수초를 만들지 않게 된다. 그렇게 되면 이 취미 세계에서 사라져버린다. 이런 최악의 상황으로 이어질 수 있다. 팔리지 않는 것이 사라지는 것은 당연한 일일지도 모르지만 그것이 너무 많은 경우와 너무 빠른 경우에는 문제다. 생업으로 삼고 있는 우리는 물론이고 같은 취미를 즐기는 여러분에게도 수초 종류가 줄어버리는 일은 말 그대로 마이너스다.

수초가 가지고 있는 아름다움, 매력은 다양하다. 각각의 색연필이 이름을 가지고 있었던 것처럼 수초에도 각자 이름이 있고, 아름다움이 있고, 매력이 있다. 많은 색을 사용하여 그림을 그리듯이 보다 더 자연스럽고 보다 더 자유로운 발상으로 레이아웃을 만들기 위해 많은 수초를 알아두길 바라는 마음을 담아 본지를 제작했다. 하지만 필자의 느낌으로는 아직 50색 세트 정도이고 소개하지 못한 수초가 많이 남아있다. 또한 글자 수 관계로 전하지 못한 내용도 많다. 언젠가 다른 기회가 생긴다면 그 때는 꿈의 100색 세트 정도를 소개하고 싶다. 본지를 읽고 지금까지 키워본 적이 없었던 수초에게 흥미가 생겨서 실제로 키우게 된다면, 설령 그것이 1종류뿐이라고 해도 더할 나위 없이 기쁠 것이다.

마지막으로 본서를 제작할 때 협력해주신 출판사 관계자 여러분, 담당 편집자인 Omika 씨, 수초업계 관계자 여러분, 특히 제작하면서 어려움에 처해 있을 때 만나 뵙고 큰 힘을 받았던 Mitsuo Yamasaki 선생님, 또한 다방면으로 도움을 주었던 가족에게 감사의 뜻을 전하고 싶다.

수초를 사랑하는 여러분, 수초와 관련되어 있는 여러분 모두에게 행복이 가득하기를.

2018년 12월 Kuniyuki Takagi

주요 참고 문헌

AQUA PLANTS. 2004-2018. MPJ
Katsuo Izumi. 1968. 수초의 모든 것. Midori Shobo
Kunio Iwatsuki 편. 1992. 일본의 야생식물 양치. Heibonsha
Zennosuke Iwatsuki. 2001. 일본의 야생식물 이끼. Heibonsha
Nobuyuki Kato. 2014. 키워보고 싶은 아름다운 수련. Ienohikari
Yasuro Kadono. 1994. 일본수초도감. Bunichi 종합출판
Yasuro Kadono. 네이처 가이드 일본의 수초. Bunichi 종합출판
월간 아쿠아라이프. 2010년 9월호, 2017년 3월호 외. MPJ
시가의 이과교재 연구위원회 편. 1989. 시가의 수초·도해 핸드북. Shingakusha
Tatemi Shimizu. 2001. 도설 식물용어사전. Yasakashobo
Katsuhiro Yashiro. 2007. 사초과 입문도감. 전국농촌교육협회
Shigetaka Hamashima·Hidefumi Suga. 2005. 저수지와 논의 생물도감 식물편. Tombow 출판
Lin Chun-Chi. 2009. 대만 수생여습지 식물생태 대도감. 천하문화
Mitsuru Hotta. 1973. 물가의 식물. Hoikusha
Mitsuo Yamasaki. 1978. 수초의 세계. Midori Shobo
Mitsuo Yamasaki·Hiroshi Yamada. 1997. 세계의 수초. Halou 출판사
Satoshi Yoshino. 1991. 수초를 즐기는 법. Midori Shobo
Satoshi Yoshino. 2005. 세계의 수초 728종 도감. MPJ
Lee Sung-Bau. 2007. 대만 수생식물 도감. 신성출판
Kasselmann, Christel. 2010. Aquarienpflanzen. 3rd edition. DATZ Aquarienbuch, Ulmer Verlag

저자소개

타카기 쿠니유키 Kuniyuki Takagi

1972년생. Ichigaya Fish Center에서 근무. 와일드품종부터 개량품종까지 흥미의 범위가 폭넓고 수초의 종류를 따지지 않는다. 일본을 비롯한 여러 나라의 필드도 방문하여 수초와 습생식물을 관찰, 연구하고 있다. 수초관련 서적을 다수 집필했다. 본지에서는 수초 해설 외에, 촬영도 담당. 월간 아쿠아라이프, 연간 아쿠아플랜츠 등의 전문지에 수초 관련 기사를 다수 기고. 저서로는 "AQUA COLLECTION Vol.3 Water Plants (White Crane)"(타이에서만 출판), "수초 카탈로그"(관상어 미니 북 시리즈3 Suisaku), "간단하고 아름답다 첫 수초"(공저, MPJ)가 있다.

STAFF (JAPAN)

발행인	Keizo Ishizu
편집·사진협력	Takashi Omika
기획·편집보좌	Shogo Yamaguchi
교정	Aoi Mashiko
광고	Takayuki Ikai, Isao Kakinuma
판매	Kazuya Suzuki
촬영	Toshiharu Ishiwata, Naoyuki Hashimoto
디자인	Studio B4
레이아웃 제작협력	Tetsuro Kadoya(표지), Yasuhiro Ichihashi, Erika Ohta, Hidemasa Okuda, Ryo Kanda, Masamitsu Kishishita, Masakazu Sato, Noriyuki Shito, Haruji Takee, Genki Todoroki, Koji Nakamura, Mizuki Nitta, Mika Baba, Yu Fujimori, Takahiro Maruyama, Kennichi Moriya, Yoshitaka Morohashi, Masashi Yoshiwara
촬영협력	AQUA TAKE-E, Aqua Tailors, Aqua Forest, aQualite, Aqua Link, AQUARIUM SHOP Breath, Aqua Revue, An aquarium., Ichigaya Fish Center, H2, Grow Aquarium, SENSUOUS, Charm, Tropiland, Paupau Aqua Garden, Biographica, Remix, roots, Kamihata 양어, Kuroko, Rio
재배기자재 사진협력	Aqua Design Amano, GEX, Delphis

레이아웃에 사용하는 수초 500 종 도감
~ 알아두고 싶은 기본적인 종류부터 뉴페이스까지 망라!
　레이아우터라면 꼭 휴대해야 할 책~

발행일	2019년 5월 31일
발행인	이경수
편집인	김영재
번역	임지현
발행처	아쿠아미디어
	04624
	서울시 중구 퇴계로 44 길 11 문화빌딩 202 호
	TEL.02.338.7280
	FAX.02.2274.7280
	http://www.aqualife.com
	aquamedia@naver.com

© Kuniyuki Takagi, MPJ 2019

2019 Printed in Korea
본 책에 게재된 기사, 사진 등의 무단전재, 복제를 금합니다.

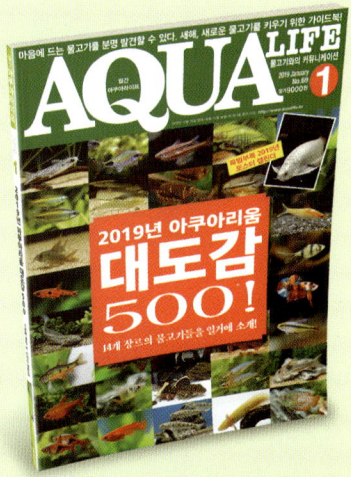

UPKOREA
external FILTER

● 담수 및 해수에 이상적! ● 설치와 유지관리가 간편! ● 강력한 여과력!

편리한 작동! 자동 펌핑기능!

유피코리아 외부 여과기 **D-AEX-Series**

정숙한 작동과 자동 사이펀 기능으로 업그레이드!
오토매틱 펌핑 스위치로 에어제거를 쉽게!

Model	Voltage	Watt	Flow Rate	Aquarium Size
230	220V / 60Hz	22W	1000L/H	60~90cm
340		28W	1200L/H	90~120cm
450		32W	1500L/H	120~150cm

230 FOR AQUARIUM TANK 60~90cm
D-AEX-230

340 FOR AQUARIUM TANK 90~120cm
D-AEX-340

450 FOR AQUARIUM TANK 120~150cm
D-AEX-450

UP-KOREA(유피코리아)
www.up-korea.co.kr

경기도 남양주시 진건읍 일패로 223
TEL : 031-575-8323, FAX : 031-528-2006, E-mail : upkoreacokr@naver.com

자연의 아름다움을 담은
유피코리아 내츄럴 유목 & 수석

'대형 유목부터 작은 수석까지
다양한 자연의 유목과 수석들을 만나보세요!'

유피코리아는 세계 각지의 다양하며 아름다운 자연의 유목과 수석들을
직수입하여 유통하고 있으며 지속적인 상품 개발을 위해 연구 노력하고 있습니다.
유피코리아에서 다채로운 유목과 수석을 만나보세요.

www.up-korea.com

키시레움, 코르크유목, 브런치유목, 맹그로브유목, 분재유목...
만천석, 흰줄무늬 청록석 등 그외 다양한 유목과 수석을 취급합니다.

UP-KOREA(유피코리아)
www.up-korea.co.kr

경기도 남양주시 진건읍 일패로 223
TEL : 031-575-8323, FAX : 031-528-2006, E-mail : upkoreacokr@naver.com

혁신적인 아쿠아리움 솔루션
Innovative aquarium solutions

담수, 해수 및 산호초 아쿠아리움용

매우 간편한 사용 – 사전 투여 제품
엠플 밀폐형 포장 – 100% 효율적!

수족관을 시작하는 가장 좋은 방법.
생물학적 여과를
신속하게 적용합니다.

좋은 수질을 보장합니다.

내부에 살아있는 박테리아.
놀랍도록 맑은 물.
매우 농축된 박테리아 용액.

100% 효율적!

키트: 제품 2개 포함:
바이오다이제스트와
박테리아를 위한 탄소 공급원.

**담수 및 해수 수족관을
유지하는 가장 좋은 방법입니다.**

www.prodibio.com

PRODIBIO
AQUARIUM CARE PROGRAM

UP-KOREA(유피코리아)
www.up-korea.co.kr

경기도 남양주시 진건읍 일패로 223
TEL : 031-575-8323, FAX : 031-528-2006, E-mail : upkoreacokr@naver.com

KOTOBUKI
ROKA SOIL
고토부키 로카소일

노멀(NORMAL), 파우더(POWDER) 2가지 타입이 있습니다.

- 풍부한 영양성분과 생물에 무해한 일본원산의 소일
- 입자가 활성탄으로 도포되어 백탁이 빠른 시간안에 사라짐
- 다공질이므로 여과박테리아 서식처로 적합함
- 포함된 유기산이 pH, KH를 떨어뜨려 약산성 유지

LEDSTAR AQ
BORN TO AQUATIC BEAUTY

NANO SERIES
AQ-N / AQ-NB

DOT SERIES
AQ-M210R

DOT SERIES
AQ-M160R

DOT SERIES
AQ-M300R

- Digital Controller : 디지털 유선 콘트롤러를 이용하여 총100단계로 광량을 쉽게 조절할 수 있습니다. (AQ-D / AQ-C / NANO 시리즈에만 해당)
- Full Spectrum : RGBW 총 4가지 채널의 LED를 사용하여 수초의 광합성에 가장 완벽한 파장을 제공합니다.
- Unity Design of waterproof IP68 : IP68등급의 방수 등급을 획득하여, LED의 노화 및 변색을 피할 수 있으며, 오랫동안 처음과 같은 광량을 유지합니다.
- Heat Conduction System : 조명 바디 전체가 6063 항공 알루미늄이므로 방열효과가 뛰어나 조명의 효율과 수명을 대폭 향상시켰습니다.
- LED Source : LEDSTAR LED는 물, 먼지, 오일에 강한 Epistar, Cree, Osram의 LED를 채택하였습니다.

테라리움! 비바리움! 더 쉽고 재미있게 즐기자

테라리움 / 비바리움 전용 아트폼
ART FOAM
- 짙은 회색의 아트폼으로 돌, 유목과 같은 조형물 사이를 메꾸거나 고정할 때 사용합니다.
- 유리, 돌, 플라스틱 등 다양한 소재에 사용되며, 수중에서도 사용 가능합니다.
- 도포 후 부풀어 올라 경화되면 칼을 이용하여 원하는 모양대로 조각할 수 있습니다.

테라리움 / 비바리움 전용 스프레이 본드
SPRAY GLUE
- 스프레이 방식의 본드이며, 돌, 유목 등에 이끼류를 붙이는 데 주로 사용됩니다.
- 젖어 있는 이끼도 잘 접착되며, 동 식물에게 전혀 무해합니다.

어반네이처 홈페이지

URBAN NATURE

(주)어반네이처 / 주소 : 경기도 시흥시 거북섬북로 54 아쿠아펫랜드 C동 201호 / info@urban-nature.kr / 0507-1357-0530

엄선된 흙으로 만든 건강한 소일
넵튜니안 네이처스 소일

노멀(NORMAL), 파우더(POWDER) 2가지 타입이 있습니다.

네이처스 소일은 비옥한 토양의 흙을 자체 생산 시설에서 정제, 멸균 처리한 후 필수 미량원소들과 함께 독자적인 비율로 배합, 가공한 1등급 소일입니다.

정밀한 제어와 안전을 보장하는
넵튜니안 듀얼게이지 CO_2 레귤레이터

넵튜니안 CO_2 레귤레이터는 더욱 강화된 기능과 안정적인 설계로 보다 정밀하게 CO_2의 분사량을 조절할 수 있습니다.

- 고품질 실리콘으로 보다 안전하게
- 초정밀 분사장치로 보다 미세한 조절
- 타이머를 이용하면 CO_2 자동 온·오프
- 듀얼게이지로 정확한 압력 확인

공간예술의 미래는 PurePot입니다.

PUREPOT series
THE GLASS POT IS A HANDMADE GLASS CONTAINER WITH LED IN A VERY ATTRACTIVE DESIGN.

MINI120	YQ220	SD200	ZT150	FT220	FT220-S (전면 오픈 유리형)	FT300-S (전면 오픈 유리형)
크기 : 12cm X 15cm	크기 : 20cm X 19.5cm	크기 : 20cm X 26.5cm	크기 : 15cm X 26.5cm	크기 : 22cm X 22cm X 39.5cm	크기 : 22cm X 22cm X 39.5cm	크기 : 30cm X 30cm X 50cm
용량 : 1.2L	용량 : 5.3L	용량 : 5.3L	용량 : 4.5L	용량 : 17L	용량 : 17L	용량 : 35L

(주)어반네이처 / 주소 : 경기도 시흥시 거북섬북로 54 아쿠아펫랜드 C동 201호 / info@urban-nature.kr / 0507-1357-0530

세틀은 해외현지법인을 두고 국내 수입은 물론
유럽(독일 암트라,이태리 크로시)수출을 하고 있는,
유럽시장에서 인정 받고 있는 국내 브랜드입니다.

세틀 유목 시리즈

그루터기 절단

가시유목

고스트

그루터기

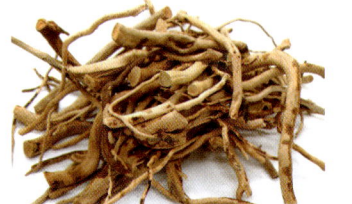
나노브렌치

내츄럴 초야

덩쿨

만자나타 내츄럴

만자니타 샌딩

바크롤 포트 / 바크롤

본사이

사막본사이

샴페인 바크

스파이더

슬림잔가지

오푸와

절단

점보 초야

청크

초야 프리미엄

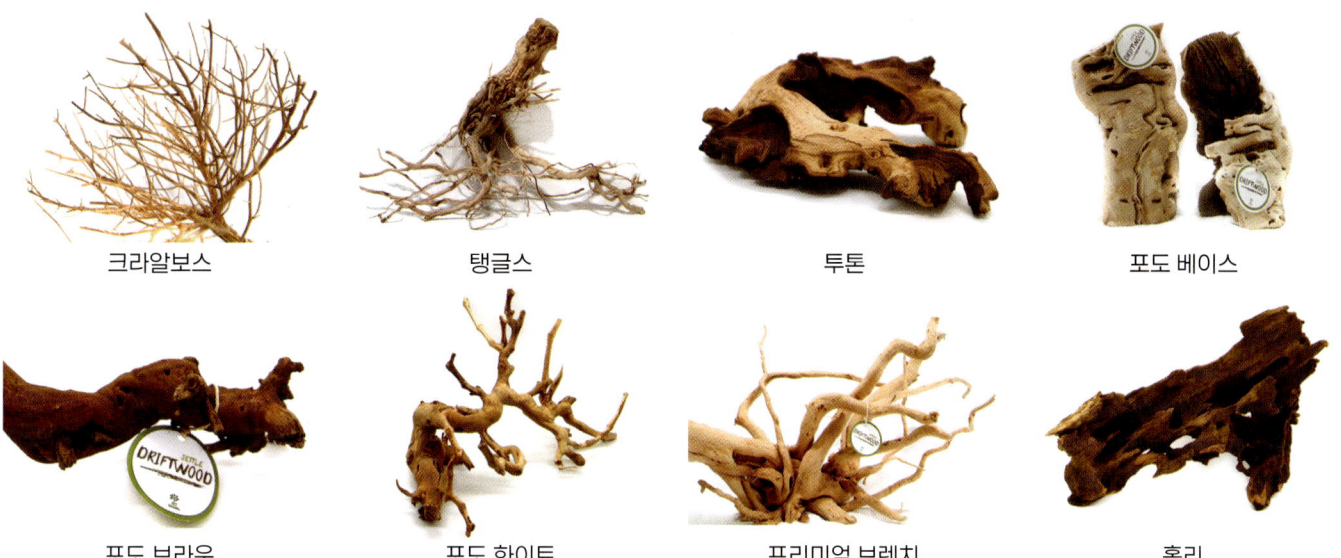

| 크라알보스 | 탱글스 | 투톤 | 포도 베이스 |
| 포도 브라운 | 포도 화이트 | 프리미엄 브렌치 | 홀리 |

> **세틀**은 영어로 정착시키다라는 라는 뜻으로
> 생물들이 살아가는 자연과 같은 상태를 유지하기위해
> 사용되는 100% 내츄럴 제품입니다.

세틀 바닥재 시리즈

● PRO SETTLE 5kg

      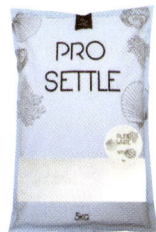

| CRYSTAL RED | MEKONG YELLOW | PALE YELLOW | EMERALD GREEN | MEKONG RED | EBONY BLACK | PURE WHITE |

● BASIC SETTLE 4kg   ● BASIC PEBBLE 4kg

| GUPPY | TROPICAL GOLDFISH | BLACK PEBBLE | CONGO BROWN | RED LAVA | MARBLED RED | BLACK LAVA | SPECKLED EGG |

● BASIC SETTLE 2kg

| DESERT SAND red | DESERT SAND yellow | DESERT SAND black | MEKONG RED | MEKONG YELLOW | CONGO BROWN | BLACK PEBBLE | TROPICAL GOLDFISH | GUPPY |

세틀 스톤 시리즈

| 목화석 | 황호석 | 청룡석 | 편석 | 풍경석 | 타공 화산석 |

HT NATURAL
경기도 시흥시 서울대학로 59-21 로얄팰리스 테크노 1차 517호
대표번호: 031-486-8355 팩스:0504-362-8355
이메일: htmarin@hotmail.com www.ht-natural.com

청결한 수초를
직접재배합니다.

수초닷컴 수족관

수초재배
기술상담, 지원

저희농장에서 재배한 수상 소일배양
수초 미니헤어그라스입니다.
달팽이 및 기타 유해생물 없습니다.

깨끗한 소일에서 재배된 전경수초
덩어리를 원하시는 곳에 올려두거나
바닥에 깔아두면 쉽게 퍼져 나갑니다.

수석 위 또는 바로 등등 작업이 쉬우며
셋팅후 바로 물을 채울 수 있습니다.

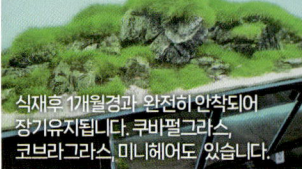
식재후 1개월경과. 완전히 안착되어
장기유지됩니다. 쿠바펄그라스,
코브라그라스 미니헤어도 있습니다.

수초레이아웃 각종소재 수석, 유목, 바닥재, 대량 보유

국무총리산하기관 한국직업능력원에 등록된 민간자격증 교육기관

한국식물레이아웃협회에서 하는일

국내 유일 아쿠아스케이핑, 팔루다리움·비바리움, 테라리움 민간자격증 교육, 수석작가 교육

아쿠아스케이핑 민간자격증 교육

팔루다리움·비바리움 민간자격증 교육

테라리움 민간자격증 교육

팔루다리움·테라리움·아쿠아스케이핑 관련 용품 출시!

팔루다리움·테라리움 전용 철재프레임

가로 30 높이 55cm 차후 사이즈 다양하게 출시
색상-실제 출시는 화이트 / 풀스펙트럼 원칩조명 or RGB조명
휴대폰 원격조정(불빛색상,온오프,타이머기능,불빛의 강약조절기능)
식물성장에 최적화된 조명 입니다.
(사진에보이는 용기는 가로 15cm 2개 입니다.)

식물을 위한 완벽한 영양액

1000ml

트라이톤-이지케어
테라리움, 팔루다리움, 비바리움, 원예용, 관엽식물, 특수식물등 광범위한 영양비료. 최고품질의 영양소를 킬레이트화 하여 빠른흡수.

Bioloark® 한국 총판

세계적인 테라리움 브랜드인 Bioloark의 제품을 한국에 공급합니다.

프리저브드이끼

3년간 물을주지않아도 최상의상태 그대로 유지.
공기정화,포름알데히드제거능력 탁월

시공능력 700억까지

아쿠아카페 시공, 실내인테리어, 건축공사 전문

한국식물레이아웃협회에서 시공한
국내 최대규모 퓨전팔루다리움 작품
(높이 6M, 가로 4M)

TRITON
- 물품 도매 문의
- 자격증·원데이 클래스 문의
- 인테리어·구조물시공 문의

권유성   010-8576-4482
한국식물레이아웃협회 회장
한국플랜테리어교육협회 회장
트라이톤플랜트디자인 대표
수정 종합건설 전무

본사전경

KHCM 한국하드스케이프대회 심사위원
KTVC 한국테라리움 대회 심사위원
KTVC 한국 팔루·비바리움 대회 심사위원

수경작품 수상
2018 IAPLC World ranking 10위(Japan) 수상
(ADA공식 책자에 실린후 중국대회 출품 이유로 공식홈페이지에서 랭킹삭제)
2022년 경북도지사 표창장
2022년 경기도 시흥시장상 수상

대구시 명인 선정
대구시 선정 식물디자인, 수경예술분야 명인 선정

최근 실적
전지현 주연 '지리산' 작품디자인
김고은 '작은아씨들' 작품디자인
삼성전자 2022 미국 CES전시 영상촬영용 작품시공
2022.11 서울 창동허브센터 중앙로비 조경공사
2023. 1 경주호텔 로비 작품 시공

TV방송 출연
2019.12.06	TBC굿데이 프라이데이
2019.12.26	SBS 고향이 보인다
2020.02.03	MBC 뉴스 투데이
2021.01.06	MBC 시시각각
2021.03.08	SBS 생활의 달인 788화
2021.05.01	YTN 기술자들
2021.08	Btv 꼭가봐야할곳
2021.07.22	컬러풀 대구 대구시 선정 명인
2021.10.15	주간 기쁜 소식 기재
2022.01.21	KBS 굿모닝 대한 민국 라이브
2022.04.22	TBC굿데이 프라이데이
2022.04.28	매일신문 기재
2022.11	YTN 사이언스 출연
2023.01.25	SBS 물명, 식명 출연
2023.02.10	KBS 생생정보통 출연

스파이더 Spider

거미줄처럼 재료를 잘 부착됨 / 유리벽면, 나무, 돌 등 그 어떤 곳이라도 접착이 가능 / 손에 잘 묻지 않음/
물에 강함 / 탄력이 상당 기간 오래 유지 / 식물들이 잘 자람 / 분말 형태라 필요한 양만큼 반죽하여 사용할 수 있음

팔루다리움·비바리움 테라리움 식물 부착용 영양공급

흙이 아닙니다.
100% 천연재료인 코코피트, 피트모스로 만든 프리미엄 식물 부착 및 성장 상품입니다.
진흙과 달리 섬유질로 구성되어 있어 뿌리 확장성이 좋습니다.

소비자가격 **13,000원**

사/용/방/법
적당량의 물을 부은 후 주물러 주세요!
시간이 지날수록 접착력이 더 많아집니다.
오늘 반죽하고 내일 사용하는 것도 좋은 방법입니다.
(밀폐용기 보관)

도·소매 문의 010-8576-4482

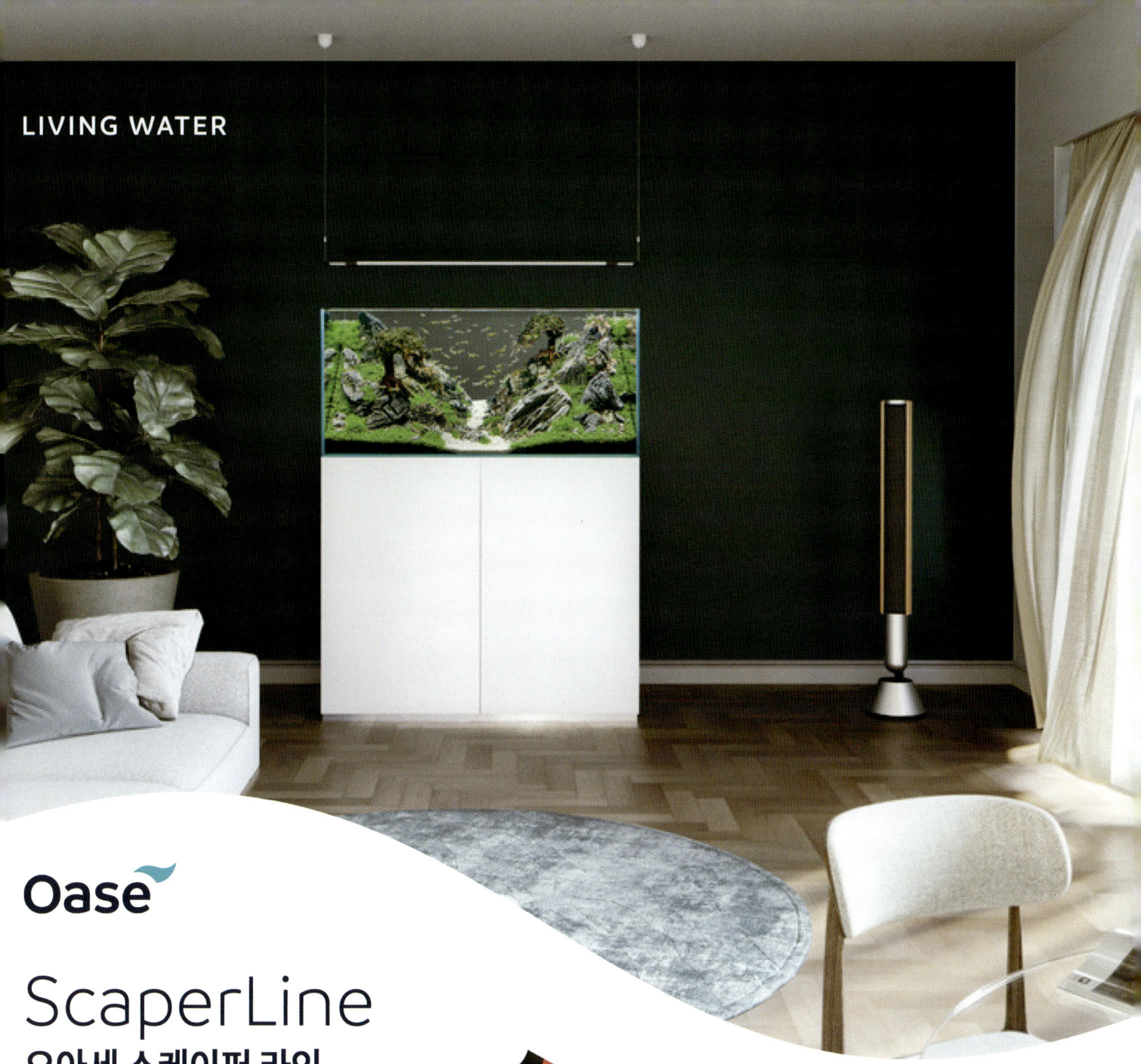

LIVING WATER

Oase

ScaperLine
오아세 스케이퍼 라인

More options for your home

홈 아쿠아리움의 새로운 정의
아쿠아스케이핑을 위한 최선의 선택

오아세와 함께 나만의 홈 아쿠아리움을 만들어가세요.

GLOBAL INSPIRATION GERMAN TECHNOLOGY

스케이퍼라인
(아쿠아리움 세트)

필토스마트+히트업
(외부여과기+히터)

스케이퍼 소일
(바닥재)

바이오브 펄미디어
(다공성여과재)

Oase LIVING WATER

공식총판
W아쿠아그라피 02-6278-9898
경기도 김포시 양촌읍 대곶남로580번길 55-14

독점수입사
SAM AQUALINE 070-8822-9460
경기도 김포시 양촌읍 대곶남로580번길 55-16

NISSO CUSTOM SOIL

수초와 새우를 포함한 모든 생물에게 최적의 환경을 조성

수초와 새우에게 있어 소일은 원활한 생육을 할 수 있게 도움을 주고, 그에 따른 최적의 수질을 제공해줍니다.
닛소 커스텀 슈림프 블랙 소일은 CRS 계열 새우는 물론 고난이도 수초를 위해 개발된 소일입니다.
까다로운 전경초와 고퀄리티 레드비까지 적용가능한 커스텀 소일을 사용해보세요.

닛소 커스텀 소일의 주요특징

새우와 수초의 사육 환경에 적합한 수질제공
새우와 수초에 알맞은 약산성의 pH와 새우에게 필요한 원소들을 제공합니다.

벤토나이트 및 다량의 미량원소를 포함
천연광물 벤토나이트 및 다량의 미량원소가 배합되어 수조안에서 서서히 미네랄을 방출하여, 새우 생육에 큰 이점을 제공하여 줍니다.

유해 물질 흡착 효과
영양과 흡착기능을 동시에 수행하는 소일로 새우에게 유해한 물질을 흡착하는 기능이 있어 수질을 항상 깨끗하게 유지시켜 줍니다.

탁월한 여과재 기능
바닥재로 두껍게 세팅하시면 혐기 공간을 조성하여 질산염 제거 효과가 있고, 저면여과기 위에 깔아주어 여과재로 사용하시면 완전한 여과사이클을 형성하실 수 있습니다.

수입원: Seoul Aquarium
서울아쿠아룸 대전광역시 유성구 교촌로 6번길 72
TEL : 042.541.0771~2 FAX : 042.541.0776
www.seoulaquarium.co.kr

팔루다리움과 아쿠아테라리움

A4 / 176페이지 / 정가 19500원

호평 판매중

- 팔루다리움 / 아쿠아테라리움의 세계
- 팔루다리움 / 아쿠아테라리움이란 무엇인가?
- 팔루다리움 작품 소개 / 아쿠아테라리움 작품 소개
- 팔루다리움과 아쿠아테라리움 제작 및 관리
- 테라베이스를 사용하여 이끼탑을 만든다!
- 버섯 테라리움으로의 초대
- 수조에서 그린을 즐기는 애호가 6인을 소개
- 기본을 여기에서! 열대식물 육성 Q&A
- 팔루다리움/아쿠아테라리움에서 사용하기 쉬운 식물도감
- 진일보한 인도어 그린 라이프 팔루다리움에서 꽃을 즐긴다
- 아쿠아테라리움과 팔루다리움에 적합한 이끼·양치식물·지생란
- 이끼·양치식물·지생란 자연 채집과 트리트먼트
- 이제 시들게 하지 않는다! 타입별 이끼 생육방법
- 팔루다리움/아쿠아테라리움에서 사용하고 싶은 수초
- 팔루다리움/아쿠아테라리움에서 키우고 싶은 생물들
- 카탈로그 팔루다리움과 아쿠아테라리움에서 사용하기 쉬운 용품

월간 아쿠아라이프 수초 레이아웃 관련 특집호 안내

No. 4 2013년 8월호
시원한 수초 레이아웃

No. 9 2014년 1월호
아마존의 물고기와 레이아웃

No. 12 2014년 4월호
물과 초록의 절경

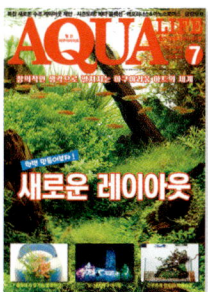
No. 15 2014년 7월호
2016년 열대어도감

No. 16 2014년 8월호
코리도라스 헌팅을 떠나자!

No. 30 2015년 10월호
물과 초록의 절경

No. 35 2016년 3월호
수조로 놀아보자

No. 40 2016년 8월호
일본 스타일 아쿠아리움

No. 41 2016년 9월호
물과 초록의 절경 Part 2

No. 47 2017년 3월호
수초도감

No. 51 2017년 7월호
유리속의 작은 정원

No. 53 2017년 9월호
60cm 수조의 활용법

No. 58 2018년 2월호
쉬운 수초 레이아웃

No. 64 2018년 8월호
네이처 아쿠아리움의 혼

No. 76 2019년 8월호
마음을 흔드는 수경 22

No. 78 2019년 10월호
60cm 수조로 할 수 있는 여러가지

No. 83 2020년 3월호
아쿠아리움과 인테리어

No. 88 2020년 8월호
수초의 건강미

No. 94 2021년 2월호
작은 수조를 시작하는 법

No. 100 2021년 8월호
수초 레이아웃 비법

No. 101 2021년 9월호
30cm 큐브 수조

No. 107 2022년 3월호
소형 수초 수조의 세계

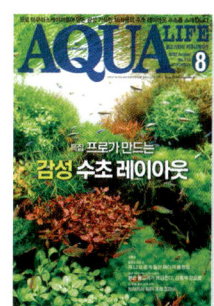
No. 112 2022년 8월호
프로가 만드는 감성 수초 레이아웃

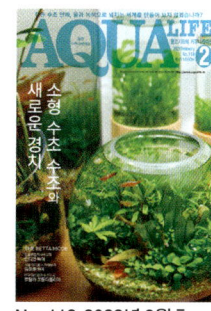
No. 118 2023년 2월호
소형 수초 수조와 새로운 경치

AQUALIFE www.aqualife.kr
월간 **아쿠아라이프**

광고·구독 문의 02-338-7280
email aquamedia@naver.com

행복한 물생활
상아쿠아

수족관 도/소매 **국내 업계1위!**
www.sangaqua.co.kr

매장 입구

매장 전경

1층 수초 축양장

1층 전시장

1층 전시장

1층 수초 축양장

2층 물품 진열대

2층에서 본 전경

1층 생물실

1층 생물실

물류 창고동

물류 창고동

행복한 물생활
상아쿠아 쇼핑몰 주소 : sangaqua.co.kr 문의 : 031-989-5250, 010-6700-6840